Amicitia in den Briefen des jüngeren Plinius

Fabian Germerodt

Amicitia in den Briefen des jüngeren Plinius

Kartoffeldruck-Verlag

Speyer 2015

Der Kartoffeldruck-Verlag publiziert zum reinen Selbstkostenpreis Bücher, die in jeder Buchhandlung bestellt werden können – insbesondere für Expertinnen und Experten in Altertumswissenschaft und Schule.

2015

www.kartoffeldruck-verlag.de
ISBN 978-3-939526-25-4

In liebevoller Erinnerung an

Anni Klingebiel (1953 - 2011)

&

Anna Klingebiel (1920 – 2012)

Inhalt

Vorwort....5

Einleitung....7

I. Freundschafts- und Netzwerkbildung....15
1. Freundschaft und Patronage....15
2. Die Parteien einer Patronatsbeziehung....26
Patron....26
Klient....28
3. Netzwerke....30
Vermittler....32

II. *Amicitia* und Patronage im antiken Rom....35
1. Einführende Betrachtungen....35
2. *Amicitia* und Patronage – ein Widerspruch?....41
3. Der Wandel der Patronage von Republik zum Principat....53
Patronage in der Republik....53
Patronage im Principat....55
4. Vom richtigen Geben und Nehmen....62
5. Das Netzwerk des jüngeren Plinius....68
6. Tugend und Bildung....72

III. Die Förderer des Plinius....79
1. Plinius der Ältere und Lucius Verginius Rufus....79
2. Quintus Corellius Rufus....81
3. Kaiser Domitian....82
4. Sextus Iulius Frontinus....85
5. Lucius Iulius Servianus....87
6. Kaiser Traian....89

IV. Von Plinius erwiesene finanzielle Zuwendungen....95
1. Einführende Betrachtungen....95
2. Hilfe in finanziellen Notsituationen....98
Calvina....98
Artemidorus....103
3. Unterstützung und Förderung....106
Romatius Firmus....106
Quintilianus....109
Marcus Valerius Martialis....111
Die Amme des Plinius....117

V. Von Plinius erstellte Empfehlungsschreiben....119
1. Einführende Betrachtungen....119
2. Asinius Bassus....126
3. Iulius Naso....129
4. Sextus Erucius Clarus....133
5. Gaius Suetonius Tranquillus und Caesennius Silvanus....136
6. Gaius Cornelius Minicianus....140
7. Accius Sura....143
8. Titus Rosianus Geminus....145
9. Gaius Voconius Romanus....147

VI. Bitten um das Bürgerrecht....157
1. Einführende Betrachtungen....157
2. Freigelassene....158
3. Peregrine....166
Harpocras und Postumius Marinus....168
Publius Accius Aquila....173

VII. Städtepatronage....175
1. Einführende Betrachtungen....175
2. Tifernum Tiberinum....183
3. Comum....190
Förderung der Bildung....193
Einrichtung von *alimenta*....197

Zusammenfassung....209

Bibliographie....217

Anhang....233

Index....263

Vorwort

Bei der vorliegenden Arbeit handelt es sich um die überarbeitete Fassung meiner Dissertation, welche im September 2014 von der Philosophischen Fakultät der Universität Erfurt angenommen und im November 2014 verteidigt wurde.

Auch wenn es der Sinn eines solchen Unternehmens ist, allein und selbstständig zu forschen, ist es freilich unmöglich, komplett ohne Hilfe und Beistand zu arbeiten. Ich möchte daher an erster Stelle meinem Erstbetreuer Prof. Dr. Veit Rosenberger dafür danken, dass er es mir ermöglicht hat diesen Traum zu verwirklichen und mir dabei stets mit Rat und Tat zur Seite stand. Die Idee, das Netzwerk des Plinius eingehender zu untersuchen, haben wir zusammen im Anschluss an ein Seminar zu den Briefen des Plinius ersonnen.

Ebenso danke ich meinem Zweitbetreuer und Verleger Prof. Dr. Kai Brodersen, der nicht nur während des Forschens und im Anschluss mit wissenschaftlichen und persönlichen Ratschlägen aufwarten konnte, sondern mir auch seinen Verlag zum Publizieren zur Verfügung gestellt hat. Des Weiteren gilt mein Dank all jenen Kollegen, die mir bei Vorträgen und in persönlichen Gesprächen mit Kritik und Anregungen Denkfehler und neue Wege aufgewiesen haben.

Meiner Mutter Anita und meinem Bruder Sebastian mit Familie danke ich für ihr Verständnis und ihren bedingungslosen Beistand bei der Arbeit und vor allem abseits der Wissenschaft. Sie haben mich regelmäßig in die Gegenwart zurückgeholt, wenn ich mich in den Leben und Taten längst verstorbener römischer Senatoren zu verlieren drohte.

Meine Kollegen und Freunde Anja Zimmermann, Karoline Koch, Martin Hohmann, Julia Geißler, Marcus Hellwing, Denis Frischmuth und Tobias Zober waren während der Jahre eine wahre Bereicherung für mich, Anlass zur größten Freude und Stützen in den dunkelsten Zeiten. Sie sind wie eine zweite Familie und ich bin sehr dankbar, sie in meinem Leben zu haben.

Franziska Vahrenholt, Stefan Kirchner, Michael Heinemann, Oliver Szymkowiak sowie meinen Bandmitgliedern Matthias Schneemann, Tobias John,

Waldemar Schleicher, Dirk Baumbach danke ich für ihre langjährigen und wertvollen Freundschaften und die guten Zeiten, die wir zusammen haben.

Zuletzt möchte ich mich bei meinem großen Vorbild Michael „Air“ Jordan bedanken, dessen Spiele ich als Kind mit Begeisterung verfolgt habe. Sein unbezwingbarer Wille und seine Leidenschaft zum Spiel waren mir stets eine Inspiration in schwierigen Zeiten. Ich möchte diese Danksagung daher mit einem Zitat von ihm schließen: „Obstacles don't have to stop you. If you run into a wall, don't turn around and give up. Figure out how to climb it, go through it, or work around it.“

Meine Methode ist seit jeher die zweite gewesen.

Erfurt, im November 2015 Fabian Germerodt

Einleitung

In Fjodor Dostojewskis zweitem großen Werk *Der Doppelgänger* von 1846 trifft Jakov Petrovic Goljadkin, ein bescheidener Beamter im Dienst des russischen Zaren, auf sein exaktes Ebenbild. In der Überzeugung, einen neuen Freund gefunden zu haben, nimmt Goljadkin den Fremden auf, fühlt sich aber zugleich von ihm bedroht, da ihn der Eindruck beschleicht, sein Doppelgänger habe die Absicht, ihn zu ersetzen. In einer Schlüsselszene beschreibt der Fremde sein schwieriges Leben und bittet Goljadkin um dessen Beistand:

> „Da ich Ihre Großmut und Ihre Hilfsbereitschaft kenne, wagte ich mich an Sie zu wenden und … Sie um Ihre Bekanntschaft und Gönnerschaft zu bitten …“ Er suchte seine Worte stockend zusammen und bemühte sich, nicht allzu schmeichelhafte Ausdrücke zu wählen, wohl um sich vor seinem eigenen Ehrgefühl nicht herabzusetzen – aber auch, um allzu kühne Worte, die eine Gleichstellung beansprucht hätten, zu vermeiden. Überhaupt konnte man sagen, dass sich der Gast des Herrn Goljadkin wie ein wohlanständiger Bettler in geflicktem Frack, aber mit einem guten Pass in der Tasche benahm – gleich einem, der noch nicht geübt war, die Hand so auszustrecken, wie es sich vielleicht empfahl.[1]

Der Doppelgänger drückt sich bei seiner Bitte um Hilfe derart unterwürfig aus, dass er es kaum wagt, sich auf die gleiche Stufe wie Jakov Goljadkin zu stellen, obwohl sie beide nicht nur in derselben Behörde arbeiten, sondern dort sogar derselben Tätigkeit nachgehen und somit absolut austauschbar sind. Sein unbeholfenes Lavieren zwischen der Notwendigkeit, Goljadkin ohne Herabwürdigung seiner selbst zu schmeicheln und sich in seine Nähe zu rücken, ohne anmaßend zu werden, ist ein hervorragendes Beispiel für die Unsicherheit, die in einer Bekanntschaft zwischen Personen unterschiedlichen sozialen Ansehens herrscht, auch wenn dieser Unterschied nur vermeintlich besteht.

Dabei ist dieses Phänomen nicht nur typisch für das russische Zarenreich des 19. Jahrhunderts, es lässt sich auch in anderen hierarchisch geprägten Gesellschaften antreffen, so auch im antiken Rom. Mit seiner Aufteilung in Sklaven und

[1] Dostojewski, Fjodor: *Der Doppelgänger.* Übers. Elisabeth Kaerrick. München/Zürich, 1977, S.276.

Peregrine, römische und Provinzbürger, Ritter und Senatoren bot das römische Reich eine Vielzahl von abgrenzenden und vereinenden Elementen, die in den regelmäßig stattfindenden Interaktionen miteinander berücksichtigt werden mussten. Für Altertumswissenschaftler ist es ausgesprochen schwierig, Aussagen über Verhältnis und Austausch zwischen den Schichten zu treffen, da die wenigen erhaltenen Quellen sich nur sehr selten mit diesem alltäglichen und wichtigen Thema befassen.

Eine dieser Quellen stellt die Briefsammlung des Gaius Plinius Caecilius Secundus dar, der in der zweiten Hälfte des ersten und zu Beginn des zweiten Jahrhunderts lebte, als sich das römische Reich auf dem Höhepunkt seiner Macht befand. Die Familie des Plinius stammte aus dem Ritterstand und gehörte der Oberschicht der norditalischen Stadt Comum an. Nach dem Tod seines Vaters Lucius wurde Plinius von seinem Onkel Plinius dem Älteren adoptiert, der ihn durch die bestmögliche Ausbildung auf die Anwaltslaufbahn vorbereiten ließ. In der Regierungszeit Domitians wurde Plinius durch den hochgeachteten Lucius Verginius Rufus in den Staatsdienst eingeführt, in welchem er es schließlich im Jahre 100 zum Consul und um 110 Statthalter der Provinz Bithynia et Pontus brachte.

Im Laufe seines Lebens führte Plinius regen Briefverkehr; eine Auswahl dieser Briefe veröffentlichte der Autor zu Lebzeiten in neun Büchern, ein zehntes folgte wahrscheinlich erst posthum. Diese Briefsammlung ist die umfangreichste und vielseitigste der römischen Antike; sie schildert Personen, Gerichtsprozesse, römische Villen und andere alltägliche und außergewöhnliche Begebenheiten im Leben eines römischen Senators. Aufgrund ihrer Themenvielfalt wurden die Briefe in der Forschung bereits vielfach untersucht, wobei die umfassendste Darstellung noch immer von Adrian Nicholas Sherwin-White stammt, dessen akribische Aufschlüsselung von Personen, Daten und Themen Grundlage einer jeden Plinius-forschung bildet.[2] Eine Vielzahl anderer Abhandlungen hat die Briefe auf

[2] Sherwin-White, Adrian N.: *The Letters of Pliny*, 1966; *Fifty Letters of Pliny*, 1969².

verschiedene Gesichtspunkte untersucht, etwa zur näheren Bestimmung darin erwähnter Personen[3] oder zur Rekonstruktion der Laufbahn des Plinius.[4]

Ein Aspekt wurde von der Forschung hingegen weitestgehend ignoriert: Ein großer Teil der Briefsammlung befasst sich mit dem Erweisen von Gefälligkeiten innerhalb der Oberschicht und an die unteren Schichten, die von Ratschlägen über Hochzeitsgeschenke bis hin zum Übernehmen von Schulden und Ausstellen von Empfehlungsschreiben reichen.

In der Untersuchung antiker Freundschaft und Patronage wurde Plinius bereits des öfteren als Quelle genutzt,[5] doch waren die von ihm erwiesenen Wohltaten bisher nie Gegenstand ausführlicher Forschung, obwohl sie aufgrund ihres Detailreichtums hervorragend hierfür geeignet sind. Roy Gibson untersucht zwar, wie Plinius seine Taten selbst darstellt und bietet dadurch einen Einblick in das Feld, konzentriert sich aber vollständig auf den sprachlichen Aspekt.[6]

Hier besteht offensichtlich eine Lücke in den Altertumswissenschaften, welche zu füllen sich diese Arbeit zum Ziel gemacht hat, indem sie die von Plinius erwiesenen Dienste einzeln betrachtet. Dafür werden einige Fragen neu aufgeworfen, die in der Geschichtswissenschaft seit langer Zeit kontrovers diskutiert, aber nie ausreichend beantwortet wurden: Inwiefern unterschieden sich Beziehungen zwischen sozial Gleichgestellten von jenen zwischen Ungleichen? Wurden Freundschaft und Patronage wie in der heutigen Zeit klar voneinander getrennt? Existierte Patronage überhaupt, wie sie heute verstanden wird, und wenn ja, in welchem Verhältnis stand sie zur Auffassung der *amicitia*?

Die Ansichten zum Thema *amicitia* und Patronage sind so vielfältig wie die Zahl der Wissenschaftler, die sich mit diesem Thema befasst haben: Joachim Marquardt bezeichnete das kaiserzeitliche Klientelwesen als den Versuch, durch

---

3 Beispielsweise Syme, Ronald: „People in Pliny", 1968 und „Correspondents of Pliny", 1985; Shelton, Jo-Ann: *The Women of Pliny's Letters*, 2013.

4 Mommsen, Theodor: „Zur Lebensgeschichte des Jüngeren Plinius", 1869; Otto, Walter: „Zur Lebensgeschichte des jüngeren Plinius", 1919; Baehrens, Wilhelm A.: „Zur Prätur des jüngeren Plinius", 1923.

5 Unter anderem bei Saller, Richard P.: *Personal Patronage under the Early Empire*, 1982, S.11, 24-28, 46, 53; Nauta, Ruurd R.: *Poetry for Patrons*, 2002, S.37; Griffin, Miriam: „De Beneficiis and Roman Society", 2003, S.107; Jaques, François/Scheid, John: *Rom und das Reich*, 2008[3], S.358.

6 Gibson, Roy K.: „Pliny and the Art of (in)offensive self-praise", 2003.

das Erweisen von Gefälligkeiten einen möglichst großen Personenkreis an sich zu binden. Als Antriebskraft dieses Systems glaubte er vor allem Egoismus zu sehen, fern von jeder freundschaftlichen Bindung.[7] Anton von Premerstein zog eine klare Trennung zwischen Patronage und *amicitia*. Auch er vermutete eigene Interessen als entscheidende Motivation, eine Patronatsbeziehung zu suchen, doch unterstellte er sie im Gegensatz zu Marquardt nicht den Patronen, sondern den Klienten, die er schlicht zu Schmarotzern erklärte.[8] Selbst Paul Veyne unterschied in den 1970ern zwischen freundschaftlichem Austausch innerhalb der Oberschicht und Patronage zu den unteren Schichten, deren Loyalität durch gelegentliche Stiftungen erkauft wurde.[9]

Diese Auffassungen sind jedoch ganz klar zu statisch, was darauf zurückzuführen ist, dass die Autoren versuchten, die Freundschaftskonzepte ihrer eigenen Zeiten 1:1 auf die Antike anzuwenden. Diese Konzepte gelten mittlerweile als überholt, sind sie doch viel zu eng gefasst, da sie Beziehungsstrukturen voneinander unterscheiden, die in ihren Grundzügen mehr Gemeinsamkeiten als Unterschiede besitzen, wie dies etwa bei Freundschaft und Patronage der Fall ist. Dieses Denken wurde erst durch die Arbeiten von Soziologen wie Shmuel Eisenstadt und Luis Roniger durchbrochen, indem sie das bestehende Freundschaftskonzept dadurch erweiterten, dass sie auch der Patronage Verbundenheit als zugrundeliegende Motivation attestierten und dadurch beide Bindungsstrukturen einander näher brachten.[10]

Von diesem neuen Verständnis profitierten auch die Altertumswissenschaften, da es der erweiterte Freundschaftsbegriff erstmals ermöglichte, die griechische *philia* und die römische *amicitia* in einem neuen Licht zu sehen: Nun konnten auch die in den Quellen beschriebenen Fälle von Förderungen, Stiftungen und Empfehlungen zwischen unterschiedlichen sozialen Schichten als aus Wohlwollen geleistete Freundschaftsdienste verstanden werden.

7 Marquardt, Joachim: *Das Privatleben der Römer*, 1886, S.204-206.

8 von Premerstein, Anton: *Vom Werden und Wesen des Prinzipats*, 1937, S.15, 116.

9 Veyne, Paul: *Brot und Spiele*, 1990 (=1976), S.152.

10 Eisenstadt, Shmuel N.: *Social Differentiation & Stratification*, 1971; Eisenstadt, Shmuel N./ Roniger, Luis: „Patron - Client Relations as a Model of Structuring Social Exchange“, 1980; Eisenstadt, Shmuel N./Roniger, Luis: *Patrons, clients and friends. Interpersonal relations and the structure of trust in society*, 1984.

Bis es soweit war, mussten die Altertumswissenschaften ein weiteres Problem überwinden, welches in der Sprache der Quellen liegt: Zwar kennt das Latein den Begriff *patrocinium*, doch erweist sich der Versuch als irreführend, diesen mit Patronage gleichzusetzen, da ersterer für Situationen genutzt wurde, die teils völlig entgegengesetzt zum modernen Verständnis von Patronage stehen; in Situationen, die der heutigen Definition von Patronage entsprechen, fällt in den Quellen immer wieder die Bezeichnung *amicitia.* Peter Brunt schlug eine Brücke zwischen *amicitia* und Patronage mit der Feststellung, dass sich auch in einer asymmetrischen Beziehung die Parteien als *amici* bezeichneten. Dabei vollzog Brunt die Verbindung nur auf sprachlicher Ebene und schloss jegliche Emotionen aus; als Motivation für Freundschaft sah er gemeinsame Ziele, sodass die Bindung nach Erreichen des Zieles aufgehoben werden könne.[11] Malcolm Schofield stützte sich nicht nur auf die Sprache: Er erweiterte Brunts These, indem er den Freundschaftsbegriff weiter fasste und tatsächliche Freundschaft auch bei ungleich Gestellten für möglich hielt, wobei der Freundeskreis einer Person je nach Nähe zum Zentrum hierarchisch eingeteilt wurde. Wie Brunt nahm auch Schofield an, dass sich Freundschaften auflösten, wenn sie ihr Ziel erreicht hatten.[12]

In seiner 2014 erschienenen Abhandlung *Amicitia sanctissime colenda* legt Christian Rollinger das Freundschaftsverständnis in der späten Republik und das Netzwerk des Cicero dar. Rollingers Ergebnisse stützen klar Schofields These, dass *amicitia* sich weitestgehend mit dem Klientelwesen deckte, doch vornehmlich innerhalb der gleichen Schicht bestand. Bestehende Unterschiede wurden durch gemeinsame Interessen, ein ähnliches Wesen oder schlicht Zuneigung überwunden.[13] Während Rollinger das gesamte Netzwerk Ciceros auf das Verständnis von *amicitia* untersuchte, soll die vorliegende Arbeit deren Praktizierung anhand von Beispielen aus den Briefen des Plinius aufzeigen.

Zu Beginn der Arbeit werden die modernen Konzepte Freundschaft und Patronage auf Unterschiede und Gemeinsamkeiten miteinander verglichen. Zunächst wird betrachtet, wie und zwischen wem eine Freundschaft entsteht und

[11] Brunt, Peter A.: „Amicitia in the Roman Republic“, 1988, S.367.

[12] Schofield, Malcolm: „Political friendship and the ideology of reciprocity“, 1998, S.44.

[13] Rollinger, Christian: *Amicitia sanctissime colenda,* 2014, S.412-414.

wodurch sie zusammengehalten wird. Dem folgt ein Blick auf die Patronage, die an ihr teilnehmenden Parteien und zugrundeliegenden Motivationen. Ziel dieses Vergleichs ist es, eine gemeinsame Grundlage beider Beziehungsarten zu finden und so zu klären, ob die von Plinius erwiesenen Wohltaten als Ausdruck seiner Zuneigung verstanden werden können oder ob es sich hierbei um Patronage handelte, bei der Plinius Gefallen erwies, um später etwas zurückverlangen zu können, ohne seinem Gegenüber tatsächlich aus Freundschaft zu helfen.

Im zweiten Kapitel soll anhand der Schriften römischer Autoren wie Marcus und Quintus Tullius Cicero, Seneca und Plinius ein Einblick in das römische Freundschaftsverständnis gegeben werden. Zudem wird der Versuch unternommen, in diesen Werken Hinweise auf Patronage nachzuweisen, mit dem Ziel, mögliche Überschneidungen zwischen dem modernen Konzept Patronage und der römischen *amicitia* zu finden.

Das dritte Kapitel widmet sich chronologisch den Gönnern des Plinius, unter ihnen sein Onkel Plinius der Ältere, der seinen Neffen adoptierte, für seine Ausbildung sorgte und ihm sein Vermögen vererbte. Angesehene Senatoren wie Lucius Verginius Rufus und Quintus Corellius Rufus führten den jungen Plinius in die Politik ein oder vermittelten ihm Vergünstigungen. Auch die Kaiser Domitian und Traian hatten großen Einfluss auf die Karriere und somit das Leben des Plinius, indem sie ihn bei mehr als einer Gelegenheit förderten.

In den folgenden Kapiteln werden einige der bei Plinius erwähnten Situationen betrachtet, in denen ein Austausch sowohl innerhalb der Elite als auch zu den Unterschichten stattfindet. Von besonderem Interesse ist dabei nicht so sehr, *was* Plinius gab, sondern *wie* er es tat. Die jeweiligen Ausgangspositionen von Gebendem und Nehmendem sowie deren Verhältnis untereinander stehen dabei am Anfang jeder Einzelbetrachtung. Dem folgt eine eingehende Untersuchung des Vorgehens, wobei weitere involvierte Personen und die für den Austausch nötigen Mechanismen analysiert werden. Anschließend soll nachvollzogen werden, wie Plinius seine Taten selbst reflektierte. Welche Motive gab er gegenüber seinen Adressaten für sein Handeln an? Welche verschwieg er womöglich und wie wollte er seinen Dienst aufgefasst wissen?

Die betrachteten Beispiele sind in vier Kategorien eingeteilt, deren Ausgangslagen grundverschieden sind: Den Anfang machen im vierten Kapitel finanzielle Zuwendungen verschiedener Art, darunter Mitgiften, ein Anwesen und das Tilgen von Schulden. Diese Beispiele werden dahingehend feiner differenziert, ob Plinius den Freunden half, um sie vor dem finanziellen und sozialen Ruin zu retten, ihnen das Leben angenehmer zu machen oder sie gar in ihrem sozialen Stand zu fördern.

Dem folgt das fünfte Kapitel mit einigen Fällen, in denen Plinius sein eigenes Ansehen und seinen Einfluss einsetzte, um die nächste Generation per Empfehlungen in Amt und Würden zu bringen. Hierfür nutzte er seine Kontakte innerhalb der Oberschicht und zum Princeps, wobei ein umfangreiches Netzwerk zutage tritt, das sich durch die gesamte römische Gesellschaft zieht, sein Zentrum jedoch im Senatorenstand hatte. Ihm gehörten nicht nur wichtige und einflussreiche Personen aus der Generation des Plinius selbst an, sondern auch solche, die zu dieser Zeit bereits betagt waren oder erst Jahre später in die höchsten Kreise des römischen Reiches aufsteigen sollten.

Die in diesen beiden Teilen auftretenden Personen waren Plinius sozial gleichgestellt oder lange Zeit mit ihm befreundet, sodass hier klar von Freundschaften gesprochen werden kann. Um den Kontrast zum Austausch zwischen Elite und Unterschichten aufzuzeigen, hat das sechste Kapitel einige Bitten um das Bürgerrecht für Sklaven und Nichtrömer zum Gegenstand. Mit diesen wandte sich Plinius entweder aus eigenem Antrieb oder auf den Wunsch Dritter direkt an den Princeps. Auch hier kommt also das bereits erwähnte Netzwerk um Plinius zum Tragen. Dieser Abschnitt teilt sich seinerseits in zwei Sektionen, um den unterschiedlichen Prozessen der Vergabe des *ius quiritium* für freigelassene Sklaven einerseits und Nichtrömern andererseits gerecht zu werden.

Ein letztes Kapitel ergründet das von den Römern als *patrocinium* bezeichnete Verhältnis des Plinius zu seiner Heimatstadt Comum, in der er nachhaltig die Bildung förderte, und zu seiner Klientelgemeinde Tifernum Tiberinum, wo er auf seine Kosten einen Tempel errichten ließ. Den hier erwiesenen Stiftungen liegen unterschiedliche Voraussetzungen zugrunde und bieten somit die Möglichkeit, die Entscheidungsfindung des Plinius nachzuvollziehen, warum er gerade jene Wohltaten erwies, wie er sie plante und ausführte.

Trotz des Umfangs und Detailreichtums haben die Briefe des Plinius als Quelle auch ihre Grenzen, deren sich der Historiker bewusst sein muss: Plinius hat die Briefe und somit die Themen der ersten neun Bücher selbst ausgewählt; der Leser erfährt daher nur, was Plinius ihn wissen lassen will, während anderes geheimgehalten wird. So bleiben Ereignisse und selbst einige Adressaten unbekannt. Dieser Effekt wird dadurch verstärkt, dass Plinius die Briefe höchstwahrscheinlich vor der Veröffentlichung überarbeitet hat, wodurch er nochmals Gelegenheit hatte, Informationen zu ändern, zu streichen oder einzufügen. Da die Episteln immer nur einen kleinen Ausschnitt aus der gesamten Korrespondenz mit den Adressaten darstellen, ist kaum feststellbar, wer in den einzelnen Situationen den Briefverkehr begonnen hat, da neun Bücher lediglich die Schreiben des Plinius enthalten. Gerade im Hinblick auf die hier zu betrachtenden Gefälligkeiten wird es dadurch nahezu unmöglich nachzuweisen, ob die Initiative jeweils von Plinius ausging oder ob ihn seine Kontakte zuvor um Hilfe gebeten hatten.

Um das Netzwerk des Plinius betrachten zu können, wird die Netzwerktheorie Anwendung finden, die durch Jeremy Boissevains wegweisende Studie *Friends of Friends* von 1974 allgemein bekannt wurde und in dieser Arbeit gewissermaßen einer Probe unterzogen wird, da sowohl Boissevains Studie als auch jene der darauf aufbauenden Soziologen wie etwa Claude Fischer[14] und Charles Kadushin[15] auf modernen Untersuchungen fußen und nicht die Bedingungen senatorischer Netzwerke im kaiserzeitlichen Rom berücksichtigen können. Auf diese Weise soll die vorliegende Arbeit dazu beitragen, ein umfassendes Bild von römischer *amicitia* und den sich daraus ergebenden Netzwerken zu zeichnen.

14 Fischer, Claude S.: *To dwell among Friends*, 1982.

15 Kadushin, Charles: *Understanding Social Networks*, 2012.

I. Freundschafts- und Netzwerkbildung

1. Freundschaft und Patronage

Wir leben in einer Zeit, in der Freunde eher „gemacht“ als „gewonnen“ werden; sie werden in digitalen Netzwerken „gesammelt“ und zur Gruppe der vorhandenen Freunde hinzugefügt. Häufig werden sogar Menschen als Freunde bezeichnet, von denen wenig mehr als ihr Name bekannt ist. Dieser Prozess läuft so automatisch ab, die Bezeichnung „Freund“ wird derart inflationär genutzt, dass die tatsächliche Bedeutung darüber, befreundet zu sein, nicht selten verloren geht.[1] Doch was heißt es tatsächlich, befreundet zu sein?

In nahezu allen Zeitaltern haben sich Philosophen Gedanken über das Thema Freundschaft gemacht, weshalb es kein leichtes Unterfangen ist, einen geeigneten Einstiegspunkt in diese Darstellungen zu finden. Diese Arbeit soll mit den Ausführungen des bedeutenden preußischen Aufklärers Immanuel Kant beginnen, da sich die abendländische Philosophie zu seinen Lebzeiten in einem Wandel befand, an dem Kant mit seiner Erkenntnistheorie und seiner Forderung, sich des eigenen Verstandes zu bedienen, einigen Anteil hatte. In seiner 1797 erschienen *Metaphysik der Sitten* tritt die Zuneigung als Gefühl in den Hintergrund, während deren praktisch orientierte Aspekte Wohlwollen und gegenseitige Achtung die Grundlagen von Kants weiterer Argumentation bilden.

Kant sah den Menschen als ein Geschöpf, welches nur in der Gemeinschaft überleben könne und deshalb Freundschaften schließen müsse.[2] Diese Freundschaften unterteilte Kant im weiteren Verlauf seiner Ausführungen in zwei Formen, deren eine die moralische Freundschaft ist. Sie beruht auf gegenseitigem Vertrauen und Achtung und ist laut Kant am weitesten verbreitet. Als zweite Form führte er die ästhetische Freundschaft ins Feld, welche er als „die Vereinigung zweier Personen durch gleiche wechselseitige Liebe und Achtung“ definierte.[3] Liebe und Achtung bedingen sich gegenseitig und bilden im Ideal ein Gleichgewicht unter-

[1] Stiegler, Bernhard: „Willst du mein Freund werden?“, 2012, S.26-27; Heidemann, Dietmar H.: „Die Idee der Freundschaft“, 2012, S.43-44.

[2] Kant, Immanuel: „Die Metaphysik der Sitten“, 1977 (=1797), S.610.

[3] Kant, Immanuel: „Die Metaphysik der Sitten“, 1977 (=1797), S.608.

einander. Dieser Zustand sei laut Kant zwar unerreichbar, aber dennoch erstrebenswert. Sein Leben in der preußischen Ständegesellschaft des 18. Jahrhunderts, die sich über Macht und Besitz definierte, prägte die Ansicht des Philosophen nachhaltig: Er erkannte einerseits, dass Freundschaften zwischen Personen mit unterschiedlichem sozialen Status möglich und nötig sind; andererseits aber schloss er aus, dass sich diese als gleichwertige Freunde betrachten könnten, da sich der höher Stehende erniedrigt fühlen müsse, wenn der Niedere seine Achtung soweit verlöre, dass er sich auf die gleiche Stufe wie sein Freund stellen wolle. Freundschaften zwischen sozial unterschiedlich Gestellten müssen nach seiner Ansicht immer genau das bleiben – ohne die Möglichkeit, dass sich Freunde etwa durch Zuneigung auf Augenhöhe begegnen könnten. Daraus folgt, dass sich Personen nur dann tatsächlich als gleichwertige Freunde betrachten können, wenn sie demselben sozialen Stand angehören.[4]

Der Großteil von Kants Sittenlehre befasst sich nicht so sehr mit Freundschaft im Speziellen, sondern mit den zwischenmenschlichen Pflichten im Allgemeinen, welche selbstverständlich auch zwischen Freunden gelten. Diese Pflichten unterschied er in „verdienstliche" und „schuldige" Pflichten.[5] Eine verdienstliche Pflicht ist laut dem Aufklärer beispielsweise die Nächstenliebe, die den Zweck hat, sich dem Anliegen eines einzelnen Anderen anzunehmen und diesen so an sich zu binden, ohne dass dieser sich erniedrigt fühlen müsste.[6] Unter einer schuldigen Pflicht verstand Kant eher ein Verhalten denn eine konkrete Handlung, etwa die Wohltätigkeit; sie ist auf die Allgemeinheit gerichtet, weshalb sie in ihren Ausmaßen größer als die Nächstenliebe erscheint, in ihrer Intensität aber wesentlich schwächer ausgeprägt ist, da einem Individuum mehr Zuneigung zuteil werden kann als der Gesellschaft als Ganzes.[7]

Nächstenliebe und Wohltätigkeit von Seiten des Gebenden rufen ein Gefühl der Dankbarkeit beim Empfänger hervor, wobei es sich laut Kant nicht um erkaufte Zuneigung handelt, sondern um Achtung für die erwiesene Hilfe. Da sie ausschließlich eine Reaktion auf eine Wohltat darstellt, ist Dankbarkeit erzwungen

[4] Kant, Immanuel: „Die Metaphysik der Sitten", 1977 (=1797), S.608.
[5] Kant, Immanuel: „Die Metaphysik der Sitten", 1977 (=1797), S.584.
[6] Kant, Immanuel: „Die Metaphysik der Sitten", 1977 (=1797), S.584-585, 588-589.
[7] Kant, Immanuel: „Die Metaphysik der Sitten", 1977 (=1797), S.586-587.

und wird nicht von sich aus erwiesen. Zeigt sich der Empfänger undankbar, kann dies dazu führen, dass er keine weitere Wohltat empfängt.[8]

Kants Darstellung von Freundschaft und insbesondere der zwischenmenschlichen Pflichten kann als wegweisend angesehen werden, doch zeigt sie zum Teil gravierende Mängel auf: So bleibt sie wesentliche Erklärungen darüber schuldig, wie Freundschaften überhaupt zustande kommen oder warum sich Personen von einigen Individuen angezogen fühlen, von anderen dagegen abgestoßen. *Die Metaphysik der Sitten* akzeptiert Freundschaft eben als Notwendigkeit; als etwas, das *ist*, nicht etwas, das *entsteht* oder sich gar *verändert*. Auch die Betonung nicht zu überbrückender sozialer Unterschiede zeigt sich problematisch: Mag Kant diese Ansicht in seiner eigenen Zeit und seinem Umfeld gerechtfertigt haben können, so zeigt sich doch spätestens in der veränderten Gesellschaft der Gegenwart ihre Schwäche, da sie beispielsweise Freundschaften zwischen Arbeitgebern und -nehmern ausschließt.

Rund ein Jahrhundert nach Kant stellte Georg Simmel in *Über soziale Differenzierung* eine weitere Theorie zur Freundschaft vor, die er später in *Untersuchung über die Formen der Vergesellschaftung* noch erweiterte. Als primäre Bindungsform sah er die Familie, aus der das Individuum schließlich heraustreten müsse, um selbstständige Verbindungen zu knüpfen. Als Beweggründe dafür, dass sich Menschen in der anonymen Masse der Gesellschaft finden und zusammentun, führte Simmel unter anderem Ähnlichkeit im Charakter, gemeinsame Interessen oder gegenseitige Hilfeleistungen an.[9] Simmels ausführliche und mit Beispielen aus der Geschichte unterfütterten Erläuterungen, dass Personen zugleich in Familie und verschiedenen sozialen Gruppen eingebunden sind, deren Kreise sich überschneiden können, lassen sich klar als Vorläufer der viel später etablierten Netzwerktheorie verstehen.[10]

Der Einfluss von Kants Sittenlehre lässt sich in Simmels Verständnis von Dankbarkeit erkennen, welche dieser in einem anderen Aufsatz ebenfalls als

[8] Kant, Immanuel: „Die Metaphysik der Sitten“, 1977 (=1797), S.589-591.

[9] Simmel, Georg: *Über soziale Differenzierung*, 1890, S.101 und ausführlicher in *Soziologie. Untersuchung über die Formen der Vergesellschaftung*, 1908, S.305-306, 309-310.

[10] Simmel, Georg: *Über soziale Differenzierung*, 1890, S.103; Simmel, Georg: *Soziologie. Untersuchung über die Formen der Vergesellschaftung*, 1908, S.309-311, die Beispiele erstrecken sich über den Rest des Kapitels bis Seite 344.

erzwungene Reaktion auf eine Wohltat definiert, deren Unterlassen schließlich dazu führen kann, dass nicht weiter gegeben wird. Äußert sich Simmel generell nicht über das Verhältnis zwischen sozial Ungleichen, so könnte er doch auch zwischen ihnen Freundschaft für möglich gehalten haben, da er schreibt, Dankbarkeit erhalte eine Freundschaft auch dann am Leben, wenn einer der Freunde nicht in der Lage sei, die Gaben des Anderen zu vergelten – wie dies eben bei sozial ungleich Gestellten der Fall sein kann.[11]

Der entscheidende Part von Simmels Theorie ist die Vorstellung von differenzierten Freundschaften, nach der Freunde entscheiden, wie weit sie aufeinander eingehen und wie viel sie jeweils von sich preisgeben wollen. Der Intensität der Verbindung werden somit bewusst Grenzen gesetzt, deren Überschreitung keiner der Freunde riskiert, wenn die Freundschaft nicht in Gefahr gebracht werden soll.[12] Diese Ansicht bedeutet letztlich nichts anderes, als dass Freunde zum Wohle einer Beziehung auch Geheimnisse voreinander haben sollten, wodurch sie in direktem Gegensatz zu Kants Vorstellung des gegenseitigen Vertrauens in einer moralischen Freundschaft steht.

Der Soziologe und Philosoph Siegfried Kracauer äußerte nur wenige Jahre nach Simmel eine These, die jener der differenzierten Freundschaften sehr ähnlich ist: Auch sie baut darauf auf, dass Freunde entscheiden, wie weit sie aufeinander eingehen wollen; dabei stellte Kracauer die Freundschaft nicht als gesondertes Phänomen anderen zwischenmenschlichen Beziehungen gegenüber, sondern beschrieb Kameradschaft, Kollegium, Bekanntschaft und Liebe als Formen der Freundschaft, unterschieden nur durch den Grad der zwischen den Personen geteilten Zuneigung.[13]

Als loseste Bindung führte er die Kameradschaft an, wie sie etwa unter Mitgliedern einer Sportmannschaft oder Soldaten besteht. Kameraden finden durch ein gemeinsames Ziel zusammen und bilden ein gewisses Maß an Vertrauen und Vertrautheit aus, ohne dass sich notwendigerweise eine innere Verbindung

[11] Simmel, Georg: „Dankbarkeit", 1993 (=1907), S.309-310, 313-314.

[12] Eine Sondererscheinung stellt hierbei die Ehe dar, in der sich beide Partner im Idealfall komplett offenbaren. Simmel, Georg: *Soziologie. Untersuchung über die Formen der Vergesellschaftung*, 1908, S.269, 272.

[13] Kracauer, Siegfried: „Über die Freundschaft", 1990 (=1917), S.29 und noch deutlicher in „Gedanken über die Freundschaft", 1990 (=1921), S.135.

zwischen ihnen bilden müsste, um das Ziel zu erreichen; eine allzu intime Verbindung könnte der gemeinsamen Aufgabe sogar hinderlich werden.[14] Eine Sonderform der Kameradschaft bildet sich laut Kracauer zwischen Kollegen, welche sich durch ähnliche Fachkenntnisse zusammenfinden, auf deren Basis sie gemeinsam handeln, sich als Gemeinschaft identifizieren und von anderen Gruppen abgrenzen. Zwar müssen auch zwischen Freunden und Kollegen Grenzen gezogen werden, doch stiften die gemeinsamen Fähigkeiten häufig tiefer gehende Verbindungen, welche diese Grenzen überschreiten helfen und den ersten Schritt zur Freundschaft darstellen können.[15]

Eine der Freundschaft sehr nahekommende Beziehungsform sah Kracauer in der Bekanntschaft, wobei nicht die flüchtigen, oberflächlichen Kontakte gleichen Namens gemeint sind, sondern im Gegenteil die ausgeprägten Verbindungen auf Grundlage von Zuneigung und Sympathie, welche durch gemeinsame Interessen oder einen ähnlichen Charakter hervorgerufen werden. Die Motivation, eine solche Bekanntschaft einzugehen, liegt also nicht wie bei Kameraden und Kollegen in äußeren Gründen wie etwa einem gemeinsamen Ziel, sondern im inneren Bedürfnis des Menschen nach Vertrautheit. Die zwischen Bekannten bestehende Grenze lässt im Vergleich zu den anderen beiden Strukturen entsprechend mehr Intimität zu. Kracauer beurteilte die Bekanntschaft als eine Art gescheiterte Freundschaft, da sie zwar vom Gedankenaustausch, dem Zeitvertreib und der Geselligkeit im Allgemeinen lebt, was jedoch nichts daran ändert, dass sich die Bekannten in unterschiedliche Richtungen entwickeln und schließlich voneinander entfremden können.[16]

Laut Kracauer geben sich viele Menschen mit der begrenzten Vertrautheit zu Kameraden, Kollegen und Bekannten zufrieden, da diese Verbindungen zum Bestehen der meisten alltäglichen Situationen ausreichen. Einige Menschen streben hingegen nach der höchsten und ausgeprägtesten Form der Freundschaft, der Liebe. Die Schwierigkeit dieses Begriffs war dem Soziologen bewusst, weshalb er sie für

[14] Kracauer, Siegfried: „Über die Freundschaft", 1990 (=1917), S.29-31.

[15] Kracauer, Siegfried: „Über die Freundschaft", 1990 (=1917), S.31-33.

[16] Kracauer, Siegfried: „Über die Freundschaft", 1990 (=1917), S.33-36, 54; Kracauer, Siegfried: „Gedanken über die Freundschaft", 1990 (=1921), S.137. In „Gedanken über die Freundschaft" S.137-147 führt Kracauer zwischen Bekanntschaft und Liebe die *mittlere Freundschaft* als eigenständige Zwischenstufe ein, die in ihrem Wesen der Bekanntschaft entspricht.

seine Zwecke als „durchgeistige Sinnenliebe, die Körper und Geist gleicherweise durchströmt“ definierte, um sie von der Liebe beispielsweise zwischen Ehepartnern zu unterscheiden.[17] Dass es sich bei dieser höchsten Form der Verbindung um einen Idealfall handelt, wird daran deutlich, dass im Gegensatz zu den anderen Bindungsformen in der Liebe keine Grenze zwischen den Personen besteht; stattdessen findet eine völlige Verschmelzung ihrer Persönlichkeiten statt, bis eine nicht mehr ohne die andere existieren kann und möchte.[18] Eine solch intensive Verbindung wirkt sich im Rückschluss auch auf die Freunde aus, die sich gegenseitig prägen, erziehen und Rechenschaft schulden.[19]

Bisher hat die Wissenschaft keine Theorie zur Freundschaft hervorgebracht, die sich unangefochten hätte durchsetzen können; jede Generation revidiert, korrigiert und verwirft die bestehenden Modelle und entwirft ihre eigenen. Die hier vorgestellten Ansichten von Kant, Simmel und Kracauer können daher nur einen Einblick in das bunte Gemälde aus Meinungen, Theorien und Diskussionen bieten, welches Philosophen und Soziologen im Laufe von Jahrhunderten gezeichnet haben. Aus dieser Vielfalt hat sich die von Simmel begründete und von Krakauer erweiterte These von der Freundschaft als graduell strukturiert für diese Arbeit am geeignetsten herauskristallisiert. Der Grund dafür liegt darin, dass sie Freundschaft und ähnliche Formen der zwischenmenschlichen Beziehung nicht auf der Suche nach Unterschieden trennt, sondern als Variationen ein- und desselben Phänomens interpretiert. Wie denkt nun die moderne Soziologie über die Freundschaft? Die folgende Darstellung stützt sich insbesondere auf die Ausführungen der Soziologen Luis Roniger und Shmuel Eisenstadt sowie des Philosophen Konrad Utz, da sich Ihre Auffassungen mit jenen von Simmel und Krakauer vergleichen lassen.

Der Beginn eines jeglichen sozialen Kontaktes lässt sich auf die Wechselbeziehungen zwischen zwei Personen A und B legen, was die Soziologie als *face-to-face*-Interaktion beschreibt. Solche Bindungen, wie sie die meisten Menschen täglich dutzende Male erleben, sind häufig von kurzer Dauer und weit entfernt von bleibenden Freundschaften. Fühlen sich A und B hingegen aufgrund ähnlicher

[17] Kracauer, Siegfried: „Über die Freundschaft“, 1990 (=1917), S.37.

[18] Kracauer, Siegfried: „Über die Freundschaft“, 1990 (=1917), S.37-39, 45.

[19] Kracauer, Siegfried: „Über die Freundschaft“, 1990 (=1917), S.49, 51-52.

Interessen, Ansichten oder Wesenszüge voneinander angezogen, kann sich daraus Zuneigung entwickeln. An jeder Person können andere Eigenschaften als anziehend empfunden werden, sodass ein Freundeskreis aus sehr verschiedenen Charakteren bestehen kann, zu denen jeweils unterschiedlich intensive Bindungen gepflegt werden. Auf diese Weise entstehen aus notwendigen Bekanntschaften freiwillige Freundschaften. Im Idealfall stehen Freunde miteinander in einem gleichförmigen Austausch, geben und nehmen also gleichermaßen.[20]

Freundschaften folgen in ihrer Gestalt keinen festen Vorgaben; so einzigartig die Charaktere der Menschen ist auch jede Freundschaft in ihrer Ausführung individuell und abhängig von Faktoren wie Alter, Geschlecht und Bildung der Freunde. Gerade deshalb fällt es schwer, eine allgemeingültige Form dieser Verbindung zu identifizieren und zu definieren. Dennoch gibt es Merkmale, die gewissermaßen als Grundvoraussetzung jeglicher Beziehung dienen, auf denen das individuelle Gefüge der Freundschaft errichtet wird: Erstens das gegenseitige Erkennen des Gegenübers als wichtig, was diesen aus der Masse der Menschen hervorhebt und woraus zweitens das Erkennen der Person als Freund resultiert. Drittens das Verlangen, Zeit miteinander zu verbringen, wodurch die Beziehung gepflegt wird. Der vierte und vielleicht wichtigste Punkt ist das Wohlwollen zwischen den Freunden.[21] Wie schon Kracauer feststellte, ist es gerade der letzte Punkt, der Freundschaften von einfachen Bekanntschaften unterscheidet: Letztere dienen meist einem bestimmten Zweck und kommen so ohne jegliche Zuneigung aus, die über die üblichen moralischen Regeln des Zusammenlebens hinausgeht, weshalb sie ohne Weiteres gelöst werden können. Freundschaften werden dagegen von Gefühlen geprägt, sie dienen und erhalten sich selbst und können als Investitionen in die Zukunft betrachtet werden, welche nicht leichtfertig aufgekündigt werden.[22]

---

20 Lynch, Sandra: *Philosophy and Friendship*, 2005, S.114, 145; Latour, Bruno: *Eine neue Soziologie für eine neue Gesellschaft*, 2010 (=1967), S.113; Utz, Konrad: *Freundschaft*, 2012, S.193, 200-201, 213.

21 Utz, Konrad: *Freundschaft*, 2012, S.194; Heidemann, Dietmar H.: „Die Idee der Freundschaft", 2012, S.45-46.

22 Friese, Heidrun: „Freundschaft. Leerstellen und Spannungen eines Begriffs", 2010, S.31; Lynch, Sandra: *Philosophy and Friendship*, 2005, S.110-111. Weiterhin Cohen, Yehudi A.: „Patterns of Friendship", 1961, S.353; Jeske, Diane: „Friendship, Virtue, and Impartiality", 1997, S.63-64.

Die Erkenntnis, dass Freundschaft gegenseitiges Wohlwollen voraussetzt, darf nicht darüber hinwegtäuschen, dass das Modell des gleichwertigen Gebens und Nehmens lediglich theoretischer Natur ist und nichts über die tatsächlichen Interaktionen der Individuen untereinander aussagt.[23] Dass Freunde völlig selbstlos und ohne hintergründige Absichten einander geben ohne Gefahr zu laufen, einander auszunutzen, kann also nur ein Idealfall sein, der in dieser Form selten eintritt.[24] In der Realität erfolgen die Interaktionen meist entweder als einseitiges Geben oder ungleicher Austausch, bei dem die Freunde jeweils im Rahmen ihrer Möglichkeiten geben und nehmen.

Nicht nur die Motive des Nehmenden liegen häufig im Dunkeln; selbst die des Gebenden sind schwierig einzusehen. Neben tatsächlichem Wohlwollen ohne jegliche Hintergedanken kann auch die Absicht bestehen, den Schuldner in eine Abhängigkeit vom Gebenden zu zwängen. Zudem ist ein gewisser Zwang denkbar, wenn beispielsweise das Umfeld Wohltaten erwartet oder der Hilfesuchende auf Beistand aufgrund der Freundschaft drängt.[25] Marcel Mauss vertritt in seiner einflussreichen Studie *Die Gabe* gar die Ansicht, dass Geben immer nur aufgrund von Zwang erfolge und bezeichnet die Geste daher als „soziale Lüge“.[26] Auf den ersten Blick scheint es, dass Mauss jegliche Zuneigung als Motiv für das Geben ausschließe, doch ist genau das Gegenteil der Fall: Wenn dem Gebenden die Verbundenheit zum Freund als Anlass zum Geben bewusst ist,[27] so erfolgt die Schenkung nicht völlig aus freien Stücken, sondern wird eben durch die Zuneigung erzwungen.

Die Möglichkeiten, nach denen ein Individuum geben kann, hängen von dessen Position innerhalb der Gesellschaft ab: Das hier zu betrachtende hierarchisch geprägte römische Kaiserreich brachte es mit sich, dass dem Princeps als Zentrum der Macht und den ihm nahestehenden Kreisen gewisse Ressourcen zugänglich waren, die den unteren Schichten verwehrt blieben. Diese Ressourcen erstreckten

---

23 Boissevain, Jeremy: *Friends of Friends*, 1974, S.25-27.

24 Michael Korovkin macht in „Exploitation, cooperation, collusion: an Enquiry into Patronage“, 1988, S.112/115 den Fehler, generell ein gegenseitiges Ausnutzen zu unterstellen, was an sich schon widersprüchlich ist.

25 Utz, Konrad: *Freundschaft*, 2012, S.196.

26 Mauss, Marcel: *Die Gabe*, 1990 (=1923), S.18.

27 Utz, Konrad: *Freundschaft*, 2012, S.292.

sich von Geld über jegliche Art materieller Güter bis hin zu wichtigen Kontakten. Da die Oberschichten diese Ressourcen monopolisierten, mussten sich die restlichen Schichten an die Eliten binden, wenn sie Anteil an deren Gütern haben wollten. Aus diesen Bindungen resultierte, dass die Eliten in ihrer Position immer wieder neu bestätigt wurden – Macht und Besitz erhielten sich so gegenseitig. Aus Sicht der Besitzenden wird dieses System als Patronage bezeichnet, aus jener der unteren Schichten als Klientelismus.[28] Plinius der Jüngere gehörte der Elite des Reiches an, weshalb nachfolgend ausschließlich der Begriff Patronage Verwendung finden soll.

Eine Definition der Patronage ist ebenso komplex wie diffus, da sich viele Faktoren gegenseitig beeinflussen, die gleichzeitig nicht immer allgemeingültig sind. Erschwerend kommt hinzu, dass verschiedene Wissenschaften ein unterschiedliches Verständnis von Patronage besitzen: Handelt es sich für Anthropologen und Soziologen zumeist um ein persönliches Verhältnis zwischen sozial ungleich gestellten Personen, sehen Politologen vor allem den Austausch von Gütern zugunsten politischer Loyalität.[29] Um den Kauf von Wahlstimmen kann es in einer Arbeit um die frühe römische Kaiserzeit nicht gehen; im Mittelpunkt stehen hier vorrangig Gefälligkeiten unter Freunden, sowohl von gleichem als auch unterschiedlichem sozialen Status. Daher soll ein Versuch unternommen werden, aus einigen gängigen Definitionen[30] eine eigene Arbeitsdefinition zu erstellen. Diese könnte zunächst lauten: „Patronage ist eine freiwillig eingegangene Beziehung, bei der sich ein sozial privilegierter Patron und ein weniger privilegierter Klient zum ungleichen Austausch von Ressourcen verpflichten.

---

28 Vgl. Eisenstadt, Shmuel N./Roniger, Luis: *Patrons, clients and friends*, 1984, S.38-39; Piattoni, Simona: „Clientelism, Interests, and Democratic Representation", 2001, S.207; Weber, Max: *Wirtschaft und Gesellschaft*, 1964 (=1921/1922), S.687.

29 Weingrod, Alex: „Patrons, Patronage, and Political Parties", 1968, S.78-80.

30 Vgl. u.a. Gellner, Ernest: „Patrons and Clients", 1977, S.4; Scott, James: „Patronage or Exploitation?", 1977, S.22; Eisenstadt, Shmuel N./Roniger, Luis: *Patrons, clients and friends*, 1984, S.38-39, 53; Piattoni, Simona: „Clientelism in historical and comparative Perspective", 2001, S.9; Kitschelt, Herbert/Wilkinson, Steven I.: „Citizen-politician linkages: an introduction", 2007, S.2. Für einen Einblick in antike Patronage u. a. Saller, Richard P.: *Personal Patronage under the Early Empire*, 1982, S.8-9; Bleicken, Jochen: *Die Verfassung der Römischen Republik*, 1993[6], S.20; Jaques, François/Scheid, John: *Rom und das Reich*, 2008[3], S.348.

Aufgrund fehlender Möglichkeiten der Rückerstattung begibt sich der Klient in die Abhängigkeit des Patrons.“

In welchem Verhältnis stehen nun Freundschaft und Patronage zueinander? Die Soziologie lehrt, dass auf Asymmetrie basierende Beziehungen stets unvollständig bleiben müssten, absolute Gleichheit hingegen sehr selten existiere. Das würde bedeuten, dass der Großteil der Menschheit unvollständige und nicht zufriedenstellende Bindungen führe und nur die Wenigsten wahre und erfüllende Freundschaft erfahren.[31] Demnach müssten Patronage und Freundschaft vollständig unvereinbare Aspekte des menschlichen Zusammenlebens sein. Simmels Theorie der differenzierten Freundschaft und Kracauers Vorstellung von der Freundschaft als Oberbegriff für verschiedene zwischenmenschliche Beziehungen könnte hingegen auch Patronage mit einbeziehen. Auch ein Blick auf die dargelegten Fundamente der Freundschaft zeigt, dass diese Punkte ebenso auf asymmetrische Beziehungen anwendbar sind, vor allem das gegenseitige Wohlwollen. Daraus folgt, dass es sich bei Patronage nicht um ein selbstständiges Phänomen abseits von Freundschaft handelt, sondern vielmehr um eine Interpretation ebendieser.[32]

Patronage als Form der Freundschaft zu verstehen bedeutet keineswegs, dass die bestehende Asymmetrie nicht vorhanden wäre; die Parteien werden dadurch vielmehr gezwungen, sich über die bestehende Ungleichheit bewusst zu werden und zu überlegen, ob und wie die Beziehung dadurch geprägt wird: Sie können sich entweder zum Wohle und zum Bestand der Freundschaft trotz des Unterschieds als gleichwertig betrachten[33] oder das existierende Ungleichgewicht offenlegen. In diesem Fall kann eine Neuinterpretation des Beziehungsgefüges weg von einer emotional getragenen Freundschaft hin zu einer reinen Zweckfreundschaft erfolgen oder insgesamt aufgelöst werden.[34] Freundschaft und Patronage unterscheiden sich also lediglich in der eigenen und gegenseitigen Wahrnehmung der beteiligten Personen. Die Rezeption des Anderen beeinflusst dabei letztlich nur das Verhältnis

---

31 Utz, Konrad: *Freundschaft*, 2012, S.200-201.

32 Utz, Konrad: *Freundschaft*, 2012, S.194.

33 Utz, Konrad: *Freundschaft*, 2012, S.208; Latour, Bruno: *Eine neue Soziologie für eine neue Gesellschaft*, 2010 (=1967), S.109.

34 Vgl. Friese, Heidrun: „Freundschaft. Leerstellen und Spannungen eines Begriffs“, 2010, S.32; Boissevain, Jeremy: *Friends of Friends*, 1974, S.25-27, 33-34.

untereinander; am Charakter einer ungleichen Beziehung ändert sich dadurch freilich nichts: So oder so untergräbt sie das horizontale Gefüge der Gesellschaft, da nicht mehr die eigene soziale Position in der Gesellschaft den Weg zu Ressourcen öffnet, sondern die Zahl und Qualität der Kontakte.[35]

Welches Interesse könnten Personen, die offensichtlich auf die eine oder andere Weise ungleich sind, überhaupt daran haben, eine Freundschaft einzugehen und die Asymmetrie zu kaschieren, obwohl doch hier der Angriffspunkt für jegliche Art von Zerwürfnissen am größten ist und die Gefahr des Ausnutzens droht?[36] Die Motivation hierfür liegt im Pflichtbewusstsein gegenüber den Freunden, welches sich in Wohlwollen und Gegenseitigkeit ausdrückt, da bei einer Freundschaft nicht zwischen dem eigenen Wohl und dem des Freundes unterschieden wird: Das Wohl des Einen dient auch dem Anderen. Daraus folgt, dass jede gute Tat, die einem Freund entgegengebracht wird, positiv auf den Gebenden zurückfällt. Gerade vom sozial Schwächeren müssen Wohlwollen und das dadurch bewiesene Vertrauen des Patrons als gleichbedeutend mit dessen Freundschaft verstanden werden, wodurch jeglicher Unterschied zwischen ihnen aufgehoben wird. Eigene Interessen und Freundschaftspflichten gehen dann eine Verbindung ein, die das Geben nicht zu einer Pflichtübung, sondern vielmehr einem erstrebenswerten Dienst an beiden Parteien werden lässt.[37]

Auch wenn der Patron Güter zur Verfügung stellt, wird er stets bestrebt sein, den Güterstrom so klein wie möglich zu halten: Zwar liegt es im Interesse des Patrons, seinem Freund zu helfen, doch keineswegs, diesen aus seinem Status oder gar über sich selbst zu erheben. Die Verhältnisse zwischen den Freunden bleiben so dieselben.[38] Um die zumeist ungleichen Verhältnisse deutlicher hervorzuheben, sollen in dieser Arbeit die Bezeichnung des Patrons als Synonym für die sozial

[35] Eisenstadt, Shmuel N./Roniger, Luis: *Patrons, clients and friends*, 1984, S.48-49. Vgl. auch Eisenstadt, Shmuel N./Roniger, Luis: „Patron-Client Relations as a Model of Structuring Social Exchange", 1980, S.50-51. Weiterhin Waterbury, John: „An Attempt to put Patrons and Clients in their Place", 1977, S.333.

[36] Vgl. Friese, Heidrun: „Freundschaft. Leerstellen und Spannungen eines Begriffs", 2010, S.31.

[37] Utz, Konrad: *Freundschaft*, 2012, S.71-72, 112, 142, 164-166, 195, 199; Scott, James: „Patronage or Exploitation?", 1977, S.35.

[38] Eisenstadt, Shmuel N./Roniger, Luis: „Patron-Client Relations as a Model of Structuring Social Exchange", 1980, S.58, 60; Medina, Luis Fernando/Stokes, Susan C.: „Monopoly and monitoring: an approach to political clientelism", 2007, S.73-74.

höher gestellte Partei einer Freundschaft und umgekehrt der Klient für den niedriger gestellten Part genutzt werden.

2. Die Parteien einer Patronatsbeziehung

Patron

Das Wesen des Patrons ist es, Informationen, Geld oder Arbeit zur Verfügung zu stellen, die sogenannten *first order resources*. Diese Ressourcen sind zumeist in der Nähe der politischen Macht konzentriert, weshalb Patrone häufig Plätze in den oberen Schichten der Gesellschaft einnehmen.[39] Ein gutes Beispiel hierfür ist die Florentiner Familie de Medici: Durch finanzielle Mittel und politische Bündnisse stiegen sie von Textilhändlern zu einem der prägendsten Geschlechter Italiens auf. Ihren Einfluss und ihr Vermögen nutzten die Medici insbesondere zur Förderung von Talenten in Kunst und Kultur wie Michelangelo Buonarroti, Leonardo da Vinci, Donatello di Niccolò di Betto Bardi und Filippo Brunelleschi, denen dadurch Gelegenheit geboten wurde, einige der großartigsten Gebäude, Skulpturen und Gemälde zu schaffen, die Menschenhände je hervorgebracht haben. Freilich können nicht nur politisch tätige Personen als Patrone auftreten: Im Jahr 2012 haben sich Microsoftgründer Bill Gates und andere Wohlhabende mit der Stiftung *The Giving Pledge* dazu verpflichtet, einen großen Teil ihres Vermögens für philanthropische Zwecke zur Verfügung zu stellen.[40] Diese Beispiele zeigen, dass Patrone wie die Medici und Bill Gates Stiftungen nicht in ihren Funktionen als Politiker oder Industrielle erweisen, sondern als begüterte Individuen. Durch diese Position können sie ihre Mitbürger patronisieren, was ihnen eine bessere Kontrolle der Gesellschaft ermöglicht.[41] Dadurch sind Patrone in der Lage, die Macht fernab vom Machtzentrum durchzusetzen: Sie verteilen die ihnen zur Verfügung

[39] Boissevain, Jeremy: *Friends of Friends*, 1974, S.147-148.

[40] „Spreading gospels of wealth: America's billionaire Giving Pledgers are forming a movement" in: *The Economist*, 19.5.2012. www.economist.com/node/21555605.

[41] Vgl. Korovkin, Michael A.: „Exploitation, cooperation, collusion: an Enquiry into Patronage", 1988, S.114.

stehenden Ressourcen und binden so auch die entlegensten Gegenden an das politische und ressourcenreiche Zentrum.[42]

Einzeln verfügen Patrone über verhältnismäßig wenig Macht, weshalb sie sich häufig untereinander und mit Teilen der Verwaltung zusammenschließen um ihren Einfluss auszudehnen. Dieses als *encapsulative policy* bezeichnete Verhalten wird geduldet, solange die eigentlichen Verwaltungsstrukturen dadurch nicht gestört werden; Patrone können sogar ein wichtiger Bestandteil dieser werden. Dabei tritt insofern ein Nebeneffekt auf, als dass der Strom der weitergegebenen Ressourcen weiter verengt wird, während die Patrone mehr Macht und Zugang zu Gütern erhalten.[43]

Der Status eines Patrons wird von der Zahl und gesellschaftlichen Position seiner Klienten geprägt, weshalb dieser das Verhältnis zwischen Kosten und Nutzen seiner Klientel sorgfältig abwägen muss. Er hat viel zu verlieren, kann er sich doch nie darauf verlassen, dass er nicht bloß ausgenutzt wird.[44] Dabei müssen Kosten und Nutzen nicht auf zwei verschiedenen Stücken Papier geschrieben sein: Vor allem wegen der Tatsache, dass Patronage eine langlebige Angelegenheit ist, werden sich Klienten im Laufe der Zeit auf die ein oder andere Weise bezahlt machen; insbesondere dann, wenn sich ein Klient über Jahre hinweg an einen Dienst erinnert und die Schulden zu begleichen sucht.[45]

Die Fähigkeit des Patrons, seinen Klienten Güter und Kontakte zur Verfügung zu stellen, zu denen diese im Normalfall keinen Zugang besitzen, bringt darüber hinaus die Notwendigkeit mit sich, dass Patrone genau abwägen, wen sie als ihren Protegé akzeptieren. Die Verbindung eines jeden Klienten zu seinem Patron fußt somit auf einer individuellen Grundlage, sodass jede Patronatsbeziehung einen einmaligen Charakter trägt. Der Zugriff auf die Ressourcen und somit Patronage an sich muss zu jeder Zeit exklusiv bleiben, da der Unterschied zwischen Patron und Klient, zu dem sich beide Parteien bekannt haben und der auf der Exklusivität im

[42] Vgl. Gellner, Ernest: „Patrons and Clients“, 1977, S.4. Siehe auch Kitschelt, Herbert/Wilkinson, Steven I.: „Citizen-politician linkages: an introduction“, 2007, S.11; Theobald, Robin: „On the survival of patronage in developed societies“, 1992, S.190-191.

[43] Eisenstadt, Shmuel N./Roniger, Luis: *Patrons, clients and friends*, 1984, S.235-236.

[44] Vgl. Piattoni, Simona: „Clientelism in historical and comparative Perspective“, 2001, S.7.

[45] Vgl. Scott, James: „Patronage or Exploitation?“, 1977, S.25.

Zugriff auf die Ressourcen basiert, sonst verwischt würde. Dies würde schließlich auch das Machtgefälle ins Wanken bringen, was nicht im Interesse des Patrons ist, sofern er seine eigene überlegene Stellung nicht aufgeben will.[46]

Klient

Klienten zeichnen sich dadurch aus, dass sie wenig oder keinen Zugang zu Macht und finanziellen Mitteln besitzen. Es handelt sich somit häufig um Angehörige der Unterschichten, denen aus Gründen der Fürsorge oder zur Förderung von Talenten unter die Arme gegriffen wird. Patronage geht daher meist vom Klienten aus, der den Kontakt zu seinem künftigen Patron sucht.[47] Ein Klient muss dabei nicht zwingend ein einzelnes Individuum sein; es kann sich auch um Gruppen und ganze Gemeinden handeln, welche zu klein und politisch unbedeutend sind, sodass sie einen Fürsprecher benötigen um nicht in die politische Bedeutungslosigkeit zu verfallen.[48] Der Klientelgemeinde muss dabei klar sein, dass sie dadurch einen gewissen Teil ihrer Unabhängigkeit aufgibt, leitet der Patron doch durch Verteilung der Ressourcen in erheblichem Maß die Geschicke sämtlicher Gemeindemitglieder – ein Umstand, der bei einzelnen Personen weniger stark zutage tritt. Somit wird klar, dass die Asymmetrie zwischen Patron und Klient insbesondere im Falle der Gemeindepatronage sehr ausgeprägt ist.[49]

Aus der Sicht des Klienten ist es wichtig, dass er sich freiwillig in die Abhängigkeit begibt und nicht dazu gezwungen werden kann.[50] Ausgehend von der Tatsache, dass sich Klienten keine unbekannten Personen als Patrone oder Vermittler suchen, besteht der Kern der Klienten aus Familienangehörigen des

46 Korovkin, Michael A.: „Exploitation, cooperation, collusion: an Enquiry into Patronage“, 1988, S.113, 124.

47 Weingrod, Alex: „Patronage and Power“, 1977, S.46. Eine Ausnahme mag hierbei die politische Wahlperiode darstellen, in der sich Kandidaten ihre Klienten suchen. Inwiefern in dieser Situation die Grenzen zwischen Patron und Klient vielleicht aufgehoben oder die Rollen gar vertauscht werden, soll hier nicht weiter hinterfragt werden.

48 Theobald, Robin: „On the survival of patronage in developed societies“, 1992, S.184-185.

49 Theobald, Robin: „On the survival of patronage in developed societies“, 1992, S.184-185. Vgl. auch Scott, James: „Patronage or Exploitation?“, 1977, S.23, 34.

50 Piattoni, Simona: „Clientelism in historical and comparative Perspective“, 2001, S.7.

Patrons, seinen Freunden und wiederum deren Freunden sowie Mitgliedern sozialer Netzwerke, in denen der Patron eingebunden ist.[51] Im Verlauf der Arbeit wird das am Handeln des Plinius deutlich, da er insbesondere seine engsten Freunde und Familienangehörige unterstützte.

Die Quellen, seien sie antik oder aus der Gegenwart, berichten stets darüber, wer von Patronage profitiert. Jedoch bedeutet jede Bevorzugung eines Klienten die Benachteiligung Dutzender anderer Personen, von denen wir fast nie etwas erfahren; auch Plinius bleibt in einigen Fällen Informationen darüber schuldig, ob seine Tätigkeiten als Patron und Vermittler erfolgreich waren. Dieser Zusammenhang ist von einiger Bedeutung für das Verständnis von Patronage und steht bei dieser Arbeit stets implizit zwischen den Zeilen.

Da ein Patron selten über Zugang zu allen Ressourcen und Kontakten verfügt, die ein Klient benötigt, wird dieser dazu tendieren, sich mehrere Patrone zu suchen, um alle seine Bedürfnisse zu befriedigen. Dadurch entsteht ein Netzwerk von Abhängigkeiten, welches sich durch die Gesellschaft zieht und diese verbindet.[52]

---

51 Weingrod, Alex: „Patronage and Power“, 1977, S.46; Scott, James: „Patronage or Exploitation?“, 1977, S.22.

52 Waterbury, John: „An Attempt to put Patrons and Clients in their Place“, 1977, S.332.

3. Netzwerke

Der Kontakt ist für gewöhnlich zwischen zwei Personen am engsten, da sie zum einen mehr Zeit miteinander verbringen können und zum anderen der Güteraustausch stärker konzentriert wird als es jeweils in einer größeren Gruppe möglich wäre. Nicht so sehr die Häufigkeit der Interaktionen, vielmehr die Dauer und der gegenseitige Austausch haben dabei den meisten Einfluss auf die Intensität der Beziehung und bedingen sich dahingehend gegenseitig, dass am ehesten Personen gegeben wird, zu denen der Kontakt am stärksten ist, welcher zugleich durch die Interaktion weiter intensiviert wird. So reißt die Freundschaft zu Personen auch dann nie ganz ab, wenn lange kein direkter Kontakt bestand.[53]

Auch wenn die Beziehung zwischen zwei Personen am engsten ist, verfügen beide über weitere Kontakte, welche als Teil des Freundes akzeptiert werden müssen, wenn die Freundschaft Bestand haben soll.[54] Hierbei kann es sich um einzelne Personen oder ganze Gruppen handeln, die von einer der beiden ursprünglichen Parteien in die bestehende Beziehung eingeführt werden. Nach den gleichen Regeln wie zuvor können die neu eingebrachten Personen/Gruppen fester Bestandteil der ursprünglichen Freundschaft werden, sodass ein Netzwerk entsteht.

Die Größe eines Netzwerks wird durch etliche Faktoren beeinflusst, etwa das Alter der Person oder die Bevölkerungsdichte: In Ballungszentren können mehr Kontakte geknüpft werden als in bevölkerungsarmen Gegenden, während Netzwerke mit dem eigenen Alter solange wachsen, bis es etwa durch Immobilität der Person oder den Tod der Kontakte schrumpft. Auch der Bildungsgrad spielt eine Rolle, da durch die notwendige lange Ausbildung und vielfältige Interessengebiete viele Bindungen geknüpft werden können.[55]

Dabei sind dem Wachstum klare Grenzen gesetzt: Irgendwann ist eine Größe erreicht, an dem einzelne Mitglieder des Netzwerks keinen direkten Zugang mehr zum Zentrum haben. Das wachsende Netz wird schließlich so schwach, dass es an einigen Stellen zu reißen droht. Um dies zu verhindern ist es vonnöten, durch

---

53 Boissevain, Jeremy: *Friends of Friends*, 1974, S.34-38.

54 Utz, Konrad: *Freundschaft*, 2012, S.183-184.

55 Boissevain, Jeremy: *Friends of Friends*, 1974, S.86-87; La Due Lake, Ronald/Huckfeldt, Robert: „Social Capital, Social Networks, and Political Participation“, 1998, S.576.

zusätzliche Kontakte oder Interaktionen die entfernten Punkte an der Peripherie stärker an das Zentrum zu binden. Jede einzelne dieser Interaktionen mit einer Person innerhalb des Netzes kann ihre Position bestätigen oder verändern.[56] Ist diese Neubestimmung nicht möglich, können einzelne Beziehungen wegfallen oder *Cluster* entstehen, deren Mitglieder aufgrund von gemeinsamen Interessen dichter aneinander gebunden sind als an den Rest.[57]

Wie schon Simmel feststellte, ist Person A aufgrund verschiedener Interessen und Tätigkeiten nicht bloß in einem Netzwerk präsent, sondern in etlichen separaten Gruppierungen, die sich beispielsweise aus Familie, Freunden und Kollegen bilden und mit A einen gemeinsamen Schnittpunkt besitzen. Als Schnittpunkt der verschiedenen Netzwerke ist es A möglich, Mitglieder aus dem einen, nachfolgend als Netzwerkzone 1 bezeichnet, in ein anderes einzuführen (Netzwerkzone 2 usw.).[58] Der Schnittpunkt wird so zum Vermittler zwischen den Netzwerkzonen und ermöglicht ursprünglich getrennten Zonen den Kontakt miteinander. Die gesamte Gesellschaft ist von diesen Netzwerken durchzogen, sodass die Anzahl der erreichbaren Personen um ein vielfaches größer ist als die Menge der persönlich bekannten.[59]

---

56 Fischer, Claude S.: *To dwell among Friends*, 1982, S.142.

57 Boissevain, Jeremy: *Friends of Friends*, 1974, S.43-45; Utz, Konrad: *Freundschaft*, 2012, S.184.

58 Eine Ausnahme bildet hier der Zölibat der katholischen Kirche, der gerade die Zugehörigkeit zu verschiedenen Kreisen unterbinden soll, sodass die betreffende Person nicht durch die Ehe abgelenkt wird, sondern eben ganz der Kirche angehören kann. Simmel, Georg: *Soziologie. Untersuchung über die Formen der Vergesellschaftung*, 1908, S.315.

59 Boissevain, Jeremy: *Friends of Friends*, 1974, S.24-25; Mayer, Adrian C.: „The Significance of Quasi-Groups in the Study of Complex Societies“, 1966, S.100.

Vermittler

Die Familie der Medici machte sich in der italienischen Politik vor allem dadurch unentbehrlich, dass sie Verbindungen zu den wichtigsten Geschlechtern der Oberschicht Italiens pflegte und den Kontakt dieser Eliten untereinander vermittelte und regulierte, wodurch sie ein politisches Gleichgewicht herstellen und Personen den Zugang zur Oberschicht mittels Empfehlung gewähren oder verweigern konnten.

Eine solche Empfehlung kann auf zwei Wegen erfolgen: Entweder durch ein Zwischenglied, welches eine Nachricht weiterleitet, ohne auf ihren Inhalt Einfluss zu nehmen, oder durch einen Vermittler wie die Medici, die ihr Wissen um die politischen und militärischen Situationen anderer Familien nutzten, um Verbindungen untereinander herzustellen, Ehen zu vermitteln oder Ämter zu vergeben.[60] Auch Plinius tritt in seinen Briefen immer wieder als ein solcher Vermittler auf, indem er sein Wissen um freie Ämter und Posten nutzt, um sie seinen Freunden zukommen zu lassen.

Ein Vermittler kann in der sozialen Hierarchie a) auf derselben Stufe stehen wie der zukünftige Klient und seinerseits bereits selbst Klient des Patrons sein, sodass er seinem Patron einen weiteren Klienten anwirbt. Er kann b) zwischen beiden Parteien stehen und so für den dem Zentrum fern stehenden Klienten als Verbindung zur Macht dienen, wodurch er ein Bindeglied in der sozialen Hierarchie darstellt. Schließlich kann der Vermittler c) auf derselben Stufe wie der Patron stehen und selbst Klienten haben, aber für diese eine Person nicht die Dienste bieten, die sie benötigt. Vermittler können also sowohl Gefallen „nach unten“ erweisen als auch „von oben“ erhalten. Das bedeutet, dass eine Person zugleich Patron und Vermittler sein kann. Michael Korovkin tut sich offenbar schwer mit der Vorstellung, dass ein Individuum nicht nur einen Status innehaben kann,[61] doch muss gerade in einer ständisch geprägten Gesellschaft dieser Status die Norm sein, da die Macht in den Händen Weniger konzentriert ist, die ihre Ressourcen mittels Vermittlern durch die Schichten nach unten weiterreichen.

---

60 Vgl. Latour, Bruno: *Eine neue Soziologie für eine neue Gesellschaft*, 2010 (=1967), S.70-72, 102-108.

61 Vgl. Korovkin, Michael A.: „Exploitation, cooperation, collusion: an Enquiry into Patronage“, 1988, S.111.

Im Gegensatz zu den Patronen verfügen Vermittler nicht direkt über die Mittel und Netzwerke ihrer Kontakte; stattdessen versuchen sie, diese an Klienten zu vermitteln, weshalb ihre Mittel als *secondary order resources* bezeichnet werden. Die Vermittler handeln dabei nicht aus bloßem Altruismus: Durch ihr Einschreiten erarbeiten sie sich soziales Kapital, was Pierre Bourdieu alle tatsächlichen und potenziellen Ressourcen definierte, die durch soziale Beziehungen entstehen. Hierbei kann es sich etwa um Informationen und Dienstleistungen handeln, auf die bei Bedarf zurückgegriffen werden kann, um bestehende Verbindungen zu verstärken oder neue zu knüpfen.[62] Der Zugriff auf soziales Kapital ermöglicht es den Vermittlern, sich selbst Einfluss und Ressourcen zu erarbeiten, mit denen sie anschließend selbst Gefallen erweisen und somit in den Status eines Patrons eintreten können.[63] Dieses Bestreben hat zur Folge, dass sie stets im Konkurrenzkampf untereinander stehen. Darüber kann auch nicht hinwegtäuschen, dass sie in regem Kontakt stehen und derart aufeinander angewiesen sind, dass sie selbst Hierarchien bilden: Niedere Vermittler brauchen den Einfluss der höheren, während diese ihre Arbeit möglichst auf die ersteren verteilen werden.[64]

Die Politwissenschaftlerin Simona Piattoni schreibt, dass trotz der Tätigkeit eines Vermittlers ein wirklich enges Verhältnis nur zwischen zwei Parteien möglich sei. Demnach pflegt also der Klient eine Freundschaft zum Vermittler, während dieser seinerseits ein Freund des Patrons ist. Zwar können sich Klient und Patron kennenlernen, doch würde sich in diesem Fall selten eine Freundschaft entwickeln, die über die gegenwärtigen Bedürfnisse hinausgeht, so Piattoni. Das würde bedeuten, dass das Auftreten eines Vermittlers das Patronatsverhältnis zwar begründen hilft, ihm jedoch gleichzeitig den persönlichen Charakter nimmt.[65] Piattonis These ist hierbei zu allgemein gefasst; viele Beispiele in den Briefen des Plinius belegen, wie Kaiser Trajan Freunden des Plinius Gefallen erweist, ohne jemals mehr als die Namen der Personen zu erfahren.[66] Zugleich finden sich auch

[62] Bourdieu, Pierre: „Ökonomisches Kapital, kulturelles Kapital, soziales Kapital“, 1983, S.191-193.

[63] La Due Lake, Ronald/Huckfeldt, Robert: „Social Capital, Social Networks, and Political Participation“, 1998, S.570; Boissevain, Jeremy: *Friends of Friends*, 1974, S.157-162.

[64] Kitschelt, Herbert/Wilkinson, Steven I.: „Citizen-politician linkages: an introduction“, 2007, S.8.

[65] Piattoni, Simona: „Clientelism in historical and comparative Perspective“, 2001, S.10.

[66] Unter anderem Plin. *Ep.* 10.4: Erhebung des Gaius Voconius Romanus in den Senatorenstand; 10.5: Verleihung des Bürgerrechts für den Arzt Harpocras und Freigelassene der Antonia

Fälle, in denen Plinius Personen an Freunde empfiehlt und so gezielt neue Freundschaften begründet. In diesen Fällen beschreibt der Autor seine Protegés ausführlich mit dem Ziel, die Personen tatsächlich miteinander vertraut zu machen.[67]

Die Person des Vermittlers ist bei der Patronage die einzig entbehrliche: Grundsätzlich könnte sich eine Person unter Umgehung eines Vermittlers direkt an den gewünschten Patron wenden.[68] So war es im antiken Rom jedem erlaubt, direkt an den Kaiser zu appellieren. Die einzige Auflage bestand darin, dass sich sozial Niedere persönlich beim Kaiser einfanden und ihm ihre Gesuche vortrugen. Hochrangige Römer, die des Schreibens mächtig waren, konnten dem Kaiser einen Brief schreiben und auf Antwort von diesem persönlich oder einem seiner *ab epistulis* hoffen. Generell bietet es sich jedoch immer an, über einen Vermittler den Kontakt zum künftigen Patron herzustellen, da dieser durch seinen Einfluss dem Gesuch mehr Gewicht und Nachdruck verleihen kann.[69]

Eine erweiterte Definition von Patronage unter Rücksicht auf den Vermittler könnte nun folgendermaßen lauten: „Patronage ist eine freiwillig eingegangene Beziehung, bei der sich ein sozial privilegierter Patron und ein weniger privilegierter Klient zum ungleichen Austausch von Ressourcen verpflichten. Aufgrund fehlender Möglichkeiten der Rückerstattung begibt sich der Klient in die Abhängigkeit des Patrons. Kontakt und Austausch zwischen den beiden Parteien können durch einen beiden Personen bekannten Vermittler hergestellt werden, welcher dadurch sein eigenes Ansehen in der Gesellschaft fördert."

Maximilla; 10.11: Bitten um Bürgerrecht mehrerer Freigelassener im Namen von Freunden; 10.12: Vergabe der Praetur an Accius Sura. Bei diesen Briefen fällt auf, dass Plinius eine eingehende Beschreibung der erwähnten Personen beifügt, sodass sich der Adressat Kaiser Traian selbst ein Bild machen kann. Ein persönlicher Kontakt wird somit unnötig.

67 Siehe z. B. Plin. *Ep.* 2.13: Plinius bittet Iavolenus Priscus um Hilfe für Gaius Voconius Romanus; 4.15: Hilfe von Gaius Minicius Fundanus für Asinius Bassus; 6.9: Publius Cornelius Tacitus und Plinius erbitten gegenseitig Hilfe für Iulius Naso. Umgekehrt empfahlen auch Adressaten dem Plinius ihre Freunde: 9.38: Pompeius Saturninus empfiehlt Octavius Rufus; 3.8: Suetonius Tranquillus bittet um Übertragung seines Militärpostens auf seinen Verwandten Caesennius Silvanus.

68 Korovkin, Michael A.: „Exploitation, cooperation, collusion: an Enquiry into Patronage", 1988, S.121.

69 Der Vermittler musste dabei zumindest eine freie Person sein. Siehe dazu Sirks, Adrian J. B.: „Making a Request to the Emperor: Rescripts in the Roman Empire", 2001, S.122.

II. *Amicitia* und Patronage im antiken Rom

1. Einführende Betrachtungen

Die im vorangegangenen Kapitel dargestellten Auffassungen von Freundschaft und Patronage entstammen der modernen Soziologie und sollen helfen, die hier zu untersuchenden Patronatsbeziehungen zu verstehen. Die verschiedenen Auffassungen zur Freundschaft und ihrem Verhältnis zur Patronage allein in der neuzeitlichen Philosophie lassen das Thema für den Betrachter wie ein übergroßes, buntes Gemälde erscheinen. Ein Versuch, das antike römische Freundschaftsverständnis zu rekonstruieren, gibt dem Forscher das Gefühl, dieses Gemälde mit einer Taschenlampe im Dunkeln stets nur ausschnittsweise betrachten zu können, um das Gesuchte zu finden.

Die Schwierigkeit liegt darin, dass der römische Freundschaftsbegriff schwierig zu fassen ist, vor allem deshalb, weil das von den Römern genutzte Wort *amicitia* als „Freundschaft" übersetzt wird. An sich ist diese Übersetzung unproblematisch, doch ist es entscheidend, welches Konzept von Freundschaft mit dem Begriff konnotiert wird. Entspricht die *amicitia* Kants These von der Bindung zwischen sozial Gleichen oder lässt sie sich im Sinne von Simmel und Kracauer eher als ein Überbegriff verstehen, der mehrere Beziehungsformen in sich vereint? Gibt es überhaupt eine neuzeitliche Definition von Freundschaft, die sich der *amicitia* annähert? Generationen von Historikern haben unterschiedliche Konzepte genutzt und deshalb widerstreitend *amicitia* und ihre eigenen Auffassungen von Freundschaft entweder gleichgesetzt[1] oder klar voneinander abgegrenzt.[2] Das Fehlen einer allgemeinen römischen Definition trägt weiter zur Unsicherheit in der Wissenschaft bei: Zwar wurde *amicitia* auch von römischen Gebildeten vielfach untersucht und beschrieben, doch geht selbst aus umfassenden Schriften wie Marcus Tullius Ciceros *Laelius de amicitia* oder *De Clementia* und *De Beneficiis* von Seneca kein klarer Konsens darüber hervor, was Freundschaft sei und

---

1 So etwa Saller, Richard P.: *Personal Patronage under the Early Empire*, 1982, S.8-12.

2 Beispielsweise Eilers, Claude: *Roman Patrons of Greek Cities*, 2002, S.7.

zwischen wem sie bestünde. Hinzu kommt eine mehr als unsichere Abgrenzung der *amicitia* von anderen zwischenmenschlichen Verhältnissen.[3]

Marcus Tullius Cicero äußerte die Vermutung, *amicitia* leite sich von *amor* ab und war deshalb davon überzeugt, dass Freundschaft ohne Liebe nur geheuchelt sei.[4] Nun darf *amare*, wie es im römischen Kontext genutzt wird, gewiss nicht am modernen Verständnis des Begriffs „lieben" gemessen werden, sondern eher als starke Zuneigung, die ausreicht, Anteil am Leben des Gegenübers zu nehmen und somit im Gegensatz zur einfachen Zuneigung steht, die für gewöhnlich allen anderen Mitmenschen entgegengebracht wird. An dieser und anderen Stellen zeigt Cicero deutlich, dass er von den Lehren Epikurs geprägt war, der die Freundschaft für das größte Gut im Leben hielt.[5] Cicero schreibt, Zuneigung sei ein menschliches Bedürfnis[6] und mache den Menschen als Lebewesen aus[7] und das Leben lebenswert,[8] weshalb sie über alles andere im Leben gestellt werden solle.[9] Die Freude an einer Freundschaft rühre nicht so sehr vom (materiellen) Nutzen des Freundes her, als vielmehr von dessen Zuneigung. Was immer zwischen Freunden ausgetauscht würde, könne nur dann erfreuen, wenn es aus Zuneigung erwiesen wird.[10]

Ciceros Aussagen machen deutlich, welchen Stellenwert die *amicitia* hatte. Dabei war offenbar nicht klar abgesteckt, wer als *amicus* gelte und wer nicht. Cicero etwa schreibt, dass Freundschaften nur zwischen den *boni* geschlossen werden könnten, welche durch ihre Tugenden miteinander verbunden sind. Das schwierige politische Klima, in dem Cicero dieses Werk verfasste, erschwert die Bestimmung, wer *bonus* sei: Waren damit Gebildete, Mitglieder der Oberschicht oder gar nur dem Autor politisch Gleichgesinnte gemeint? Der Autor bemerkte

---

3 Rollinger, Christian: *Amicitia sanctissime colenda*, 2014, S.34-43.

4 Cic. *Lael.* 19, 26, 100.

5 Epik. *KD* 27: Von dem, was die Weisheit für das Glück des ganzen Lebens zur Verfügung stellt, ist das bei Weitem Größte der Erwerb der Freundschaft.

6 Cic. *Lael.* 27; Sen. *Ep.* 9.17.

7 Cic. *Lael.* 48.

8 Cic. *Lael.* 22.

9 Cic. *Lael.* 17: *Ego vos hortari tantum possum, ut amicitiam omnibus rebus humanis anteponatis.*

10 Cic. *Lael.* 51: *Non enim tam utilitas parta per amicum quam amici amor ipse delectat, tumque illud fit, quod ab amico est profectum, iucundum, si cum studio est profectum.* Vgl auch Plin. *Ep.* 8.21.5: *quid praestant sodales, si conveniunt voluptatis suae causa?*

selbst, seine Aussage sei nicht alltagstauglich, ist es doch Ansichtssache, wer gut und weise ist.[11] Dennoch war Cicero der Meinung, dass die meisten Menschen nur *amicitiae vulgares aut mediocres* führen; *amicitiae perfectae* dagegen gäbe es selten.[12]

Der von der Stoa geprägte Philosoph Seneca war ein Jahrhundert später der Ansicht, dass nur der Weise Freund sein könne, da nur er zu lieben wisse.[13] Lieben zu können würde demnach einen gewissen Grad von Bildung voraussetzen – Bildung, wie sie die Philosophen besaßen, nicht etwa die einfache Bevölkerung. Senecas Ausführungen erleichtern das Verständnis von *amicitia* somit nicht mehr als jene Ciceros.

Eine dienlichere Definition findet sich im *Commentarium petitionis consulatus* von Quintus Tullius Cicero, in welchem er seinem Bruder Marcus Ratschläge für dessen Kandidatur um den Consulat im Jahre 65 v. Chr. gibt. Dabei versuchte sich Quintus an einer Einteilung jener Personen, mit denen regelmäßiger Umgang gepflegt wird. Er schreibt, dass die Bezeichnung *amicus* im Wahlkampf eine andere Bedeutung habe als im übrigen Leben, „denn wer immer dir gegenüber einen einigermaßen guten Willen zeigt, Zeit mit dir verbringen will, wer regelmäßig in deinem Haus verkehrt, ist in die Reihe der *amici* einzuordnen." Als nützlicher erachtet Quintus hingegen jene Personen, „die *amici* aus gerechteren Gründen sind, durch Verwandtschaft, Heirat, Kameradschaft oder irgendwelche andere Notwendigkeiten".[14]

In den Ausführungen des Quintus finden sich zwei Punkte, die von besonderem Interesse sind: Die Kriterien, nach denen Quintus die erste Gruppe als *amici* definiert – Wohlwollen, Vertrautheit und regelmäßiger Umgang – decken sich erstaunlich genau mit jenen, die im vorangegangenen Kapitel als Grundlage der Freundschaft ausgeführt wurden. Dem gegenüber stellt der Autor Familie, Kameraden und Personen, mit denen durch andere Notwendigkeiten eine

11 Cic. *Lael.* 18, 19, 20, 27, 28.

12 Cic. *Lael.* 22.

13 Sen. *Ep.* 81.11: *Solus sapiens scit amare. Solus sapiens amicus est.*

14 Q. Cic. *Pet.* 16: *Sed hoc nomen amicorum in petitione latius patet quam in cetera vita; quisquis est enim qui ostendat aliquid in te voluntatis, qui colat, qui domum ventitet, is in amicorum numero est habendus. Sed tamen qui sunt amici ex causa iustiore cognationis aut adfinitatis aut sodalitatis aut alicuius necessitudinis, iis carum et iucundum esse maxime prodest.*

Verbindung besteht, die er jedoch auch alle als *amici* bezeichnet. Damit erinnert das Verständnis des Quintus auffallend an die Darstellungen Simmels und Kracauers von Freundschaft als Dachbegriff für verschiedenste soziale Verbindungen. Darauf wird noch zurückzukommen sein.

Mit seiner Definition von *amicitia* beschrieb Quintus Cicero auch die *fides*, jene Kraft, die nach römischer Auffassung die *amicitia* zusammenhielt und so viel wie „Treue“, „Beistand“ und „Zuverlässigkeit“ bedeuten kann. Seneca hebt die Bedeutung der *fides* hervor, da seiner Ansicht nach nur derjenige als Freund angesehen werden solle, dem uneingeschränkt vertraut werden könne.[15] Dies bedeutet auch, dass ein Bruch der *amicitia* den Verlust der Glaubwürdigkeit nach sich ziehen musste, was insbesondere für die Oberschicht gleichbedeutend mit einem Gesichtsverlust gewesen wäre.[16] Nun war Seneca ein Philosoph, er schrieb eher über ideale denn reale Freundschaften, doch die Epigramme des Dichters Martial belegen, dass für Römer auch im Alltag eine Freundschaft ohne *fides* ebenso unmöglich war wie für den heutigen Menschen.[17]

Einmal etabliert war die *fides* so stark, dass sie die *amicitia* auch in Gefahrensituationen aufrecht erhielt: In einem Gerichtsprozess wurde Plinius vom Gegenanwalt Marcus Aquilius Regulus gefragt, wie er zu dem von Domitian verbannten Philosophen Mettius Modestus stünde. Der Fragende erhoffte sich dadurch, dass sich Plinius entweder zur bestehenden Freundschaft und so zur Opposition zum Kaiser bekenne oder aber seine Loyalität zu Modestus verrate, um sich selbst zu retten. Plinius wollte sich nicht selbst in Gefahr bringen, doch war auch der Verrat seiner *fides* undenkbar; da er selbst als Anwalt und nicht als Angeklagter vor Gericht stand, konnte er der Frage ausweichen.

Selbst der Tod eines *amicus* stellte nicht zwangsläufig das Ende einer *amicitia* dar; so hielt Plinius seinen Mentoren Quintus Corellius Rufus und Lucius Verginius Rufus noch viele Jahre nach deren Ableben die Freundschaft.[18] In solchen Fällen konnte die Verbindung sogar auf die nächste Generation übertragen werden, sodass noch nach mehreren Generationen Gefälligkeiten (*officia*, *beneficia*) mit dem

---

[15] Sen. *Ep*. 3.2.

[16] Nicols, John: „Pliny and the Patronage of Communities“, 1980, S.366.

[17] Spisak, Art L.: „Gift-giving in Martial“, 1998, S.252.

[18] Plin. *Ep*. 2.1; 4.17.

Hinweis auf freundschaftliche Verbindungen zwischen den Vorfahren erwiesen wurden.[19] Als Plinius die rechtliche Vertretung der Corellia übernahm, tat er dies explizit mit dem Hinweis auf die Freundschaft zu ihrem Vater Corellius Rufus.[20] Auch als Plinius den Patronat über die Stadt Tifernum Tiberinum übernahm, könnte er diese Position von seinem Onkel übernommen haben.[21]

Ließ es ein Freund dagegen an *fides* fehlen oder fügte er dem Anderen gar absichtlich Leid zu, verstieß er damit gegen die ungeschriebenen Regeln der Freundschaft.[22] In diesem Fall konnte sich eine Freundschaft zu einer langanhaltenden und erblichen Feindschaft (*inimicitia*) entwickeln.[23] In einem solchen Fall wurde die Beziehung abgebrochen und nach Möglichkeit jegliche Berührung vermieden;[24] galt es als Zeichen der Freundschaft, das Haus des *amicus* betreten zu dürfen, wurde das Verwehren des Zugangs als besonders klares Zeichen der Freundschaftskündigung verstanden.[25]

Feindschaften sind dann besonders ausgeprägt, wenn sich die Beteiligten sozial sehr nahe stehen; die relativ kleine Gruppe der Senatoren war also geradezu geschaffen für Intrigen und Ränkespiele.[26] Gleichwohl gibt es in den römischen Quellen verhältnismäßig wenige Berichte von solchen Feindschaften, da die Elite häufig untereinander verwandt oder verschwägert war und darüber hinaus in der Öffentlichkeit immer wieder aufeinandertraf, wo eine Zurschaustellung der Abneigung nicht dem *mos maiorum* entsprach. Schließlich standen die Pflichten gegenüber der *res publica* im Vordergrund und somit über jeglichen persönlichen Disputen. Der Schein musste gewahrt werden, um nach außen hin Einigkeit vorzutäuschen. Daher war es eine unangenehme Angelegenheit, als Anwalt gegen

[19] Jaques, François/Scheid, John: *Rom und das Reich*, 2008³, S.31.

[20] Plin. *Ep.* 4.17. Die Stärke der Beziehung zu Corellia kommt auch in 7.11 sehr ausführlich zum Ausdruck.

[21] Plin. *Ep.* 4.1.

[22] Cic. *Lael.* 35, 76, 78. Vgl. Simmel, Georg: „Der Mensch als Feind“, 1993 (=1907), S.339.

[23] Brunt, Peter A.: „Amicitia in the Roman Republic“, 1988, S.369-370.

[24] Simmel, Georg: „Der Mensch als Feind“, 1993 (=1907), S.339.

[25] So etwa im Falle des Curtius Nicia, einem ehemaligen Getreuen von Gnaeus Pompeius und Gaius Memmius: Als Curtius ehebrecherische Briefe von Memmius an die Frau des Pompeius überbrachte, kündigte Pompeius dem Curtius die Freundschaft, nicht etwa dem vermeintlichen Ehebrecher. Suet. *Gramm.* 14.1.

[26] Simmel, Georg: „Der Mensch als Feind“, 1993 (=1907), S.341.

andere Senatoren aufzutreten oder sie gar selbst zu verklagen, wie Plinius an mehreren Punkten darlegt.[27] Stattdessen war es selbstverständlich, auch Kontrahenten Geld zu leihen oder vor Gericht zu vertreten, wenn es dem öffentlichen Interesse diente.[28]

Dass es tatsächlich solche unversöhnlichen Antipathien gab, zeigt sich im Verhältnis zwischen Plinius und dem bereits genannten Marcus Aquilius Regulus: Regulus war während der Herrschaft Domitians als Informant (*delator*) tätig und brachte bedeutende Personen vor Gericht, um daraus persönliche Vorteile zu ziehen, unter ihnen Freunde des Plinius.[29] Plinius beschreibt Regulus als abergläubischen, schlechten Redner[30] und Erbschleicher, der sich unter Vortäuschung von Freundschaft die Vermögen sterbender Senatoren und Ritter sicherte und so das System der *officia* pervertierte.[31] Regulus erscheint so als zutiefst unsympathische Figur und in vielerlei Hinsicht als das exakte Gegenteil des Plinius.[32]

Umgekehrt brachte auch Regulus Plinius keinerlei Sympathien entgegen, wie die bereits erwähnte hinterlistige Frage vor Gericht beweist. Der Senat zeigte sich über die offene Zurschaustellung von Feindseligkeiten seitens des Regulus entrüstet, weshalb dieser nun unter Druck stand und andere Senatoren bat, eine Aussöhnung zwischen sich und Plinius zu vermitteln.[33] Dadurch zeigte er seine Verzweiflung und die Bemühung, den Schein des Friedens wiederherzustellen.[34]

Plinius folgte hingegen von Beginn an dem Verhaltenskodex: Er informierte ausschließlich seine engsten Freunde über seine Ablehnung gegenüber Regulus und vermied öffentliche Anfeindungen gegen ihn. So verhielt er sich vorbildlich und gab dieses Verhalten nicht nur an seine Vertrauten, sondern durch die

---

27 Plin. *Ep.* 2.11, 4.17, 9.13.

28 Brunt, Peter A.: „Amicitia in the Roman Republic", 1988, S.359, 361, 369-372. Siehe auch Flaig, Egon: „Keine Performanz ohne Norm", 2005, S.209-210.

29 Tac. *Hist.* 4.42. Siehe auch Ash, Rhiannon: „Drip-feed invective: Pliny, self-fashioning, and the Regulus letters", 2013, 215-216.

30 Plin. *Ep.* 2.6, 4.7.

31 Plin. *Ep.* 2.20 bietet hierfür gleich drei Beispiele. Siehe dazu ausführlich Ash, Rhiannon: „Drip-feed invective: Pliny, self-fashioning, and the Regulus letters", 2013.

32 Gibson, Roy K./Morello, Ruth: *Reading the Letters of Pliny the Younger*, 2012, S.140.

33 Plin. *Ep.* 1.5. Siehe dazu auch Hammond, Mason: „Pliny the Younger's Views on Government", 1938, S.129; Ash, Rhiannon: „Drip-feed invective: Pliny, self-fashioning, and the Regulus letters", 2013, 217-218.

34 Vgl. Flaig, Egon: „Keine Performanz ohne Norm", 2005, S.215.

Veröffentlichung auch den Lesern und der Nachwelt weiter – zusammen mit einem negativen Bild des Marcus Aquilius Regulus.

2. *Amicitia* und Patronage – ein Widerspruch?

In der hierarchisch geprägten römischen Gesellschaft bestanden soziale Verbindungen selbstverständlich nicht nur innerhalb der Oberschichten – auch zwischen Schichten war der Austausch gang und gäbe, seien es von den Eliten ausgerichtete Veranstaltungen wie Wagenrennen und Gladiatorenkämpfe, Stiftungen von Gebäuden oder das Leihen von Geld. Diese Handlungen werden nach heutigem Verständnis als Patronage bezeichnet. Doch existierte in der antiken Vorstellung ein ähnliches Konzept?

Um diese Frage beantworten zu können, muss zunächst untersucht werden, wie die antiken Autoren die Verbindungen zwischen sozial Ungleichen sahen. Wie in der Moderne gab es hierzu auch in der Antike keine allgemein anerkannte Theorie. Unterschiedliche Zeiten und gesellschaftliche Systeme brachten jeweils eigene Lehrsätze hervor, die aufeinander aufbauten oder sich gegenseitig widersprachen.

Der Philosoph Aristoteles vertritt in seiner einflussreichen *Nikomachischen Ethik* die Ansicht, dass wahre Freundschaft nur zwischen Gleichen bestehen könne, nicht jedoch zwischen Ungleichen; da bei letzteren Wohlwollen und Zuneigung fehlten, könnten sie lediglich Nutzfreundschaften führen.[35] Diese Bindungen waren jedoch unvermeidbar, weshalb Aristoteles es für notwendig befand, dass die Liebe verhältnismäßig sein und jeder Freund seinem sozialen Status und Ansehen entsprechend mehr oder weniger geliebt werden müsse. Auf diese Weise ließe sich auch bei Unterschieden Gleichheit herstellen.[36] Nach Auffassung des Aristoteles schlossen sich wahre Freundschaft und asymmetrische Beziehungen somit gegenseitig weitestgehend aus.

Einige Zeit nach Aristoteles wurden ebenfalls in Griechenland und fast parallel zueinander die Schulen der Stoiker und Epikureer entwickelt. Durch Eroberung

[35] Aristot. *NE* 1155b, 1156b.
[36] Aristot. *NE* 1158b, 1159b.

gelangten beide nach Rom, wo sie an die dortigen gesellschaftlichen Verhältnisse angepasst wurden. Dabei fiel es dem Epikureismus verhältnismäßig schwer, Anhänger zu finden, da unter anderem seine Lehre, von politischer Tätigkeit Abstand zu nehmen,[37] die römische Gesellschaft in ihrem Streben nach politischem Einfluss befremdete. Abgesehen von der Feststellung, dass Freundschaft zu den höchsten Gütern im Leben gehört, schwieg sich Epikur darüber aus, warum und zwischen wem Freundschaft überhaupt zustande kommt.

Für diese Arbeit sind die Lehren der Stoa von größerer Bedeutung; sie fassten im römischen Reich schnell Fuß und erfreuten sich um die Wende zum zweiten nachchristlichen Jahrhundert, zu Lebzeiten des Plinius, großer Beliebtheit. Das lag nicht zuletzt daran, weil sich die Stoa deutlich zum Leben in der Gemeinschaft bekennt, was sie wesentlich zugänglicher macht als der Epikureismus. Die Stoiker lehrten, dass sich der Mensch, statt sich aus dem öffentlichen Leben zurückzuziehen, sein Leben im Einklang mit seinem Umfeld führen und sich ihm verpflichtet fühlen solle, da das Individuum nur in der Gemeinschaft existieren könne.

Von den frühen Vertretern der Stoa sind nur wenige Fragmente erhalten; ihre Lehren lassen sich häufig nur rekonstruieren, weil sie in den Werken anderer Autoren zitiert werden. Einer dieser Autoren ist Marcus Cicero; in seinem umfangreichen Werk *De finibus bonorum et malorum* zitiert er die Ansicht der Stoiker, die Grundlage der Zuneigung zwischen den Menschen läge in der grundlegenden Liebe zwischen Eltern und Kindern:

[37] Epik. *KD* 14: Obwohl sich die Sicherheit vor den Menschen bis zu einem gewissen Grad durch wohl gefestigte Macht und Reichtum ergibt, so entsteht doch die reinste Sicherheit aus der Ruhe und dem Rückzug vor der Masse.

> Für sie (die Stoiker) ist maßgebend, dass man die Liebe der Eltern zu den Kindern als eine natürliche Einrichtung ansehe. Von diesem Anfang geht die allgemeine Verbindung der menschlichen Gemeinschaft aus, der wir nachgehen [...]. So deutlich die Natur uns den Schmerz (der Geburt) fliehen lässt, so bewegt uns die Natur selbst, jene, welche wir erzeugt haben, zu lieben. Daraus geht auch die natürliche Zuneigung in der menschlichen Gemeinschaft hervor, sodass jeder Mensch einen anderen Menschen, eben weil er ein Mensch ist, nicht als Fremden ansieht [...]. Um viel größer ist diese Verbindung zwischen Menschen [im Vergleich zu Tieren]. Und deshalb sind wir schon von Natur zum Zusammenkommen, zur Vereinigung und zur Gemeinschaft geeignet.[38]

Die Sorge um den eigenen Nachwuchs und die Zuneigung zu diesem werden aus stoischer Sicht direkt auf die anderen Mitmenschen übertragen, was dazu führt, dass die Gemeinschaft wie selbstverständlich entsteht und zusammenhält. Der Einzelne kann und muss also in der Gruppe leben, wie Cicero zusammenfasst:

> Niemand mag in völliger Einsamkeit sein Leben verbringen, selbst wenn eine unendliche Lust damit verbunden wäre, und daraus wird deutlich, dass die Menschen zur Verbindung und Gesellschaft mit einander und zum natürlichen Verkehr geschaffen sind.[39]

Aus diesem Denken ergab sich weiterhin, dass die Vermögenden und Einflussreichen den bedürftigen Mitgliedern der Gemeinschaft Hilfe und Beistand leisten sollten: Seneca schreibt in seinem Werk *De Clementia*, dass Macht und Einfluss stets zum Wohle anderer eingesetzt werden sollen, damit sich diese dem Wohltäter dankbar zeigen und ihm ihrerseits zur Seite stehen.[40] Seneca sah in einem wohltätigen Menschen „das Band, durch das der Staat zusammenhält".[41] Treue und

---

[38] Cic. *Fin.* 3.62-63: *Pertinere autem ad rem arbitrantur intellegi natura fieri ut liberi a parentibus amentur. a quo initio profectam communem humani generis societatem persequimur [...]. Quare ut perspicuum est natura nos a dolore abhorrere, sic apparet a natura ipsa, ut eos, quos genuerimus, amemus, inpelli. ex hoc nascitur ut etiam communis hominum inter homines naturalis sit commendatio, ut oporteat hominem ab homine ob id ipsum, quod homo sit, non alienum videri [...]. multo haec coniunctius homines. itaque natura sumus apti ad coetus, concilia, civitates.* Siehe auch Sellars, John: *Stoicism*, 2006, S.130-131.

[39] Cic. *Fin.* 3.65: *Quodque nemo in summa solitudine vitam agere velit ne cum infinita quidem voluptatum abundantia, facile intellegitur nos ad coniunctionem congregationemque hominum et ad naturalem communitatem esse natos.*

[40] Sen. *Clem.* 1.1.3: *nemo non, cui alia desunt, hominis nomine apud me gratiosus est.*

[41] Sen. *Clem.* 1.4.1: *Ille est enim vinculum, per quod res publica cohaeret.*

gegenseitige Verpflichtungen wahren so den Frieden zwischen den Ständen. Ein Bruch dieser Treueverhältnisse könne laut dem Philosophen den römischen Frieden zerstören und das Volk in Trümmer zerschlagen. Solange jedoch Rom respektive die römischen Wertevorstellungen im Reich Bestand hätten, sei der Frieden gesichert.[42] Den Mitmenschen zu helfen galt den Stoikern somit als tugendhaft, dem eigenen Wohl dienendes Denken erachteten sie dagegen als schimpflich.[43]

Während sich Cicero als Politiker bei Bedarf mehrerer Lehren bediente, folgte der Philosoph Seneca klar den Stoikern. In ihren Aufzeichnungen zeigen sie, wie Verantwortung und Freundschaft miteinander verwoben werden konnten: Cicero schreibt in seinem *Laelius de Amicitia*, dass *amicitia* durch allzu große Unterschiede im sozialen Status erschwert würde. Er erachtete es deshalb als nötig, dass in einer Freundschaft diejenigen, die höher stehen, herabsteigen, während die niedriger Stehenden sich erheben.[44] Auch Seneca galt es als Inbegriff der Freundschaft, den Freund sich selbst gleich zu machen.[45]

Die Schriften *Laelius de Amicitia*, *De Beneficiis* und *De Clementia* zeigen, dass das römische Verständnis Freundschaft zwischen Ungleichen nicht ausschloss, sondern die Möglichkeit sah, Unterschiede durch gegenseitiges Wohlwollen und Zuneigung zu überwinden. Was bedeutet das nun für das Verhältnis zwischen *amicitia* und Patronage?

Der Historiker sieht sich stets vor eine schwierige Situation gestellt, wenn er moderne Konzepte und Theorien auf die antike Realität anzuwenden versucht. Begriffe wie „soziales Netzwerk“ oder „Vermittler“ existierten in der römischen Antike nicht und selbst die Bezeichnung „Patronage“ kam erst Jahrhunderte nach dem Fall Roms in Gebrauch. Die Aufgabe wird umso mehr erschwert, da Begriffe wie *patrocinium*, *patronus* und *cliens* zwar existierten, jedoch in völlig anderen Zusammenhängen genutzt wurden als die davon abgeleiteten und ähnlich

42 Sen. *Clem.* 1.4.1-2.

43 Inwood, Brad: „Politics and paradox in Seneca's De Beneficiis“, 1995, S.243, 246; Williamson, Callie: *The Laws of the Roman People*, 2005, S.266, 297. Dass Theorie und Praxis auch in der Patronage selten übereinstimmen, versteht sich dabei von selbst: Silverman, Sydel: „Patronage as Myth“, 1977, S.7.

44 Cic. *Lael.* 72: *Quam ob rem, qui superiores sunt, submittere se debent in amicitia, sic quodam modo inferiores extolere.*

45 Sen. *Ben.* 2.15.1: *Cum summa amicitiae sit amicum sibi aequare, utrique simul consulendum est.*

klingenden Bezeichnungen Patronage, Patron und Klient: Beim *patrocinium* handelte es sich in erster Linie um ein durch Loyalität erkauftes Schutzverhältnis.[46] Als *patronus* wurde eine Person bezeichnet, welche als Anwalt einen Klienten vor Gericht vertrat und dafür keine finanzielle Gegenleistung erhielt; der Begriff des Klienten ist in der juristischen Sprache noch heute zu finden. Auch im Verhältnis einer Gemeinde zu einem Mitglied der Oberschicht konnte diesem der Titel des *patronus* verliehen werden. Dessen Aufgabe war es, die Interessen der Gemeinde in Rom zu vertreten. Auch in der Beziehung zwischen ehemaligem Herrn und Freigelassenem fand der Begriff Anwendung, da hier weiterhin bestimmte Mechanismen des Schutzes und der Verantwortung gegeneinander galten.[47]

Die drei Begriffe traten also ausschließlich in rechtlichen Angelegenheiten auf und wurden zumindest in der frühen Kaiserzeit auch nur in diesen Zusammenhängen genutzt. Eine Ausnahme bilden dabei Dankesinschriften für hohe Amtsträger. Dies lag vor allem daran, dass die von Klienten gestifteten Inschriften die gewürdigte Person lobpreisen sollten, weshalb der Titel hier Eingang fand.[48] Folgt aus der sehr begrenzten Nutzung der Begriffe, dass die Römer Patronage nicht in der Form kannten, wie sie heute definiert wird?

Diese Arbeit macht es sich zum Ziel, dieser Frage auf Grundlage der Briefe des jüngeren Plinius nachzugehen. Seine Episteln bieten einen umfangreichen Blick in das römische Alltagsleben im Principat und ermöglichen somit einen Einblick in die Formen des römischen Freundschaftsverständnisses. Eine Auszählung nach den Schlüsselbegriffen *patronus* und *cliens* ergibt, dass Plinius beide Bezeichnungen sehr sparsam verwendet: In Brief 3.4, welcher sich mit der rechtlichen Vertretung der Provinz Baetica befasst, tritt Plinius als Anwalt auf, wodurch ihm der Titel des *patronus* zukommt. In Epistel 4.1 führt der Autor seine Rolle als *patronus* der Gemeinde Tifernum Tiberinum aus. Schließlich beschreibt 7.29 eine Grabinschrift für den kaiserlichen Freigelassenen Antonius Pallas, in der dieser als *patronus*

---

[46] Krause, Jens-Uwe: *DNP*, Bd. 9, Sp. 414-417, s. v. Patrocinium.

[47] Eisenstadt, Shmuel N./Roniger, Luis: *Patrons, clients and friends*, 1984, S.55. Vgl. auch Mommsen, Theodor: *Römisches Staatsrecht*, 1871[3], S.64. Weiterhin Brunt, Peter A.: „Clientela", 1988, S.391; Nicols, John: „Pliny and the Patronage of Communities", 1980, S.366.

[48] Beispielsweise Gaius Cornelius Minicianus in Bergamum: *CIL* V 5126 = *ILS* 2722. Saller, Richard P.: *Personal Patronage under the Early Empire*, 1982, S.8-10. Vgl. auch White, Peter: „Amicitia and the Profession of Poetry in Early Imperial Rome", 1978, S.79.

bezeichnet wird. Eine vermehrte Nutzung des Begriffs taucht lediglich in den Briefen an Kaiser Traian auf, doch auch hier ausschließlich im Zusammenhang mit der Anwaltstätigkeit des Plinius oder dem Verhältnis zwischen Freigelassenen und ihren ehemaligen Herren.[49]

Aber vielleicht ist auch Plinius als Quelle allein nicht aussagekräftig genug. Peter White durchsuchte römische Gedichte nach Formen des Begriffs „Patronage", um dessen Ursprung auf den Grund zu gehen. Sein Gedanke dahinter war, dass ein großer Teil von Gedichten offensichtlich die Praxis der Patronage beschreibt, weshalb diese hier auf die eine oder andere Weise beim Namen genannt werden müsse. Doch auch die Dichtkunst meidet Begriffe wie *patronus* und *cliens*; eine Bezeichnung für das System als solches fand White ebenfalls nicht, da der Begriff erst im Mittelalter geprägt wurde.[50]

Die zurückhaltende Nutzung der Begriffe *patronus* und *cliens* wird in der wissenschaftlichen Literatur häufig damit erklärt, dass sie nicht wertfrei waren, da sie die sozialen Unterschiede zu sehr betonen. Ein Klient wurde durch die Anrede permanent an seine Inferiorität gegenüber seinem Patron erinnert. Auch wenn er sich dieser durchaus bewusst war, wenn er ein solches Verhältnis suchte, wollte und sollte er doch nicht als schwächere Partei betrachtet werden.[51] Um die Standesunterschiede nicht hervorzuheben, fand daher die universelle Bezeichnung *amicus* Anwendung, vor allem zwischen annähernd Gleichgestellten, was nicht zuletzt an den weit verzweigten Verwandtschaftsbeziehungen lag.[52]

Wenn es tatsächlich zutrifft, dass Römer den Begriff *amicus* ohne zu reflektieren auf alle Personen anwendeten, mit denen sie in engerem Kontakt

49 Siehe Plin. *Ep.* 10.3; 10.5; 10.6; 10.11.

50 White, Peter: „Amicitia and the Profession of Poetry in Early Imperial Rome", 1978, S.78-79.

51 Saller, Richard P.: *Personal Patronage under the Early Empire*, 1982, S.8-10. Dies ging in einzelnen Fällen sogar so weit, dass einige Klienten *beneficii* leugneten oder gar nicht erst akzeptierten, um ihre Hilfsbedürftigkeit zu verheimlichen. Ein solches Verhalten prangert Seneca in *Ben.* 2.23.1-3, 3.1.3 schwer an. Vgl. auch Garnsey, Peter/Saller, Richard: *Das Römische Kaiserreich*, 1989, S.212, 217.

52 Brunt, Peter A.: „Amicitia in the Roman Republic", 1988, S.360-361; Alföldy, Géza: *Römische Sozialgeschichte*, 2011[4], S.152-153. Zuletzt Rollinger, Christian: *Amicitia sanctissime colenda*, 2014, S.35. Einen anderen Weg schlägt dabei Antoni Mączak in *Ungleiche Freundschaft*, 2005, S.97 ein: Er sucht auf der sprachlichen Ebene und begründet die Nutzung des Begriffes *amici* gegenüber *cliens* damit, dass letzteres über keinen Vokativ verfügte und sich daher für eine Ansprache nicht eignete.

standen, sollte sich dies ebenfalls in der Briefsammlung des Plinius nachweisen lassen, da die Briefe sich zu mindestens einem Drittel mit dem befassen, was heute als Patronage verstanden wird. Eine weitere Wortauszählung ergibt, dass der Begriff *amicus* 82 mal genutzt wird; von *amicitia* ist 23 mal die Rede, von *amare/ amor* 79 mal; die stammverwandten Begriffe werden so insgesamt wenigstens 184 mal genutzt, was einer durchschnittlichen Erwähnung in jedem zweiten Brief entspricht. Dieses eindeutige Verhältnis von Bezügen zu *amicitia* im Vergleich zu *patrocinium* belegt die vorausgegangene Annahme, dass aus Gründen der Höflichkeit Personen auch dann als *amici* angesprochen wurden, wenn ein erkennbarer sozialer Unterschied bestand.

Das Fehlen einer eigenständigen antiken Bezeichnung für Patronage, wie sie heute verstanden wird, führte in der Vergangenheit nicht selten dazu, dass die Institution der Patronage als unbedeutend oder gar nicht existent angesehen wurde. Dabei muss das Fehlen eines Begriffes nicht zwangsweise auch das Fehlen des Phänomens als solches bedeuten. So verfügten die Römer über keine eigenständige Bezeichnung für Religion oder Wirtschaft; dennoch waren beide zentrale Bestandteile des Alltags. Könnte auch Patronage ein derart trivialer Part des täglichen Lebens gewesen sein, dass dafür im Gegensatz zur heutigen Zeit nicht einmal ein eigenes Wort benötigt wurde, sondern vielmehr als selbstverständlicher und zentraler Teil der *amicitia* verstanden wurde?

Wie bereits beim Verhältnis zwischen *amicitia* und Freundschaft aufgezeigt wurde, besteht das große Problem in der Arbeit mit den Quellen darin, dass die Historiker antike Gegebenheiten mit den Ansichten ihrer eigenen Zeiten zu erklären versuchen. Auch die Frage nach der Patronage in der römischen Antike ist davon betroffen: Wird Kants Theorie genutzt, nach der nur sozial gleich Stehende befreundet sein können, muss daraus folgen, dass alle anderen Beziehungen nicht als Freundschaften angesehen werden können, sondern eben als Patronage zwischen Ungleichen. Da sich in den römischen Quellen keine Bezeichnung für Letzteres finden lässt, müsste in letzter Konsequenz folgen, dass der Patronage jegliche Existenz in der römischen Antike abgesprochen wird. In diesem Falle führt die Argumentation in eine Sackgasse, da neben den Freundschaften innerhalb der gleichen sozialen Schicht nun zwar weiterhin die Beziehungen zwischen den Schichten bestünden, für sie aber keine Bezeichnung vorläge.

Ein möglicher Ausweg aus dieser Situation besteht darin, den Begriff *amicitia* nicht als Bezeichnung für die Freundschaft eine einzelne Form der zwischenmenschlichen Beziehung zu begreifen und sie von anderen abgrenzen zu wollen, sondern ihn ganz im Sinne Georg Simmels und Siegfried Kracauers als einen Oberbegriff für verschieden intensiv ausgeprägte Bindungsstrukturen wie Bekanntschaft, Freundschaft und Patronage zu deuten. Mit Blick auf die römische Gesellschaftspyramide würde *amicitia* dann horizontale Freundschaften innerhalb derselben sozialen Schicht (zwischen Senatoren, Rittern, Angehörigen der Unterschichten) oder bei geringen sozialen Unterschieden (Senatoren-Ritter, Ritter-Unterschichten) ebenso umfassen wie vertikale Patronatsbeziehungen zwischen den Schichten (Senatoren-Unterschichten). Dass die römischen Quellen sprachlich keinen klaren Trennstrich ziehen und stattdessen *amicitia* und *amicus* oder Synonyme wie *benignus*, *carus*, *socius*, *sodalis, familiaris* und *cliens* für all jene Personen, mit denen engerer Umgang gepflegt wird,[53] allgegenwärtig sind, lässt eine solche Interpretation der *amicitia* zumindest wahrscheinlich wirken.

Wie zu erwarten lassen sich auch hier Ausnahmen finden: Etliche römische Satiren, Epigramme und Komödien weisen auf Beziehungen hin, bei denen jegliche emotionale Bindung zwischen den Parteien fehlte, sodass der bloße Zweck im Vordergrund stand und eine Person die andere schlicht wie ein Parasit ausnutzte.[54] Allein die Tatsache, dass es diese Zahl und Vielfalt der literarischen Abhandlungen über das Ausnutzen gab, macht deutlich, dass es sich hierbei nicht um eine Randerscheinung handelte. In diesen Fällen wurde auch die Bezeichnung *amicus* obsolet: Die Dichter bezeichnen Schmarotzer ohne jegliche Beschönigung als *parasitus*.[55]

Paradoxerweise resultierte aus der allgemeinen Bezeichnung als *amicus* ein Problem, das den Römern nur allzu bewusst war: Sie konnte dazu verleiten, die

[53] *benignus:* Sen. *Ben.* 6.7.2; *carus*: Hor. *Sat.* 1.6.70, Mart. *Epigr.* 3.5.5; *socius*: Cic. *Deiot.* 13, Cic. *Sest.* 59; *sodalis*: Cic. *Sull.* 7, Plaut. *Bacch.* 475, Plaut. *Cas.* 581; *familiaris*: Liv. 25.18.5, Cic. *Verr.* 6.136, Suet. *Tib.* 55.

[54] Konstan, David: „Patrons and Friends“, 1995; Damon, Cynthia: *The Mask of the Parasite*, 1997.

[55] Damon, Cynthia: *The Mask of the Parasite*, 1997, S.15. Vgl. Cic. *Lael.* 98, 99; Sen. *Ep.* 9.8-9.

sozialen Unterschiede tatsächlich zu vergessen, was von der Oberschicht als Bedrohung ihres Standes empfunden werden musste, wie eine Mahnung des Plinius an Calestrius Tiro belegt.[56] Bei aller Verantwortung und Idealisierung der Freundschaft ging es der Elite schließlich vielmehr um die Verteilung der Ressourcen *untereinander*. Die Masse der unteren Schichten wurde über gelegentliche Gastmähler, Spiele oder Stiftungen am Wohlstand beteiligt. In diesem Licht lassen sich auch Ciceros und Senecas Aufforderungen nach Gleichheit unter Freunden verstehen, die zwar Wohlwollen und Respekt zwischen den Personen forderte, aber den sozialen Unterschied nicht ignorieren konnte und sollte – insbesondere dann, wenn der Gegensatz allzu groß war.

Um dem Schreckgespenst des Gleichseins zu entgehen und stattdessen die sozialen Unterschiede dezent aufzuzeigen, wurden Attribute genutzt, die zeigten, wer in der Freundschaft welchen Stand hatte. Plinius umschreibt Gruppen von Klienten mit Bezeichnungen wie *amici minores* und *amicitiae minores* (2.6.2, 7.3.2), so etwa bei der Beschreibung eines Gastmahls. Der Begriff *amici pauperes* (9.30) fällt im Zusammenhang mit einem Lob des Nonius Celer, der die bedürftigsten seiner Freunde unterstützte.

Auch für die einflussreichen Freunde findet Plinius mehrere Bezeichnungen: Den *amici minores* werden die *amici maiores* gegenübergestellt, die in Rom auf den mehrmaligen Consul und Statthalter Lucius Bruttius Praesens warteten (7.3.2). Als der von Domitian verbannte Philosoph Artemidorus Geld brauchte, verwehrten ihm seine *magnis et locupletibus amicis* (3.11.2) den Beistand. Diese Begriffe weisen deutlich auf die bestehenden Unterschiede hin und erfassen zumeist ganze Gruppen von Personen, die auf diese Weise in hoch- und niedrigstehende *amici* eingeteilt werden.[57]

Diese Einteilung wurde häufig nicht nur sprachlich vollzogen, sondern auch in der alltäglichen Praxis: Plinius beschreibt in *Ep.* 2.6 ein Mahl bei einem nicht benannten Gastgeber, der seine Gäste je nach Nähe zu sich in mehrere Kategorien

[56] Plin. *Ep.* 9.5: *ut discrimina ordinum dignitatumque custodias; quae si confusa, turbata, permixta sunt, nihil est ipsa aequalitate inaequalius.*

[57] Peter White hat in seinem Aufsatz „Amicitia and the Profession of Poetry in Early Imperial Rome“, 1978, S.81 darüber hinaus in den Gedichten von Martial und Iuvenal, den Schriften Senecas und Ciceros weitere Umschreibungen gefunden, darunter *amicus humilis*, *amicus modicus*, *amicus potens* und *beatus*.

teilte und ihnen entsprechend unterschiedliche Speisen und Getränke servieren ließ:

> Denn sich und einigen wenigen setzte er stattliches [Essen] vor, den übrigen billiges und kleine Portionen. Auch den Wein hatte er in winzigen Fläschchen in drei Sorten eingeteilt, nicht, damit man auswählen, sondern damit man nicht ablehnen könne, eine für sich und uns, eine andere für die geringeren Freunde (denn er behandelt seine Freunde unterschiedlich), eine weitere für seine und unsere Freigelassenen.[58]

Diese Zeilen wirken kritisch und Plinius betont, den Gastgeber kaum zu kennen, dennoch hatte er die Einladung angenommen und übte keine offene Kritik an den Vorgängen bei Tisch. Erst im Nachhinein kritisierte Plinius das Vorgehen, doch nicht beim Gastgeber selbst, sondern bei seinem Freund Iunius Avitus.[59]

Gelegenheiten wie Gastmähler boten sich geradezu an, die sozialen Strukturen aufzuzeigen, entweder durch die Sitzordnung, nach der die Gäste auf den *triclinia* Platz nahmen oder eben durch unterschiedliche Speisen. Zwar galt eine gleichwertige Behandlung auch bei Tisch als ein Ideal, doch lassen sich in den Quellen neben den genannten Belegen für verbale Unterscheidungen sogar physische Misshandlungen von Gästen finden, wodurch die Trennung der Schichten überaus deutlich zutage trat.[60]

Ebenso wurden bei anderen alltäglichen Gelegenheiten Unterschiede zwischen Freunden deutlich, so etwa bei den morgendlichen *salutationes*, zu denen sich die hohen und niederen Freunde der Oberschicht in deren Häusern einfanden um ihre Aufwartung zu machen oder um Gefälligkeiten zu bitten. Bei diesen Anlässen wurden zuerst die wichtigsten Personen einzeln in den Privaträumen des Hauses begrüßt; die weniger wichtigen machten anschließend in Gruppen im Atrium ihre

---

58 Plin. *Ep.* 2.6.2: *Nam sibi et paucis opima quaedam, ceteris vilia et minuta ponebat. Vinum etiam parvolis lagunculis in tria genera discripserat, non ut postestas eligendi, sed ne ius esset recusandi, aliud sibi et nobis, aliud minoribus amicis (nam gradatim amicos habet), aliud suis nostrisque libertis.*

59 D'Arms, John H.: „The Roman Convivium and the Idea of Equality“, 1990, S.315.

60 Peachin, Michael: „Friendship and abuse at the dinner table“, S.136-139; D'Arms, John H.: „The Roman Convivium and the Idea of Equality“, 1990, S.318; Verboeven, Koenraad: „Friendship among the Romans“, 2011, S.405-406.

Aufwartung. Die Unterscheidung in wichtige und weniger wichtige Personen wurde somit sowohl zeitlich als auch räumlich vollzogen.[61]

Auch wenn Plinius beim Gastmahl die Unterscheidung von Freunden kritisierte, erkannte er doch die Notwendigkeit, Personen in Hinsicht auf ihr Ansehen zu differenzieren: Als sein langjähriger Freund Calestrius Tiro die Statthalterschaft über die Provinz Baetica übernehmen soll, mahnt ihn Plinius dazu „dass du der Unterschiede in Stand und Rang Beachtung schenkst; sind sie einmal verwischt, getrübt, vermengt, ist nichts ungleicher als ihre Gleichheit."[62] Die Einteilung von Personen nach ihrer Bedeutung ist ein typisches Phänomen hierarchischer Gesellschaften und eine Grundvoraussetzung zum Erhalt des Friedens, da es die Hierarchie in ihrer Ordnung verdeutlicht und bestärkt. Plinius und seine Zeitgenossen handelten also nicht nur aus Sicht ihres Standes, sondern vielmehr als soziale Wesen in einer komplexen Gesellschaft.[63] Um die existierenden sozialen Unterschiede nicht zu ignorieren, teilen die untersuchten Quellen die Personen je nach Ansehen sprachlich und faktisch in Gruppen, indem sie ihnen Attribute oder unterschiedliche Behandlung zukommen lassen. Es wird deutlich, dass es sich hierbei um ein einigermaßen schwieriges Feld handelt, welches mit großer Vorsicht zu behandeln ist, da die Ausführungen Ciceros und Senecas eben doch nur ein Ideal zu sein schienen.

Diese Erkenntnis würde das Weiterarbeiten wesentlich erschweren, hätte Plinius nicht stets versucht, dem Ideal der Freundschaft gerecht zu werden; eine Trennung zwischen Freundschaft und Zuneigung war für ihn unvorstellbar.[64] Damit bildete er wohl eine Ausnahme; als er bei dem erwähnten Gastmahl von einem anderen Gast gefragt wurde, ob er das dort zur Schau gestellte Verhalten gutheiße, antwortete Plinius zur Überraschung des Fragenden, dass er sich selbst als gleichwertig mit jedem erachte, mit dem er Essen und Sitzpolster teile, selbst mit seinen Freigelassenen.[65]

---

61 Tac. *Dial.* 6.4; Goldbeck, Fabian: *Salutationes*, 2010, S.147-161.

62 Plin. *Ep.* 9.5: *ut discrimina ordinum dignitatumque custodias; quae si confusa, turbata, permixta sunt, nihil est ipsa aequalitate inaequalius.*

63 von Haehling, Raban: „Sozialer Frieden und Standesdenken aus der Sicht des Jüngeren Plinius", 1994, S.48-49, 52; Kadushin, Charles: *Understanding Social Networks*, 2012, S.50-55, 78.

64 Vgl. Castagna, Luigi: „Teoria e prassi dell'amicizia in Plinio il Giovane", 2003, S.155.

65 Plin. *Ep.* 2.6.3-4. Darin folgt Plinius einmal mehr Seneca *Ep.* 47.15, der seinem Freund Lucilius

Zwar wurde gezeigt, dass auch Plinius sprachliche Unterscheidungen vornahm, doch werden bei den angesprochenen Situationen stets größere Gruppen voneinander unterschieden. Auch einzelne Personen konnten mit diesen Umschreibungen bezeichnet und angesprochen werden, doch zeigt sich bei Plinius, dass er im Gespräch mit oder über einzelne Freunde komplett auf solche Bezeichnungen verzichtete. Der Grund hierfür liegt darin, dass seine Briefe hauptsächlich an Mitglieder der römischen Oberschicht und langjährige Freunde adressiert sind, Personen, die ihm entweder sozial gleichgestellt waren oder zu denen die Freundschaften durch Zeit ausreichend stark etabliert war, sodass Plinius keinen Grund zur Beschönigung sozialer Unterschiede hatte. Zu diesen Personen pflegte er Bindungen, die auf Zuneigung basierten; dementsprechend finden sich bereits angesprochene synonyme Bezeichnungen wie *commilito* (Kriegskamerad, 7.31.2), *socius* (Gefährte, 4.24.2; 6.6.1; 6.17.6; 6.29.8) und *sodalis* (Kamerad, 4.7.6; 7.4.7), wenn er von Freunden spricht. Der engste Kreis um Plinius wird als *familiaris* (Vertrauter, u.a. 1.19.1; 4.17.2; 5.14.4; 6.8.2; 7.8.2; 7.11.3; 7.16.1; 10.87.1) oder gar als *contubernalis* (ursprünglich Zeltkamerad, hier eher Freund des Hauses, 1.2.5; 1.12.12; 1.19.1; 1.24.1; 3.4.1; 4.27.5; 6.33.11; 10.4.1) bezeichnet. Begriffe wie diese heben einzelne Personen aus der Masse heraus und belegen besonders starke Bindungen zu Männern wie Gaius Suetonius Tranquillus, Publius Cornelius Tacitus und Romatius Firmus.[66]

ein gemeinsames Essen selbst mit den Sklaven als Ideal zeichnet. Raban von Haehling geht in „Sozialer Frieden und Standesdenken aus der Sicht des Jüngeren Plinius“, 1994, S.52 davon aus, dass die hierarchische Struktur eher im Öffentlichen, Gleichheit hingegen im Privaten praktiziert wurde. Vgl. auch D'Arms, John H.: „The Roman Convivium and the Idea of Equality“, 1990, S.315. Auch bei seinen Freunden schätzte Plinius ein solches Verhalten derart, dass er es in einem Nachruf auf Pompeius Quintianus in *Ep.* 9.9.2 hervorhebt: „Die Glücklichen liebte er, die Unglücklichen beschützte er, die Verstorbenen vermisste er.“ Siehe auch Gibson, Roy K./Morello, Ruth: *Reading the Letters of Pliny the Younger*, 2012, S.159.

66 Gibson, Roy K./Morello, Ruth: *Reading the Letters of Pliny the Younger: An Introduction*, 2012, S.140. Vgl. White, Peter: „Amicitia and the Profession of Poetry in Early Imperial Rome“, 1978, S.76 FN5.

3. Der Wandel der Patronage von Republik zum Principat

Patronage in der Republik

Wenn *amicitia* und Patronage untrennbar zusammengehörten, welchen Einfluss besaß dies auf den Austausch von Ressourcen innerhalb der Oberschicht und an den Rest der Bevölkerung? Für diese Frage muss den unterschiedlichen gesellschaftlichen und politischen Situationen von Republik und Principat Rechnung getragen werden.

Heute führen Parteien politische Wahlen mit Agenden und Versprechungen von Wirtschaftsaufschwung, Steuersenkungen und dem Kampf gegen die Arbeitslosigkeit. Auch in der römischen Republik gab es Fälle wie den des Tiberius Sempronius Gracchus, der aufgrund seiner Bestrebungen, ein Gesetz zur Reform der Landverteilung durchzusetzen, Volkstribun wurde, doch bildeten solche Vorkommnisse eher die Ausnahme. Stattdessen stand das Ansehen der Kandidaten im Vordergrund.[67] Auf dieser Grundlage entschieden die wahlberechtigten Römer, wer ihrer Ansicht nach die anfallenden Aufgaben besser erfüllen konnte. Um das eigene Ansehen im Volk zu verbessern und die Gunst der Oberschichten zu gewinnen, erwiesen die Amtsanwärter kleine und große Gefälligkeiten: Einzelnen Personen in der Oberschicht wurde beispielsweise durch Kredite ausgeholfen;[68] für die Bevölkerung wurden Spiele und Gastmähler veranstaltet oder Bauten finanziert. Die so Bedachten ließen sich durch solche *beneficia* beeindrucken und gaben bei der nächsten Wahl ihrem Gönner ihre Stimme. Auf diese Weise scharten Kandidaten möglichst viele Personen um sich; je größer die Zahl der Klienten, desto größer der Einfluss und die Ehre des Kandidaten und desto wahrscheinlicher dessen Wahl.[69] Aus diesem Vorgehen ergab sich, dass derjenige mehr Stimmen sichern konnte, der über mehr finanzielle Mittel verfügte.[70] In vielen Fällen

---

67 Cic. *Mur.* 36.

68 Q. Cic. *Pet.* 16. Siehe auch Yacobson, Alexander: *Elections and Electioneering in Rome*, 1999, S.38; Medina, Luis Fernando/Stokes, Susan C.: „Monopoly and monitoring: an approach to political clientelism“, 2007, S.73-74.

69 Q. Cic. *Pet.* 44, 49. Dazu auch Yacobson, Alexander: *Elections and Electioneering in Rome*, 1999, S.39; von Premerstein, Anton: *Vom Werden und Wesen des Prinzipats*, 1937, S.16.

70 Gelzer, Matthias: *The Roman Nobility*, 1969, S.114.

konnten Kandidaten nicht genug Vermögen und Einfluss aufbringen, um sich Rückhalt in der Bevölkerung zu sichern. Aus diesem Grund wurden innerhalb der Oberschichten Bünde geschlossen, um die vereinten Ressourcen mit dem Ziel zu forcieren, die Chancen auf Erfolg zu verbessern, selbst oder für Freunde ein begehrtes Amt zu ergattern.[71]

Was Alexander Yacobson als Bestechung abtut,[72] war wesentlich mehr als das, da es sich bei den an die unteren Schichten erwiesenen Gefälligkeiten eben nicht ausschließlich um Bestechungen für politische Zwecke handelte, sondern auch um gegenseitige Verantwortung, gegründet auf der *fides*.[73] Dennoch war den Römern bewusst, dass es sich bei hierbei um ein zweischneidiges Schwert handelte, da es keine klare Trennung zwischen Bestechung und bloßer Großzügigkeit eines Amtsanwärters gab.[74] In der späten Republik gab es mehrere Versuche, der Korruption entgegenzuwirken: Die 67 v. Chr. erlassene *Lex Acilia Calpurnia* drohte mit dem Ausschluss vom Senat und somit allen Ämtern;[75] Marcus Cicero erweiterte dieses Gesetz in seiner *Lex Tullia* mit der Verbannung und der Verfügung, dass Kandidaten im Zeitraum der Wahlen keine Spiele abhalten durften. Das Problem dieser Gesetze war, dass zwischen großzügigen Stiftungen aus Wohlwollen und reiner Bestechung oft nur schwer unterschieden werden konnte, da etwa Spiele und Essen der Allgemeinheit nutzten und ebenso außerhalb der Wahlperioden gestiftet wurden, aber eben auch die öffentliche Meinung beeinflussten. Das war letztlich auch der Grund, weshalb die Gesetze scheiterten. So bedienten sich auch weiterhin alle Amtsanwärter mehr oder minder großer Stiftungen, wenn auch vielleicht nur als letztes Mittel.[76]

Das System politischer Patronage brachte es mit sich, dass in der späten Republik praktisch alle Senatoren und Ritter auf die eine oder andere Weise in Patronatsbeziehungen eingebunden waren. So nützlich eine große Zahl Klienten

[71] Q. Cic. *Pet.* 18. Siehe auch Schuller, Wolfgang: „Zwischen Klientel und Korruption", 1989, S.262.

[72] Yacobson, Alexander: *Elections and Electioneering in Rome*, 1999, S.61.

[73] de Blois, Lukas: „The political significance of friendship in the Letters of Pliny the Younger", 2001, S.129-130; Brunt, Peter A.: „Amicitia in the Roman Republic", 1988, S.355.

[74] Q. Cic. *Pet.* 55-57; Cic. *Mur.* 34-36.

[75] Yacobson, Alexander: *Elections and Electioneering in Rome*, 1999, S.75.

[76] Yacobson, Alexander: *Elections and Electioneering in Rome*, 1999, S.22-26, 33.

auch war, konnte der Nutzen auch leicht ins Gegenteil umschlagen: Wechselten etwa die Klienten zu einem anderen Patron, konnte dies den Aufstieg des Einen und den Fall des Anderen bedeuten.[77] Auch Octavian erlangte auf diese Weise Popularität in der Bevölkerung und schwang sich zum ersten Mann des Staates auf.

Patronage im Principat

Mit dem Übergang von Republik zum Principat änderte sich die römische Gesellschaft: Sie erhielt mit dem Princeps eine neue Spitze, in dessen Händen sämtliche Macht des Reiches zusammenlief. Alte Senatorenfamilien verloren an Einfluss oder fielen den Proskriptionen zum Opfer, während neue an Einfluss gewannen.[78] Diejenigen Klienten, die von den scheidenden Senatoren abhängig waren, mussten sich neue Patrone suchen, wollten sie weiterhin an den exklusiven Ressourcen teilhaben. Die Wahl fiel zumeist auf den Princeps, der nun über jene Güter verfügte, die vorher zwischen mehreren einflussreichen Senatorenfamilien aufgeteilt waren. Das System der Patronage wurde so in stabile Bahnen gelenkt.[79] Augustus erkannte dies und nutzte die Gelegenheit, seinen Einfluss weiter auszudehnen.[80] Macht und Einfluss definierten sich fortan nicht mehr über die Zahl der Klienten, sondern über die Nähe zum Kaiser.[81] Das hatte auch zur Folge, dass die Morgenbegrüßungen als Relikt aus der Republik zwar weiterbestanden, im Principat hingegen fast ausschließlich einflussreiche Senatoren als Gäste akzeptiert wurden, während Besuche einfacher Römer und sogar Ritter eher als Last

[77] Jaques, François/Scheid, John: *Rom und das Reich*, 2008³, S.36. Vgl. Plin. *Ep.* 4.24.5: *profuerunt nobis bonorum amicitiae, bonorum obfuerunt iterumque prosunt.*

[78] Hammond Mason: „Composition of the Senate, A. D. 68-235“, 1957, S.75 schätzt die Zahl der Nachkommen aus der Republik zur Zeit Nervas auf etwa ein Prozent aller Senatoren.

[79] von Premerstein, Anton: *Vom Werden und Wesen des Prinzipats*, 1937, S.112-115. Wie wichtig ein fester Bezugspunkt in einer sich wandelnden Gesellschaft ist, schreibt Boissevain: *Friends of Friends*, 1974, S.156.

[80] Strothmann, Meret: *Augustus - Vater der res publica*, 2000, S.84-86; von Premerstein, Anton: *Vom Werden und Wesen des Prinzipats*, 1937, S.112-115.

[81] Strothmann, Meret: *Augustus - Vater der res publica*, 2000, S.87. Auch Shmuel Eisenstadt und Luis Roniger betonen diesen Zusammenhang in *Patrons, clients and friends*, 1984, S.238.

empfunden wurden, weshalb sie häufig mit einem Geldbetrag (*sportulae*) abgespeist wurden, von dem die Ausgaben des Tages bestritten werden sollten.[82]

Eine solche gravierende Umstellung der Gesellschaft, wie sie der Principat mit sich brachte, konnte nicht in einem Schritt erfolgen, da die gesamte Verwaltung des Reiches an die neuen Verhältnisse angepasst werden musste. Doch schließlich musste das neue soziale Gefüge zwangsläufig Patronage für die gesamte Bevölkerung hervorbringen. Als Zeichen der damit einhergehenden Verantwortung wurde dem Princeps der Ehrentitel *pater patriae* verliehen, der zuvor Personen vorbehalten gewesen war, die sich um die Sicherheit der *res publica* verdient gemacht hatten.[83] Die problemlose Anpassung an die neuen sozialen und politischen Gegebenheiten zeigt die Wandlungsfähigkeit der Patronage.[84]

Einen Ausdruck dieses neuen Verhältnisses stellten in der Kaiserzeit die Wahlen dar: Augustus befürchtete, dass andere Senatoren durch größere Klientelgruppen mehr Einfluss ausüben könnten als er, weshalb er die Wahlen vom öffentlichen Marsfeld weg in den Senat verlegte. Auf diese Weise verloren die Klientele schlagartig ihren Einfluss, da ihr Auftreten nur in der Öffentlichkeit zum Tragen kam. Mit diesem Zug wurde das Patronatssystem jedoch keineswegs zersprengt; dies hatte gewiss auch nicht in der Absicht des Kaisers gelegen und wäre ihm auch nicht möglich gewesen, da der Wechsel zum Principat keine Umschichtung der materiellen Güter nach sich zog. Das Gefüge aus Besitzenden und Besitzlosen bestand somit nicht nur fort, es wurde regelrecht gefestigt – und mit ihr die Patronage.[85]

Welche Folgen hatte das Auftreten des Princeps als oberste Machtinstanz auf die Ausübung der Patronage? Jochen Bleicken schreibt, dass die persönliche Bindung zwischen dem Kaiser als Patron und den individuellen Klienten verloren ging, der Principat bereits in frühester Kaiserzeit zu einer unpersönlichen Herrschaft verkam und der Titel des *pater patriae* seine eigentliche Bedeutung

---

82 Goldbeck, Fabian: *Salutationes*, 2010, S.167-168, 264-265.

83 Vgl. Bleicken, Jochen: *Verfassungs- und Sozialgeschichte des Römischen Kaiserreichs, Bd. 1*, 1995[4], S.129.

84 Piattoni, Simona: „Clientelism in historical and comparative Perspective“, 2001, S.2.

85 Alföldy, Géza: *Römische Sozialgeschichte*, 2011[4], S.120-124; Baltrusch, Ernst: *Außenpolitik, Bünde und Reichsbildung in der Antike*, 2008, S.74.

einbüßte.[86] Peter Brunt hält eine reichsweite Patronage durch den Kaiser für unmöglich, da dieser letztlich niemandem hätte helfen können, wenn er seine Mittel derart hätte aufteilen müssen um *allen* zu helfen. Er argumentiert daher, dass dem Princeps die Rolle des Patrons nur im Privaten zukam, während er für offizielle Belange die Eigenschaft des *pater patriae* übernahm. Als Beleg hierfür führt er die inoffizielle Bezeichnung *perpetuus patronus Romani imperii* an, den der Historiker Velleius Paterculus für den späteren Kaiser Tiberius nutzte.[87] Dieser Vorschlag ist insofern problematisch, als dass zu jener Zeit zwischen privat und öffentlich kein erkennbarer Unterschied bestand. Insbesondere der Kaiser als das Oberhaupt des Reiches konnte sein Privatleben nicht von seiner öffentlichen Funktion trennen. Dies zeigte sich beispielsweise darin, dass das Privatvermögen des Kaisers nicht vom Staatsschatz getrennt wurde. Das bedeutet nicht, dass der Princeps den Staatshaushalt zu seinen Gunsten nutzen konnte, sondern im Gegenteil, dass der *res publica* in der Not Mittel aus dem kaiserlichen Vermögen zugute kamen.[88] So kann auch zwischen den Funktionen eines privat agierenden Patrons und des *pater patriae* nicht grundsätzlich unterschieden werden, zumal Förderungen etwa bei politischen Posten nicht als privates Eingreifen des Kaisers verstanden werden können, sondern als Versuch, die geeignetste Person für das Amt zu finden.[89]

Eine mögliche Lösung wäre es, wenn dem Kaiser der Platz als oberster Patron des Reiches eingeräumt, aber auch individuellen Patronatsgefügen ausreichend Raum zugestanden wird, die Mitglieder der Eliten zum Zentrum hatten.[90] Eine solche Koexistenz würde erklären, warum die Oberschichten auch im Principat ihr Ansehen über ihre Klienten definierten und als Patrone *beneficia* erwiesen. Die Briefsammlung des Plinius belegt diese Dualität der antiken Patronage: Im zehnten

---

86 Bleicken, Jochen: *Verfassungs- und Sozialgeschichte des Römischen Kaiserreichs, Bd. 1*, 1995^4, S.206.

87 Vell. 2.120. Siehe auch Brunt, Peter A.: „Clientela", 1988, S.439 und Garnsey, Peter/Saller, Richard: *Das Römische Kaiserreich*, 1989, S.214-215.

88 Alexander Demandt hat dieser Problematik eine komplette Arbeit gewidmet: *Das Privatleben der römischen Kaiser*, München, 1996, insbesondere S.21-32. Vgl. allgemein auch Theobald, Robin: „On the survival of patronage in developed societies", 1992, S.188-189.

89 Jaques, François/Scheid, John: *Rom und das Reich*, 2008^3, S.34.

90 Strothmann, Meret: *Augustus - Vater der res publica*, 2000, S.87.

Buch wendet sich der Autor immer wieder vermittelnd an Kaiser Traian; in den vorhergehenden neun Büchern finden sich zugleich genügend Fälle, in denen Plinius selbst als Patron handelte und Gefallen erwies, für die er sich nicht an den Kaiser wenden musste.

Die Möglichkeiten zum Erweisen dieser Wohltaten hatten sich in der Kaiserzeit im Vergleich zur Republik gewandelt: Wenige Privatpersonen konnten sich in der Republik große öffentliche Bauten leisten, zudem kontrollierten sich die Senatoren in ihrer Großzügigkeit gegenseitig, wodurch Stiftungen meist in einem gewissen Rahmen blieben. Im Principat hingegen verfügte die Oberschicht zwar über mehr finanzielle Möglichkeiten, doch war die Stiftung von Gebäuden in Rom nun allein dem Kaiser vorbehalten. Ritterliche und senatorische Wohltäter mussten fortan außerhalb Roms bauen, damit ihre Stiftungen nicht in Konkurrenz zu den kaiserlichen traten.[91] Die Stifter traten daraufhin mit ihren Bauten in einen Wettbewerb, in dem sich nicht wenige von ihnen ruinierten.[92] Gebäude außerhalb Roms erhielten aufgrund ihrer Entfernung zum Machtzentrum bei weitem nicht die erwünschte Aufmerksamkeit; bei Spielen und Essen in Rom herrschte ebenfalls Konkurrenzkampf, wodurch auch diese *beneficia* bald ruinös wurden. Aus diesen Gründen traten individuelle Beweise der Güte immer weiter in den Vordergrund, insbesondere Unterstützungen bei Bewerbungen um Ämter. Durch sie konnte die Oberschicht gezielt Personen und Gruppen ansprechen und ihrer Klientel hinzufügen.[93] Konnten die Oberschichten die gewünschten Gefälligkeiten nicht selbst erweisen, wandten sie sich an andere Mitglieder der Elite oder in letzter Instanz den Princeps. Dieser erhielt dadurch Zugriff auf die bestehenden Netzwerke, wodurch er selbst seine Macht ausdehnte und selbst die entferntesten Winkel des Reiches an sich binden konnte.[94]

Die Aufteilung des Patronatswesens in ein zentrales und unzählige individuelle Systeme war ein wichtiger Bestandteil der Reichsverwaltung: Da das riesige Reich nicht gleichmäßig von Rom aus verwaltet werden konnte, musste sich der Princeps

---

91 Veyne, Paul: *Brot und Spiele*, 1990 (=1976), S.543.

92 Alföldy, Géza: *Römische Sozialgeschichte*, 2011^4, S.173-174.

93 Veyne, Paul: *Brot und Spiele*, 1990 (=1976), S.424.

94 Jaques, François/Scheid, John: *Rom und das Reich*, 2008^3, S.34; Eisenstadt, Shmuel N./Roniger, Luis: *Patrons, clients and friends*, 1984, S.231, 234.

auf die Urteile von anderen Patronen stützen, die sich als Vermittler zwischen ihn und die Bedürftigen schalteten und ihm so signalisierten, wo er als Patron einschreiten konnte. Die Vermittler hielten den Kontakt aufrecht und dienten den Menschen fernab von Rom als Ansprechpartner. Diese Position gab ihnen die Möglichkeit, die Kommunikation innerhalb der Gesellschaft zu überwachen und zu kontrollieren.[95] Sie gaben der Patronage und der *res publica* dort ein Gesicht, wo diese selbst wenig Einfluss nehmen konnte, sodass Verwaltung und Patronage Hand in Hand gingen.[96]

Der politische Wandel von Republik zum Principat verlief innerhalb einiger weniger Generationen, doch der geistige Umschwung erfolgte über einen ungleich längeren Zeitraum. Noch zur Wende zum zweiten nachchristlichen Jahrhundert waren deutliche Spuren republikanischen Denkens vorhanden. Auch wenn Plinius und seine Generation selbst keinen Bezug mehr zur Republik hatte, waren sie teilweise noch in deren Idealen verhaftet. So waren sie überzeugt, dass die Römer über die eroberten Völker erhaben seien, was durch die sparsame Vergabe des *ius quiritium* durch die Kaiser bestärkt wurde. Das Bürgerrecht zu besitzen stellte zu jener Zeit noch ein Privileg dar. Damit verbunden war die Ehre, ein Amt bekleiden zu dürfen, in dem Verantwortung übernommen und so der Gesellschaft gedient werden konnte.[97]

Dass Augustus Personen zwangsweise in den Senatorenstand erheben musste, mag als Anzeichen für den Unwillen der römischen Elite gesehen werden, politische Aufgaben zu übernehmen, vermutlich aufgrund der unter dem Princeps fehlenden politischen Macht, die einst mit der Verantwortung einhergegangen war.[98] Von einem allgemeinen politischen Rückzug der Elite kann hingegen nicht die Rede sein, da die wichtigen Ämter weiterhin besetzt waren und sogar stets ein Überschuss an Kandidaten bestand. Wäre dies nicht der Fall gewesen, hätte Plinius nicht die überlieferten Empfehlungsschreiben aufsetzen müssen. Es besteht daher

---

95 Vgl. Gellner, Ernest: „Patrons and Clients", 1977, S.4. Siehe auch Theobald, Robin: „On the survival of patronage in developed societies", 1992, S.190-191; Korovkin, Michael A.: „Exploitation, cooperation, collusion: an Enquiry into Patronage", 1988, S.113, 115.

96 Badian, Ernst: *Foreign Clientelae (264 - 70 B.C.)*, 1958, S.163-165.

97 Hammond, Mason: „Pliny the Younger's Views on Government", 1938, S.116-117.

98 Cass. Dio 54.26.8; Malitz, Jürgen: „Philosophie und Politik im frühen Prinzipat", 1988, S.163-164.

die Möglichkeit, dass lediglich die Nachkommen eingesessener Senatorengeschlechter weniger gewillt waren, sich politisch zu betätigen, während Aufsteiger wie Plinius sich gern dazu bereit zeigten und in ihrer Position und der Amtsausübung weiterhin den ursprünglichen Glanz sahen.[99]

In seinen Briefen wird immer wieder deutlich, wie Plinius die alten Ideale auch in der Realität der Monarchie vertrat, etwa wenn er sich darüber beklagt, dass Senatsabstimmungen außer Kontrolle geraten, weil nicht die Namen der Kandidaten genannt werden, sondern die ihrer Förderer (4.25) oder dass es früher Sitte gewesen sei, Freunden in der Not zu helfen (3.11, 3.21). Die Tatsache, dass Plinius ein *homo novus* war, verminderte sein Festhalten an den alten Werten also nicht, sie verstärkte es sogar: Um von den anderen Senatoren akzeptiert zu werden, musste er sich der kollektiven Einheit des Senats und den ihm entgegengebrachten Erwartungen fügen und die durch Tradition entstandenen und zum Teil noch gelebten Werte dieser Gruppe als die eigenen adoptieren.[100]

Mit der Zusammensetzung des Senats befand sich auch sein Selbstverständnis in einem ständigen Wandel, welches einerseits immer neu bestimmt und andererseits doch immer dem *mos maiorum* gerecht werden sollte.[101] Umso wichtiger waren moralische Schriften aus republikanischer Zeit, etwa jene Catos und Ciceros; zusammen mit den wenigen Angehörigen von Familien aus der Republik ermöglichten sie die Verbindung zur Vergangenheit. Plinius las bewusst diese Texte und suchte den Kontakt zu den älteren Senatoren, um deren Werte und Vorstellungen zu erlernen.[102] Diese Personen waren Quintus Corellius Rufus, Lucius Verginius Rufus und Titus Vestricius Spurinna, allesamt gewesene Consuln und drei der im Senat meist geachteten Persönlichkeiten seiner Zeit. Über die mit Spurinna verbrachte Zeit schwärmt Plinius geradezu: „Wie schön, wie angenehm

---

[99] Lefèvre, Eckard: „Plinius' Klage um die verlorengegangene Würde des Senats", 2003, S.189-190.

[100] Vgl. Shils, Edward: „Tradition", 1971, S.125-126, 129; Latour, Bruno: *Eine neue Soziologie für eine neue Gesellschaft*, 2010 (=1967), S.60-61; Vgl. Weber, Max: *Wirtschaft und Gesellschaft*, 1964 (=1921/1922), S.22-23.

[101] Vgl. Latour, Bruno: *Eine neue Soziologie für eine neue Gesellschaft*, 2010 (=1967), S.57-61.

[102] Vgl. Levick, Barbara: „Morals, Politics, and the Fall of the Roman Republic", 1982, S.57. Weiterhin von Haehling, Raban: „Sozialer Frieden und Standesdenken aus der Sicht des Jüngeren Plinius", 1994, S.47; Ronning, Christian: *Herrscherpanegyrik unter Trajan und Konstantin*, 2007, S.127.

diese Vertrautheit! Welche Altertümlichkeit gibt es dort! Von welchen Taten, welchen Männern hörst du! Welche Lehren nimmst du in dich auf!“[103] Von diesen ehrwürdigen Senatoren erlernte Plinius die Gepflogenheiten der Senatoren, welche er im Gegenzug sowohl an Zeitgenossen wie auch an künftige Generationen weitergab.[104] Über diesen Prozess der Weitergabe durch Nachahmung war sich Plinius deutlich bewusst:

> Es war aber von alters her Brauch, dass wir Jungen von den Älteren nicht nur mit den Ohren, sondern auch mit den Augen lernten, was wir bald selbst zu tun und dann wiederum den Jüngeren weiterzugeben hatten.[105]

Im Verlauf der Arbeit wird deutlich werden, dass Plinius und viele seiner Freunde ihre Positionen als Elite des Reiches durch den Einsatz einflussreicher Patrone erlangten und anschließend selbst als Patrone und Vermittler zugunsten ihrer Freunde auftraten. Dieses Verhalten blieb in den Köpfen der Oberschicht, selbst als Klientele ihre politische Bedeutung weitestgehend eingebüßt hatten. Im Namen von Freundschaft untereinander und Verantwortung gegen das Volk stellten Ritter und Senatoren weiterhin Empfehlungen aus, übernahmen unentgeltliche Anwaltstätigkeiten, verschenkten Geldbeträge oder stifteten Gebäude zur öffentlichen Nutzung.[106]

Das Bewusstsein um die gegenseitige Verantwortung wurde stark durch die Stoa geprägt, deren Lehren im Principat noch mehr Einfluss gewannen, gewissermaßen als Ersatz für die politische Tätigkeit.[107] Dabei mussten sich Politik und Philosophie keinesfalls gegenseitig ausschließen, wie das Beispiel Plinius beweist: Der Philosoph Euphrates lehrte ihn, dass auch und gerade der Staatsdienst

---

[103] Plin. *Ep.* 3.1.6: *Quam pulchrum illud, quam dulce secretum! Quantum ibi antiquitatis! Quae facta, quos viros audias! Quibus praeceptis imbuare!*

[104] Vgl. Shils, Edward: „Tradition“, 1971, S.130-133. Siehe auch Lefèvre, Eckard: *Vom Römertum zum Ästhetizismus*, 2009, S.41; Haltenhoff, Andreas: „Wertorientierung, Rollenbewußtsein und Kommunikationspragmatik in den Briefen des Jüngeren Plinius“, 2011, S.177; Pausch, Dennis: *Biographie und Bildungskultur*, 2004, S.29, 77.

[105] Plin. *Ep.* 8.14.4: *Erat autem antiquitus institutum, ut a maioribus natu non auribus modo verum etiam oculis disceremus, quae facienda mox ipsi ac per vices quasdam tradenda minoribus haberemus.*

[106] Vgl. Yacobson, Alexander: *Elections and Electioneering in Rome*, 1999, S.61.

[107] Malitz, Jürgen: „Philosophie und Politik im frühen Prinzipat“, 1988, S.154-155, 160-163.

als Teil der Philosophie zu verstehen sei, da dieser eine Möglichkeit zur praktischen Umsetzung der Lehren darstelle.[108] Stoizismus sollte keine rein theoretische Ansicht sein, sondern musste gelebt werden. Plinius und viele seiner Zeitgenossen folgten dem ein Leben lang.[109]

4. Vom richtigen Geben und Nehmen

Da der *amicitia* eine derart zentrale Rolle im Leben zugestanden wurde und der Austausch von Ressourcen alltäglich war, stellten unter anderem Cicero und Seneca Überlegungen an, wie das Verhalten zueinander und der Güterfluss untereinander zu erfolgen hatten. Cicero legt im *Laelius* ebenso wie Seneca in *De Beneficiis* und seinen Briefen *Ad Lucilium* dar, dass Freunde gern und ohne zu zögern geben sollen mit dem Versuch, sich gegenseitig dabei zu übertreffen (*Ben.* 1.4.3, 2.5.4, *Lael.* 32, 58). Auf ein Bitten des Freundes zu warten empfand Seneca als für den Bittenden demütigend (*Ben.* 2.2.1). Auch darauf zu bestehen, dass der Günstling erfährt, von wem die Tat kommt, wäre einer Kränkung gleichzusetzen, da dies den Eindruck erwecke, der Gebende wolle dem Empfänger dessen Status als Schuldner vor Augen führen (*Ben.* 2.10.2). In diesem letzten Punkt widersprachen sich Theorie und Praxis doch sehr deutlich: *Beneficia* sollten gewürdigt werden, nicht ignoriert; um also die Tat sichtbar zu machen und die gewünschte Beachtung zu erreichen, zeugten beispielsweise Inschriften an Gebäuden von der Großzügigkeit des Stifters, im kleineren Rahmen wurden Briefe genutzt oder Botschaften vom Wohltäter persönlich überbracht. So wurde zu jeder Zeit sichergestellt, dass der Urheber eines *beneficium* auch als solcher wahrgenommen wurde und zeitnah die entsprechende Anerkennung erhielt.[110]

Wenn ein Wohltäter gibt, dann sei nicht die Größe des Geschenks wichtig, sondern einzig der gute Wille, wie Seneca mehrfach betont (*Ben.* 1.4.3, 1.9.1, *Ep.* 81.6). Für beide Autoren galt es als Verbrechen gegen die Freundschaft, nur zu

[108] Plin. *Ep.* 1.10.10.

[109] Griffin, Miriam: „The Younger Pliny's debt to moral Philosophy", 2007, S.458.

[110] Kloft, Hans: *Liberalitas Principis: Herkunft und Bedeutung*, 1970, S.99; Müller, Wolfgang C.: „Political institutions and linkage strategies", 2007, S.268.

geben um selbst im Gegenzug zu erhalten (*Ep.* 81.2, *Lael.* 31). Stattdessen solle „den Göttern gleich" gegeben werden (*Ben.* 1.1.9, 3.15.4), ohne dafür Zinsen zu verlangen oder sofort eine Gegenleistung zu erwarten. Wer dies doch täte, so die Schlussfolgerung, würde Kredite ausgeben, keine Geschenke, und sei es nicht wert, als Freund betrachtet zu werden (*Ben.* 1.1.9, 1.2.3, 3.15.4). Vielmehr habe der Wohltätige nur das zu nehmen, was ihm freiwillig als Gegenleistung gegeben werde (*Ben.* 1.1.3), da es schlimmer sei, eine Tat in der Befürchtung zu unterlassen, keinen Dank zu erhalten, als eine Wohltat zu erhalten ohne sich dafür zu bedanken (*Ben.* 1.1.13). Zwar ermahnten Seneca und Cicero dazu, als Gebender die Wohltaten zu vergessen und nie wieder daran zu erinnern (*Ben.* 2.10.4, 2.11.2, *Lael.* 71), doch hielt Seneca es für rechtens, den Beschenkten beim Geben dezent auf die Größe des Geschenks hinzuweisen (*Ben.* 2.15.2). Um die Beständigkeit der Freundschaft und der Großzügigkeit zu symbolisieren, sollen Dinge geschenkt werden, die dauerhaften Bestand haben (*Ben.* 1.12.2).

Laut Seneca konnten *beneficia* zu drei unterschiedlichen Ergebnissen führen: Das gute Gewissen, jemandem geholfen zu haben; das daraus folgende Ansehen und schließlich der Dank des Klienten, sei es in materieller Form oder sonstiger Unterstützung.[111] Das gute Gewissen mag für die Oberschicht eine Rolle gespielt haben; die Motive für Patronage dürften jedoch primär das Ansehen und der Dank der Klienten gewesen sein.[112] Als guter Schuldner sollte eine Wohltat daher nie vergessen (*Ben.* 2.10.4) oder gar vergeudet werden (*Ben.* 1.10.4), da beides unrecht und undankbar sei. Im Gegenteil sei stets mit Zinsen zurückzuzahlen (*Ep.* 81.18), obwohl der Philosoph auch ermahnte, als Gebender keine Zinsen zu verlangen – auch hier galt somit die Freiwilligkeit. Nun ist das römische Verständnis von Dank (*gratia*) nicht so zu verstehen, dass eine Gefälligkeit in gleicher Weise zurückzuzahlen war. Eine solche Auffassung hätte Freundschaften zwischen verschiedenen sozialen Schichten ausgeschlossen, hätten sozial niedrig Stehende doch nie die Möglichkeit der Rückzahlung gehabt, woraufhin die Oberschicht aufgehört hätte zu geben. *Gratia* war für Cicero vielmehr die Einstellung, Dankbarkeit zu

[111] Sen. *Ben.* 2.33. Siehe auch Griffin, Miriam: „De Beneficiis and Roman Society", 2003, S.94.

[112] Vgl. Yacobson, Alexander: *Elections and Electioneering in Rome*, 1999, S.61.

empfinden. Ganz gleich, wie unvermögend ein Beschenkter war, er konnte dennoch Dank *empfinden*. Schon dadurch zahlte er die Wohltat zurück.[113]

Bei Plinius finden sich mehrere Beispiele, wie die von ihm Bedachten ihrer *gratia* Ausdruck verliehen: *Ep.* 3.11 zeigt, wie Artemidorus, dem Plinius Geld geliehen hatte, diesen nun in der Öffentlichkeit preist. Auch über Gaius Voconius Romanus erfährt der Leser, dieser nehme die Wohltaten derart dankbar an, dass er allein dadurch die nächste Tat wieder verdiene.[114] Nach den eigenen Möglichkeiten Dank zu zeigen empfand Seneca ebenso wie zu geben als Pflicht; Undank hingegen werde von den Menschen und den Göttern mit Verachtung bestraft (*Ben.* 3.6.2, 3.17.2). Um dieser Gefahr zu entgehen, solle jeder gut prüfen, wem man schulden wolle, da durch Schuld eine *dauerhafte* Bindung zum Gläubiger geschaffen werde (*Ben.* 2.18.3, 2.18.5).

Im Gegensatz zur Empfängern aus der Oberschicht hatte die einfache Bevölkerung keine Möglichkeit, derartige Großzügigkeit materiell zu vergüten. Stattdessen erkannte sie an, in der Schuld der Gönner zu stehen und dankte es durch die erwähnten *salutationes*,[115] Gefolgschaft und Beistand auf dem Forum oder errichtete Denkmäler und Statuen, um dem Stifter somit seine *liberalitas* zu attestieren. Materieller Besitz wurde so gegen Ehre und Ansehen eingetauscht und zeigte zugleich die Überlegenheit der Besitzenden an.[116]

Das Übergewicht der Ausführungen Ciceros und Senecas liegt darin, wie ein guter Wohltäter zu handeln habe, was deutlich macht, an welche Leserschaft ihre Werke gerichtet waren: An die wohlhabenden Oberschichten des Reiches, die durch den Austausch von Ressourcen Bande untereinander begründeten und

---

113 Cic. *Off.* 2.69: *Nimirum enim inops ille, si bonus est vir, etiam si referre gratiam non potest, habere certe potest.* Vgl. dazu die sehr ähnliche Ausführung in Simmel, Georg: „Dankbarkeit", 1993 (=1907), S.315.

114 Plin. *Ep.* 2.13.9: *praesertim cum ipse illa tam grate interpretetur, ut, dum priora accepit, posteriora mereatur.*

115 Vgl. Goldbeck, Fabian: „Usurping Ritual Interaction: C. Gracchus and the *salutatio* in Republican Rome", 2010, S.416. Goldbeck lehnt auf Seite 414 entschieden ab, dass die *salutationes* in Zusammenhang mit Patronage stünden, da für Patronage kein täglicher Kontakt zwischen Patron und Klient nötig sei. Da aber regelmäßiger Kontakt die Freundschaft am Leben erhalten, dienten die Begrüßungen eben gerade dem Zweck, die Bindung zu stärken und dem Patron die Möglichkeit zu geben, die an ihn gebundenen Menschen zu kennen und somit keinem völlig Fremden Hilfe zu leisten.

116 Utz, Konrad: *Freundschaft*, 2012, S.197.

aufrecht erhielten und gelegentlich die unteren Schichten an ihrem Wohlstand teilhaben ließen. In diesen Fällen wollten die beiden Autoren einen Leitfaden bereitstellen, um das Prozedere des Gebens und Erwiderns zu regeln.

Es überrascht daher nicht, dass sie auch Überlegungen anstellten, wann eine Gabe sinnvoll war und wann nicht. Dabei zogen sie einen klaren Trennstrich zwischen Großzügigkeit (*liberalitas*) und Verschwendung (*prodigentia*): In der ausgehenden Republik kritisierte Cicero in *De Officiis*, dass zu seiner Zeit Moral und Großzügigkeit getrennt seien und zwischen „ehrenhaft, aber nicht angebracht und angebracht, aber nicht ehrenhaft" unterschieden werden müsse.[117] Der Autor unterteilte daher Wohltäter in die zwei Untergruppen der Großzügigen und der Verschwender, abhängig davon, ob sie ihre Ressourcen für kurzweilige Unterhaltung oder Hilfe für Freunde einsetzen:

> Überhaupt gibt es zwei Gruppen von jenen, die freizügig geben, die einen sind Verschwender, die anderen Großzügige: Verschwender, die ihr Geld für Festmähler, Essensverteilungen, Gladiatorenkämpfe, große Spiele und Tierkämpfen vergeuden; in jene Dinge, an die nur kurze Erinnerung oder überhaupt keine bleiben wird. Die Großzügigen hingegen, die ihre Mittel zum Freikauf Gefangener von Piraten nutzen, die Schulden ihrer Freunde übernehmen, dabei helfen, die Mitgift für deren Töchter zusammenzutragen oder dabei unterstützen, Eigentum zu erwerben oder ihren Besitz zu erweitern.[118]

Weiterhin schreibt Cicero, dass *liberalitas* vor allem dann wertvoll sei, wenn sie ehrenhaft und wohlüberlegt zum Nutzen Vieler erwiesen werde, auch wenn es zuweilen nötig sei, einzelnen Personen Hilfe zu leisten.[119] Auch für Seneca war die Rettung eines Freundes der wichtigste Anlass für eine Wohltat.[120] Dabei mussten

[117] Cic. *Off.* 2.9: *honestum aliquid, quod utile non esset, et utile, quod non honestum.*

[118] Cic. *Off.* 2.55-56: *Omnino duo sunt genera largorum, quorum alteri prodigi, alteri liberales: prodigi, qui epulis et viscerationibus et gladiatorum muneribus, ludorum venationumque apparatu pecunias profundunt in eas res, quarum memoriam aut brevem aut nullam omnino sint relicturi liberales autem, qui suis facultatibus aut captos a praedonibus redimunt aut aes alienum suscipiunt amicorum aut in filiarum collocatione adiuvant aut opitulantur in re vel quaerenda vel augenda.*

[119] Cic. *Off.* 2.54; Cic. *Mur.* 36. Wie sehr Römer privaten Luxus im Gegensatz zu öffentlichem ablehnten, zeigt sich im Unterschied zwischen Nero, der für sich das *domus aurea* erbauen ließ, und Vespasian, der an gleicher Stelle der gesamten Stadt das Amphitheater widmete. Vgl. Edwards, Catharine: *The Politics of Immorality in ancient Rome*, 1993, S.155, 157.

[120] Sen. *Ep.* 81.14.

sämtliche Ausgaben wohldurchdacht werden, da sie ansonsten ihre eigene Quelle – den Reichtum des Stifters – erschöpfen, sodass dieser in der Konsequenz nicht weiter geben könne.[121] Es wird deutlich, wie schmal der Grat zwischen Verschwendung und Großzügigkeit, zwischen Wohltat und Prahlerei tatsächlich war, was ja auch der Grund dafür war, dass die gesetzlichen Vorstöße gegen Patronage scheiterten.

Plinius sah sich ganz klar in der Rolle des Wohltäters, wie aus seinen Briefen immer wieder hervorgeht: Die von seinem Vorbild Cicero als Verschwendung bezeichneten Gladiatorenkämpfe und Wagenrennen mied er,[122] dagegen übernahm er in mehreren Fällen die Mitgift der Braut, tilgte Schulden und half Freunden, ihren Besitz zu erweitern.[123]

Sowohl seine Taten als auch seine schriftlichen Ausführungen über seine Motive zeigen deutlich den Einfluss der Stoa: In 7.18 begründet er eine großzügige Spende zur Verwendung von Alimenten für Kinder mit einer Erläuterung, wie sie auch Seneca hätte schreiben können: „Denn man muss dem privaten den öffentlichen Nutzen, dem Vergänglichen das Dauernde vorziehen und viel sorgfältiger um seine Geschenke besorgt sein als um das eigene Vermögen.“[124] Über die gleiche Stiftung schreibt er an anderer Stelle, er habe es „mehr auf den Nutzen der Gemeinschaft als auf persönliche Prahlerei abgesehen.“[125] Auch andere Briefe belegen den Wunsch des Plinius, den Menschen dauerhaft zu helfen und dabei ein gutes Gewissen zu wahren.[126]

---

[121] Cic. *Off.* 2.52. Plin. *Ep.* 10.110 berichtet darüber, dass Iulius Piso aus Amisus der Stadt viel Geld gegeben und dabei fast sein gesamtes Vermögen aufgebraucht habe. Als Ausgleich waren dem Wohltäter von der Stadt 40.000 Sesterzen gegeben worden, die anschließend zurückverlangt wurden, da derartige Geschenke verboten seien. Traian antwortet in 10.111, Piso könne das Geld behalten, da auch für die Einwohner eines Ortes gesorgt werden müsse, nicht nur für die öffentlichen Gelder.

[122] Plin. *Ep.* 9.6.2-3.

[123] Mitgiften: 2.4, 6.32; Schulden: 2.4, 3.11; Besitzerweiterung: 1.19, 1.24.

[124] Plin. *Ep.* 7.18.5: *Sed oportet privatis utilitatibus publicas, mortalibus aeternas anteferre multoque diligentius muneri suo consulere quam facultatibus.*

[125] Plin. *Ep.* 1.8.13: *ut tunc communibus magis commodis quam privatae iactantiae studebamus.*

[126] So etwa in *Ep.* 5.13, in dem er sich selbst lobt, als Anwalt nie Geschenke angenommen zu haben. Siehe auch Haltenhoff, Andreas: „Wertorientierung, Rollenbewußtsein und Kommunikationspragmatik in den Briefen des Jüngeren Plinius“, 2011, S.195.

Sein Freund und Zeitgenosse Cornelius Tacitus dachte in ähnlichen Bahnen, wie sein Werk *Dialogus de Oratoribus* zeigt: Darin lässt er seinen Rhetoriklehrer Marcus Aper sagen, dass der vorbildliche Römer stets bereit sein müsse, nicht nur Freunden, sondern auch Fremden zu helfen.[127] Aper/Tacitus bezieht sich in diesem Fall auf die Anwendung der Rhetorik vor Gericht; dennoch erinnern die Worte auffallend an Seneca, der in seinen *De Beneficiis* ausführt, es sei besonders wichtig, einem Fremden zu helfen und ihn so als Freund zu gewinnen, was als ganz klarer Hinweis auf Patronage zu verstehen ist.[128] In seinen *Epistulae morales* ergänzt der Philosoph, Fremde als Freunde zu gewinnen sei deshalb so wertvoll, weil die entstehende Freundschaft noch geformt werden könne, was bei langjährigen Beziehungen kaum mehr möglich sei.[129] Nun geht es in dieser Arbeit vorrangig um Freunde des Plinius; dennoch sind die Ausführungen von Tacitus und Seneca von Belang, da Plinius in der Briefsammlung häufig selbst Personen hilft, die er bis zu diesem Zeitpunkt nicht persönlich kannte oder Freunde untereinander vermittelt und so neue Freundschaften knüpft.

Die Vorstellungen von Cicero, Seneca, Plinius und Tacitus waren sich auffällig ähnlich: Cicero schrieb allgemein für die Oberschicht seiner Zeit; Seneca wollte Nero mit Hilfe der stoischen Lehren zu einem guten Kaiser zu erziehen, woran er jedoch scheiterte. Tacitus, der die Charaktere seiner Werke als Personifikationen moralischer Qualitäten beschrieb,[130] legte Marcus Aper seine eigenen stoischen Ansichten über gegenseitige Verantwortung in den Mund. Plinius schließlich hielt seine Auffassungen schriftlich in seinen Briefen fest und lebte sie zugleich, indem er sein Leben lang Geld und Einfluss nutzte, um seinen Freunden und deren Familien zu helfen. Für ihn war es selbstverständlich, Verantwortung für die Gemeinschaft zu übernehmen, da er in seiner Position als Senator über die entsprechenden Möglichkeiten verfügte. In den folgenden Kapiteln soll ausgeführt werden, wie sich dies in der Praxis gestaltete.

---

[127] Tac. *Dial.* 5.4: *Nam si ad utilitatem vitae omnia consilia factaque nostra derigenda sunt, quid est tutius quam eam exercere artem, qua semper armatus praesidium amicis, opem alienis, salutem periclitantibus.*

[128] Sen. *Ben.* 3.12.1.

[129] Sen. *Ep.* 9.7. Vgl. Cic. *Lael.* 68.

[130] Flaig, Egon: *DNP*, Bd. 11, Sp. 1209-1211, s. v. Tacitus.

5. Das Netzwerk des jüngeren Plinius

Die Briefe des Plinius bieten in ihrer Vielfalt an Adressaten und erwähnten Personen einen wertvollen Einblick in das Netzwerk des Autors. Diesem umfangreichen und weitverzweigten Netzwerk gehörten Personen jedes Standes an: Kaiser, Senatoren und Ritter, Freigelassene und Nichtrömer; diese Personen waren Teil der Familie des Plinius oder seines Freundeskreises, sie kannten ihn aus dem Militärdienst oder plädierten mit ihm vor Gericht.

Dabei ist die Briefsammlung nicht als Momentaufnahme zu einem gegebenen Zeitpunkt zu verstehen; da die Briefe über einen Zeitraum von etwa 15 Jahren entstanden, müssen auch die Beziehungsstrukturen als Zusammenfassung mehrerer Jahrzehnte verstanden werden. Aufgrund meist unsicherer Datierung der Briefe und zum Teil unbekannter Adressaten können keinerlei Auskünfte über die Beschaffenheit des Netzwerks zu einem bestimmten Zeitpunkt innerhalb dieser Spanne gegeben werden. Da die Briefsammlung erst um das Jahr 98 einsetzt und Plinius keine Briefe aus früheren Jahren hinterlassen hat, können Personen und Ereignisse aus dieser Zeit nur aus den vorhandenen Briefen rekonstruiert werden. Menschen und Geschehnisse, die Plinius hier nicht erwähnt, bleiben dem Leser unbekannt.

Nur der Blick auf die gesamte Briefsammlung und darüber hinaus auf andere epigraphische Quellen macht somit das Nachvollziehen der in dieser Arbeit behandelten Personen und Beziehungen möglich und zeigt des weiteren, wie diese Kontakte wiederum mit anderen Individuen oder Gruppen in Beziehung standen und so *cluster* innerhalb des Netzwerks bildeten. Diese Verbindungen sind entweder aus den Briefen selbst ersichtlich oder wurden durch eigene Recherchen in den einschlägigen Werken wie der *Prosopographia Imperii Romani* oder Géza Alföldys *Konsulat und Senatorenstand unter den Antoninen* ergänzt. Auf diese Weise kann ein detaillierterer Einblick in das Netzwerk des Plinius gegeben werden als dessen eigene Ausführungen, indem Verbindungen aufgezeigt werden, die durch das bloße Lesen der Briefe nicht ersichtlich werden.

Auch wenn es sich hier um das Netzwerk des Plinius handelt, stellte er selbst nicht den einzigen Knotenpunkt darin dar. Offensichtlich pflegten die Kaiser Kontakt zu den Senatoren; darüber hinaus zeigt Publius Cornelius Tacitus eine Reihe von Verbindungen innerhalb der Oberschicht auf, was vor allem daran liegt, dass er von Plinius überdurchschnittlich häufig erwähnt wird, woraus sich die Beziehungen besser erkennen lassen als in anderen Fällen. Der Dichter Marcus Valerius Martialis verfügte über eine Anzahl Gönner, die ebenfalls dem Netzwerk des Plinius angehörten. Andere Personen dagegen sind über die Briefe hinaus unbekannt oder nicht eindeutig zuzuordnen.

Bei einem Netzwerk handelt es sich nicht um ein starres Gefüge; es ist ständig im Wandel und da es sich nicht selbst erhalten kann, muss jede einzelne Beziehung durch Interaktionen stets neu interpretiert werden. Etliche Erwähnungen von Besuchen bei Freunden[131] und Familienangehörigen[132] sowie Einladungen von Plinius selbst[133] belegen, welch großer Wert darauf gelegt wurde, Zeit mit den *amici* zu verbringen, sich untereinander auszutauschen und so die Freundschaften zu erhalten und zu intensivieren. Kam es vor, dass ein *amicus* verhindert war, wie Vibius Severus beim Amtsantritt des Plinius im Jahre 100, drückte Plinius schriftlich sein Bedauern aus und rekapitulierte das Geschehene bis ins Detail, damit der Adressat das Gefühl hatte, selbst anwesend gewesen zu sein.[134] Als Gaius Septicius Clarus eine Esseneinladung des Plinius annahm, ihn aber zugunsten eines anderen Gastgebers sitzen ließ, war Plinius sichtlich gekränkt, weshalb er Septicius hartherzig (*durus*) nannte und dem untreuen Freund – wohl eher im Affekt – mit der Kündigung der Freundschaft drohte.[135]

Beziehungen werden jedoch nicht nur durch die Personen allein aufrechterhalten, sondern auch durch die Objekte, die zum Kontakt nötig sind. Ein Beispiel sind Briefe, welche eine Beziehung zwar passiv beeinflussen, aber entscheidend zur Handlung beitragen: Sie ermöglichen die Kommunikation, indem sie jene Nachrichten übermitteln, die nicht persönlich ausgetauscht werden können.[136] Jeder einzelne überlieferte Brief stellt einen Ausdruck des Versuchs von Plinius und seinen *amici* dar, die Verbindung auch auf Distanz aufrecht zu erhalten, ganz gleich, wie wichtig oder trivial die Themen waren. Riss auch der schriftliche

[131] Plin. *Ep.* 1.10, 1.13, 2.6, 3.10, 3.11, 3.12, 5.21, 6.15, 6.17, 7.15, 7.16, 8.21, 9.31.
[132] Plin. *Ep.* 4.1, 5.14, 6.10, 8.20.
[133] Plin. *Ep.* 1.4, 1.15, 5.12, 7.3.
[134] Plin. *Ep.* 3.18.
[135] Plin. *Ep.* 1.15.4: *In summa experire, et nisi postea te aliis potius excusaveris, mihi semper excusa.*
[136] Vgl. Latour, Bruno: *Eine neue Soziologie für eine neue Gesellschaft*, 2010 (=1967), S.121-127.

Verkehr ab, wurde die Kommunikation gestört. In diesen Fällen wurde der Kontakt schnellstmöglich wiederhergestellt und durch umfangreiche Nachrichten all das aufgearbeitet, was im Zeitraum der Unterbrechung stattgefunden hatte. Als Plinius in 4.11 auf die Bitte des Gaius Cornelius Minicianus ausführlich über einige aktuelle und vergangene Begebenheiten in Rom berichtet, beendet Plinius seinen Brief mit der Feststellung, er habe es sich nun verdient, dass Cornelius mit einem möglichst ausführlichen Brief antworte, was sich in letzter Zeit bei ihm zugetragen habe. In gleicher Weise bittet er Arrianus Maturus nach den sehr langen Briefen 2.11 und 2.12 um zwei ebenso lange Nachrichten. Seinen *amicus* Gaius Voconius Romanus drängt Plinius, ihm einen angekündigten Brief zukommen zu lassen. Für die aufgetretene Verzögerung möchte Plinius eine umso längere Nachricht bekommen und schlägt scherzhaft die für ein Geldgeschäft üblichen zwölf Prozent Zinsen obendrauf.[137] Umgekehrt konnte auch Plinius säumig werden, weshalb ein gewisser Statius Sabinus um viele und lange Briefe bittet, worüber sich Plinius sehr freut und sich damit entschuldigt, er habe nichts gehabt, worüber er habe schreiben können (9.2).

In einer Zeit, in der der Nachrichtenverkehr verhältnismäßig langsam vonstatten ging und Briefe über Wochen oder gar Monate unterwegs waren,[138] konnte zwischen einzelnen Briefen viel passieren. Zwar ist es angebracht, gelegentlich Abstand voneinander zu nehmen und sich Ruhe vom Freund zu gönnen,[139] doch können längere Pausen dazu führen, dass sich ein Freund um den anderen sorgt. Plinius bittet seine Frau Calpurnia in *Ep.* 6.4 und 6.7 um Nachrichten, insbesondere deshalb, weil sie gerade erst von einer Krankheit genesen und ihr Mann in Sorge ist, „wenn man von demjenigen, den man am meisten liebt, gelegentlich nichts erfährt."[140] Nun könnte die Bindung zu seiner Frau als Sonderfall angenommen werden, doch schreibt Plinius in gleicher Weise an seine Freunde Lucius Fabius Iustus (1.11), zu diesem Zeitpunkt wohl als Legat in Syria,[141] und Lucius Iulius

[137] Plin. *Ep.* 9.28.
[138] Kolb, Anne: *Transport und Nachrichtentransfer im Römischen Reich*, 2000, S.311, 314.
[139] Kracauer, Siegfried: „Über die Freundschaft", 1990 (=1917), S.53.
[140] Plin. *Ep.* 6.4: *est enim suspensum et anxium de eo quem ardentissime diligas interdum nihil scire.*
[141] Syme, Ronald: „The Friend of Tacitus", 1957, S.131, 134.

Servianus (3.17), der gerade am Krieg gegen die Dacer teilnahm,[142] er mache sich Sorgen um die Adressaten, weil lange Zeit keine Briefe von diesen bei Plinius angekommen seien; er bittet daher, Iustus und Servianus möchten nun schnellstmöglich Nachrichten schicken, um den *amicus* zu beruhigen.

Nicht nur Briefe, auch andere Gesten hielten die *amicitia* lebendig: Vergleichbar etwa mit der modernen Hochschullandschaft, in der Verfasser neue Aufsätze und Bücher an befreundete Kollegen senden, schickten literarisch tätige Mitglieder der Oberschicht ihre Schriften an Freunde und kritisierten deren Werke, wie aus einer umfangreichen Zahl von Briefen hervorgeht.[143] Dieser Austausch verdeutlicht wohl am besten das Zusammenspiel von *amicitia*, Zugehörigkeit zur Elite und Bildung: Die Angehörigen der Oberschichten zeigten ihre Zuneigung zueinander auf, indem sie sich ihre Schriften zusandten und ihre literarischen Fähigkeiten unter Beweis stellten. Das Kritisieren dieser Werke war etwas, was man sich von Freunden gefallen ließ, nicht jedoch von Fremden. Ebenso konnte man nur Nahestehende zum Veröffentlichen ihrer Werke drängen, wie Plinius von Septicius Clarus zur Publikation seiner Briefe gedrängt wurde oder Plinius selbst Gaius Suetonius Tranquillus zum Vervielfältigen seiner *De viris illustribus* bewegen wollte. Umgekehrt konnten auch talentierte Literaten in einen Freundeskreis der Elite aufgenommen werden, der dem neuen Freund den Weg in die höhere Gesellschaft öffnete.

Schließlich zeigten auch kleine und große Geschenke das Interesse an den *amici*: Als Calpurnius Flaccus dem Plinius einige Ziervögel schenkt, versichert dieser, er könne die Gabe nicht vergelten, was Flaccus in seiner Gutmütigkeit (*facilitas*) gewiss verzeihen werde (5.2). Gaius Cornutus Tertullus schickt Plinius ein fettes Huhn, als dieser mit einer Krankheit darniederliegt (7.21). Gegenüber Pontius Allifanus beschwert sich Plinius gar, weil dieser ihm „eine Menge von dem, was Stadt und Land bieten“[144] habe zukommen lassen. Dabei beschwert sich der Autor nicht über das Geschenk an sich, sondern darüber, dass der Freund nicht

[142] Syme, Ronald: „The Friend of Tacitus“, 1957, S.131.

[143] Plin. *Ep.* 1.2, 1.8, 2.5, 2.10, 3.13, 3.15, 3.18, 4.14, 4.18, 4.26, 4.27, 5.3, 5.10, 5.15, 6.11, 6.33, 7.2, 7.4, 7.12, 7.20, 7.30, 8.3, 8.4, 8.7, 9.1, 9.4, 9.11, 9.16, 9.18, 9.20, 9.25, 9.26, 9.28, 9.29, 9.31, 9.35. Siehe die ausführliche Auflistung der literarisch tätigen Freunde bei White, Peter: „The Friends of Martial, Statius, and Pliny, and the Dispersal of Patronage“, 1975, S.299 FN 50.

[144] Plin. *Ep.* 6.28.1: *copiarum qua urbanarum qua rusticarum.*

Maß gehalten und zu viel gesandt habe, weshalb Plinius versichert, eine solche Menge ein nächstes Mal nicht annehmen zu wollen.[145] Im gleichen Maße dienten auch die in dieser Arbeit zu untersuchenden Freundschaftsdienste dazu, den Kontakt zu den betreffenden Personen aufrecht zu erhalten und auf vielfältige Weise an Plinius und andere Vermittler/Patrone zu binden.

Die ausgeführten Beispiele belegen, wie Plinius und seine Zeitgenossen über Zeit und Raum ihre Beziehungen durch Besuche, Briefe sowie kleine und große Gefälligkeiten am Leben zu erhalten suchten. Erst durch diesen ständigen Kontakt konnten die Freunde ausreichend soziales Kapital erarbeiten, welches zu gegebenem Zeitpunkt für das Erweisen von Gefälligkeiten jener Art genutzt werden konnte, um die es in der vorliegenden Arbeit geht.[146]

6. Tugend und Bildung

In seinen Briefen beschreibt Plinius etwa 115 Personen quer durch die römische Gesellschaft: Freigelassene und Senatoren, Männer und Frauen, Jugendliche und Alte. In *Epistulae* 7.28 reagiert Plinius auf die Kritik mehrerer nicht genannter Personen, er würde seine *amici* über Gebühr loben. Zwar gibt er ein solches Verhalten zu, doch ist er fest davon überzeugt, seine Freunde besser zu kennen als jene, die ihn kritisieren. Und selbst wenn dem nicht so wäre, sei er dennoch zufrieden damit, dass ihm die Freunde so *erscheinen*, wie er sie beschreibt.[147]

Wie erschienen dem Plinius also seine Freunde und andere Personen in seinem Umfeld? Die Darstellungen der Personen erfolgen über zwei Kategorien, die sich am ehesten unter den Begriffen *Tugend* und *Bildung* einordnen lassen:[148] In die erste Kategorie fällt eine Fülle von Eigenschaften wie etwa Ehrlichkeit (*honestas*), wie sie in *Ep*. 3.1, 4.10, 4.19, 4.21, 9.5 und 9.22 zum Tragen kommt, wobei in diesen Fällen die betreffenden Personen als Vorbilder lobend erwähnt werden.

---

145 Plin. *Ep*. 6.28.2.

146 Bourdieu, Pierre: „Ökonomisches Kapital, kulturelles Kapital, soziales Kapital“, 1983, S.193.

147 Plin. *Ep*. 7.28.2: *Ut enim non sint tales quales a me praedicantur, ego tamen beatus quod mihi videntur.*

148 Siehe Tabelle im Anhang 1.

Lediglich 10.94 stellt eine Ausnahme dar, da es sich hier um die Empfehlung handelt, um von Kaiser Traian das *ius trium liberorum* für Gaius Suetonius Tranquillus zu erwirken.

Ein weiteres häufig genanntes Charakteristikum ist der Fleiß (*industria*), welchen Plinius ausschließlich im Zusammenhang mit Empfehlungen verwendet: Ob er Minicius Acilianus als passenden Ehemann für die Tochter des Arulenus Rusticus empfiehlt (1.14), den Halbjahrestribunat für Varsidius Nepos erreichen möchte (4.4), dem designierten Consul Gaius Minicius Fundanus den Asinius Bassus als Quaestor vorstellt (4.15), Titus Rosianus Geminus in ein hohes Amt bringen (10.26) oder Nymphidius Lupus zu sich nach Bithynia versetzen lassen möchte (10.87) – Plinius hebt den Fleiß dann hervor, wenn er seine Schützlinge in Situationen und Tätigkeiten bringt, in denen Tatkraft und Zuverlässigkeit gefordert sind. Seinen Kollegen Maximus und Gavius Bassus stellt Plinius während seiner Statthalterschaft ein positives Zeugnis für deren Tätigkeiten aus (10.85, 10.86b). Geminus, Lupus, Maximus und Bassus attestiert Plinius neben der *industria* die Rechtschaffenheit (*probitas*), eine für den Dienst an der *res publica* unverzichtbare Eigenschaft, die Plinius auch dem Sextus Erucius Clarus bei dessen Kandidatur um den Tribunat bescheinigt (2.9).

Darüber hinaus bieten die Briefe eine Vielzahl Eigenschaften, welche die beschriebenen Personen als lobenswert hervorheben sollen. Ein gutes Beispiel hierfür ist die ausschließlich als Substantiv auftretende Tugend (*virtus*), mit der in den Briefen 1.17, 2.1, 2.7 und 8.5 die von Plinius verehrten Persönlichkeiten Titinius Capito, Lucius Verginius Rufus, Titus Vestricius Spurinna und die namentlich nicht genannte Frau des Minicius Macrinus ausgezeichnet werden. Bis auf Capito sind die bezeichneten Personen zu den entsprechenden Zeitpunkten bereits verstorben, sodass diese Beschreibungen als Nachrufe zu verstehen sind. In einigen anderen Briefen nutzt Plinius *virtus* eher allgemein als Sammelbegriff für positive Werte, etwa wenn er im ersten Brief an den neuen Kaiser feststellt, das Reich werde nun durch die *virtutes* Traians gelenkt. In gleicher Weise werden Begriffe wie *gravis* (würdig),[149] *verecundia* (Anstand)[150] oder *prudentia* (Umsicht)[151] genutzt, den Lesern der Briefe Mitglieder der Oberschicht zu empfehlen oder als Vorbilder vor Augen zu führen.

Insbesondere ältere Senatoren wie den unter Domitian verbannten Suffektconsul Mettius Modestus (1.5), den zweimaligen Consul Titus Vestricius Spurinna (1.5) und Lucius Iulius Servianus, dreimaliger Consul (10.2), ehrt Plinius als beste Männer (*optimi viri*); Abwandlungen wie vornehmster Mann (*princeps vir*) für den dreimaligen Consul Sextus Iulius Frontinus (4.8) oder erhabenster Mann (*summus vir*) für den von Domitian hingerichteten Iunius Arulenus Rusticus (1.14), Consul im Jahre 92, drücken die Achtung und Verehrung des Plinius vor diesen hochgestellten Persönlichkeiten aus. Diese Wertschätzung erfährt eine Steigerung, wenn Plinius seine Mentoren Quintus Corellius Rufus in 1.12 als sehr bedeutenden Mann (*tantus vir*) und Lucius Verginius Rufus in 6.10 als besten und bedeutendsten Mann (*optimus et maximus vir*) bezeichnet. Der Autor wendete seinen Wertemaßstab nicht nur auf männliche Mitglieder der römischen Elite an: Mit Fannia, der Ehefrau des Helvidius Priscus, die in 7.19 als bedeutende Frau (*femina maxima*) betitelt wird, und der ausgezeichneten Frau (*ornatissima femina*) Antonia Maximilla aus 10.5 ehrt Plinius auch zwei weibliche Personen aus seinem Umfeld.

Den vielen positiven und schmeichelnden Darstellungen stellt Plinius einige wenige vernichtende gegenüber, darunter die des Marcus Aquilius Regulus, der in vier Briefen zur Zielscheibe allerhand negativer Beschreibungen wird. Die Ablehnung gegen diesen Mann bringt Plinius nicht nur damit zum Ausdruck, dass Regulus von allen in den Briefen genannten Personen die am ausführlichsten beschriebene ist, auch die verwendeten Attribute stehen im genauen Gegensatz zu jenen, die er an seinen *amici* so hoch schätzt: In 1.5 wird Regulus als feige (*timidus*), kriecherisch (*humilis*) und wertlosester aller Zweibeiner (*omnium bipedum nequissimus*) bezeichnet. In drei folgenden Briefen erweitert Plinius diese Beurteilung dahingehend, Regulus sei ein unverschämter (*impudens*) und wertloser

[149] Beispielsweise bei Iunius Mauricus 1.5, Publius Acilius 1.14, Titius Aristo 1.22, Isaeus 2.3, Erucius Clarus 2.7, Corellius Rufus 4.17.

[150] Minicius Acilianus 1.14, Erucius Clarus 2.9, Asinius Bassus 4.15, die Tochter des Minicius Fundanus 5.16.

[151] Iunius Mauricus 1.5, Publius Acilius 1.14, Arrianus Maturus 3.2, Calvisius Rufus 5.7, Iunius Avitus 8.23.

(*nequam*) Erbschleicher (2.20); als habgierig (*avarus*) und ehrlos (*infamis*) wird er nach dem Tod seines Sohnes in 4.2 charakterisiert – die Liste lässt sich fortsetzen. Ziel dieser Beschreibungen ist es, Regulus als Negativbeispiel hervorzuheben und zum exakten Gegenteil der vielen von Plinius als lobenswert und nobel beschriebenen Personen zu stilisieren.

Auf gleiche Weise geht Plinius vor, wenn er andere Personen in ein ungünstiges Licht stellen will: Dem milden (*mollis*) Sklavenbesitzer Valerius Paulinus aus 5.19 steht der überhebliche und grausame (*superbus et saevus*) Larcius Macedo gegenüber, der von seinen Sklaven ermordet wird (3.14). Während Traian in 3.18, 10.2 und 10.54 als *optimus princeps* gepriesen wird, der sich durch Gnade (*indulgentia*) und Voraussicht (*providentia*) auszeichnet, wird Domitian in 4.11 als *tyrannus* und *dominus* (im negativen Sinne) geschmäht, der sich durch seine Ungeheuerlichkeit (*immanitas*) und Grausamkeit (*crudelitas*) auszeichnet, vor Zorn schreit und wütet (*fremebat* [...] *aestuabatque*). Auch dessen williger Helfer Catullus Messalinus kommt im Urteil des Plinius nicht besser davon: Ihm sagt der Autor in 4.22 angeborene Bosheit (*ingenium saevum*) nach und dass er weder Respekt (*verecundia*) noch Mitleid (*misericordia*) gekannt habe. Den wegen Korruption angeklagten Montanius Atticinus bezeichnet Plinius in Epistel 6.22 als abstoßend (*turpis*), korrupt (*corruptus*) und schändlich (*nefas*); dem im gleichen Prozess angeklagten Lustricius Bruttianus werden seine Integrität (*integritas*), Festigkeit (*constantia*) und Redlichkeit (*gloria*) bescheinigt.

Plinius selbst war ein umfassend gebildetes Mitglied der römischen Oberschicht; es überrascht daher nicht, dass er neben den Tugenden seiner *amici* besonders häufig deren Bildung zur Beschreibung nutzt. Überhaupt ist Bildung ein die gesamte Briefsammlung beherrschendes Thema und verweist andere Bereiche wie Politik und Recht in den Hintergrund. Plinius ist erfreut darüber, dass Wissenschaften und Literatur in seiner Zeit erblühen, wie er bereits zu Beginn seiner Briefsammlung feststellt.[152] Die Briefe bezeugen einen Prozess, in dessen Verlauf sich die römische Oberschicht zusehends der Literatur zuwandte, vor allem

[152] Plin. *Ep*. 1.10 und 1.13.

Biographien einzelner Persönlichkeiten und umfassenden Geschichtswerken. Bildung wurde so zu einem distinkten Merkmal der Zugehörigkeit zur Elite.[153]

Die verschiedenen Begriffe, mit denen Plinius die Bildung seiner *amici* zum Ausdruck bringt, mögen für den antiken Leser hierarchisch fein gegliedert gewesen sein; diese Hierarchie lässt sich heute nur schwer nachvollziehen. An unterster Stelle mag die sehr allgemeine Feststellung stehen, dass sich eine Person mit der Wissenschaft beschäftigt oder sie achtet; Vibius Severus beispielsweise „achtet die Wissenschaft und liebt die Wissenschaftler".[154] Gleiches gilt für Iulius Secundus[155] und Titinius Capito, der aufgrund seiner Position die Wissenschaftler sogar unterstützen und fördern kann.[156] Äußerungen wie diese lassen keinerlei Rückschlüsse zu, ob die Personen selbst wissenschaftlich tätig sind oder lediglich als Außenstehende Wissenschaftler verehren und ihre Vorträge besuchen. Etwas aussagekräftiger ist es da, wenn Plinius schreibt, Atilius Crescens leiste viel in der Wissenschaft.[157]

Die Bezeichnung „gebildet" (*doctus*, auch *doctius* oder *doctissimus*) für Titius Aristo (1.22), Maecilius Nepos (4.26) und Terentius Iunior (7.25) weist die Personen eindeutig als kultiviert aus. Der einmalige Titel „Gelehrter" (*scholasticus*) für Gaius Suetonius Tranquillus (1.24) und die Anrede des Publius Cornelius Tacitus als „Lehrer" (*magister*) in 8.7 heben die beiden Männer aus der Masse hervor.

Nur einige wenige Personen werden als weise (*sapiens*) beschrieben; es handelt sich hierbei ausschließlich um ältere Personen: Der ehrwürdige Philosoph Euphrates wird in 1.10 als Ideal in Bildung und Lebensführung gelobt; in seinem Nachruf auf Quintus Corellius Rufus (1.12) und im Zusammenhang mit den Prozessen nach dem Tod Domitians (9.13) bezeichnet Plinius seinen Mentor zweimal als *sapiens*; dem im Ruhestand befindlichen Pomponius Bassus gratuliert er dazu, dass er seine Muße seiner Weisheit entsprechend würdig verbringe.[158]

---

[153] Pausch, Dennis: *Biographie und Bildungskultur*, 2004. S.11-18.

[154] Plin. *Ep*. 4.28.2: *studiorum summa reverentia, summus amor studiosorum.*

[155] Plin. *Ep*. 6.6.3: *Erat non studiorum tantum verum etiam studiosorum amantissimus ac prope cotidie ad audiendos, quos tunc ego frequentabam, Quintilianum Niceten Sacerdotem ventitabat.*

[156] Plin. *Ep*. 8.12.1: *Colit studia, studiosos amat fovet provehit.*

[157] Plin. *Ep*. 6.8.6: *studia, quibus plurimum praestat.*

[158] Plin. *Ep*. 4.23.1: *sapientia tua dignum est, et disponere otium.*

Eine Sonderstellung kommt dem Älteren Plinius zu: Auf die Bitte des Baebius Macer listet Plinius die von seinem Onkel verfassten Werke auf und legt dessen Tagesablauf dar, welcher nahezu komplett der Wissenschaft verschrieben war. Im Gegensatz zu ihm sieht sich der jüngere Plinius, obwohl selbst als *studiosus* bekannt, als größter Faulpelz (*desidiosissimus*). Dabei hebt er den Onkel nicht nur über sich selbst, sondern stellt dem Adressaten die rhetorische Frage, wer von denjenigen, die ihr ganzes Leben der Wissenschaft widmen, neben dem Älteren Plinius nicht als Träumer und Ignorant erröten müsse.[159]

In vielen Briefen schildert Plinius Gedichte, literarische Vorträge oder Plädoyers; auch hier lobt er guten Stil im Schreiben und Vortragen als Zeichen guter Bildung. Neben den Werken und Reden älterer Senatoren wie Pompeius Saturninus (1.16) oder Iunius Mauricus (4.22) und des Ritters Marcus Valerius Martialis (3.21) freut sich Plinius vor allem über junge Talente in Literatur und Gericht. In *Epistulae* 6.11 beschreibt er beispielsweise ausführlich Vorträge von Fuscus Salinator und Ummidius Quadratus und stellt dabei erfreut fest, dass sie Plinius als ihr Vorbild erkoren haben.[160]

So wie Bildung als Zugehörigkeitsmerkmal zur Elite zählte, bot sie auch eine gute Möglichkeit zum sozialen Aufstieg.[161] Aus den Briefen des Plinius geht klar hervor, dass Bildung *das* maßgebende Kriterium zur Förderung darstellte.[162] Von den vielen Personendarstellungen werden etwa 25 als Begründung für die eigene Förderung oder zum Zweck der Empfehlung ausgestellt, sei es als künftiger Ehemann, Lehrer oder für Posten in Politik oder Militär. In diesem Zusammenhang nutzt Plinius häufig die Bezeichnung *eruditus* (gelehrt), insbesondere zur Beschreibung jüngerer oder gleichaltriger Männer wie Sextus Erucius Clarus (2.9), Gaius Voconius Romanus (2.13), Asinius Bassus (4.15) und Gaius Suetonius

---

[159] Plin. *Ep.* 3.5.19: *Quis ex istis, qui tota vita litteris assident, collatus illi non quasi somno et inertiae deditus erubescat?*

[160] Plin. *Ep.* 6.11.2: *mihi voluptati fuerunt, atque inter haec illud, quod et ipsi me ut rectorem, ut magistrum intuebantur, et iis qui audiebant me aemulari, meis instare vestigiis videbantur.* Fuscus Salinator heiratet wenig später die Tochter von Lucius Iulius Servianus (Ep. 6.26). An ihn sind die Briefe 9.36 und 9.40 gerichtet, in denen er dem Adressaten berichtet, wie er seinen Tag verbringt. Als Plinius gemeinsam mit Quadratus von Ummidia Quadratilla erbt, bezeichnet Plinius ihn in 7.24.2 als *familiaris*.

[161] Pausch, Dennis: *Biographie und Bildungskultur*, 2004. S.17-18.

[162] Plin. *Ep.* 4.4.1.

Tranquillus (10.94). Den gleichen Hintergrund haben die Äußerung, dass Arrianus Maturus in seiner Intelligenz nicht seinesgleichen habe[163] und die etwas rätselhafte Feststellung, Cornelius Minicianus schätze die Wissenschaften, wie es sonst nur die Armen täten.[164] Dabei geht Plinius nicht immer direkt auf den Bildungsgrad einer Person ein: Gegenüber seinem langjährigen Freund Romatius Firmus genügt die Feststellung, dass sie die gleiche Ausbildung genossen hätten.[165]

Der allergrößte Teil der Personendarstellungen hat männliche Angehörige der Oberschicht zum Gegenstand; zwei Ausnahmen wurden in Gestalt von Fannia und Antonia Maximilla bereits aufgezeigt. Eine weitere stellt Zosimus dar: Dieser Mann war kein Senator oder Ritter, sondern ein Freigelassener des Plinius. Ihn charakterisiert Plinius in 5.19 als rechtschaffen (*probus*) und pflichtbewusst (*officiosus*), womit der Autor eben jene Attribute nutzt, mit denen er auch die Eliten beschreibt. Neben der charakterlichen Schilderung führt Plinius auch hier die Bildung besonders ausführlich aus: Zosimus sei literarisch gebildet (*litteratus*), seine besondere Begabung läge hingegen in der Schauspielkunst und im Kitharaspiel, sein Vortrag sei energisch (*acriter*), weise (*sapienter*) und anständig (*apte*); auch sein Vorlesen sei von solcher Qualität, als habe er nichts anderes gelernt.[166] Aufgrund dieser Eigenschaften liegt Plinius soviel an Zosimus, dass er den *libertus* zur Erholung auf die Güter des Valerius Paulinus senden möchte, damit er noch lange an seinen Fähigkeiten Freude haben könne.

Viele der Eigenschaften fallen im Zusammenhang mit den später zu untersuchenden Empfehlungsschreiben; in etlichen Fällen ist bekannt, dass die betreffenden Personen erfolgreiche Karrieren absolvierten. Dadurch wird deutlich, dass die Beurteilungen des Plinius nicht völlig haltlos gewesen sein können. Plinius selbst war die Meinung anderer letztlich gleich: Er blieb bei seiner Meinung, er könne seine Freunde gar nicht genug lieben.[167]

---

[163] Plin. *Ep.* 3.2.3: *plurimum intelligentia praestat.*

[164] Plin. *Ep.* 7.22.2: *amat studia ut solent pauperes.*

[165] Plin. *Ep.* 1.19.1.

[166] Plin. *Ep.* 5.19.3: *Idem tam commode orationes et historias et carmina legit, ut hoc solum didicisse videatur.*

[167] Plin. *Ep.* 7.28.3: *Mihi numquam persuadebunt ut meos amari a me nimium putem.*

III. Die Förderer des Plinius

1. Plinius der Ältere und Lucius Verginius Rufus

Obwohl Plinius vermutlich sein Leben lang einen regen Briefwechsel führte und in vielen seiner Briefe das Leben seiner Freunde detailliert beschreibt, ist aus seiner eigenen Jugend erstaunlich wenig bekannt. Er stammte aus Novum Comum in der Gallia Cisalpina; sein Geburtsjahr kennen wir nicht mit Sicherheit. In einem Brief an Cornelius Tacitus gibt er an, beim Ausbruch des Vesuvs im Jahre 79 in seinem 18. Lebensjahr gestanden zu haben,[1] weshalb seine Geburt auf 61 oder 62 gelegt werden kann, je nachdem, ob Plinius noch 79 die Volljährigkeit erreichte oder gerade erst 17 geworden war. Das Alter spielt in dieser Arbeit lediglich insofern eine Rolle um festzulegen, in welchem Alter Plinius seine verschiedenen Ämter innehatte. Davon ausgehend sollen diese Erkenntnisse genutzt werden, um die erwiesenen Gefallen mit seiner Karriere abzugleichen und so zu zeigen, wie er seine wachsenden amtlichen Kompetenzen und Kontakte zugunsten seines Freundeskreises nutzte.[2]

Lucius Caecilius Cilo, der Vater des Plinius, war Mitglied des *ordo equester* und hatte wohl hohe Ämter in der Verwaltung Comums sowie den lokalen Pontificat inne. Viel mehr ist über ihn nicht bekannt, lediglich, dass er einen Tempelbau in Comum begann, den sein Sohn später vollendete, da Lucius wahr-scheinlich zu Beginn der 70er Jahre verstarb, als Plinius noch ein Kind war.[3]

Das römische Recht verlangte, dass beim Tod des *pater familias* die unmündigen Kinder der Obhut des nächsten männlichen Verwandten übergeben wurden.[4] Plinius wurde von seinem Onkel Gaius Plinius Secundus, dem Verfasser der *Historia Naturalis*, an Sohnes statt adoptiert, der aber aufgrund seiner Tätigkeiten als Procurator in verschiedenen Provinzen zur fraglichen Zeit nicht in Italien war und daher zunächst nicht die direkte Betreuung übernehmen konnte. An seiner Stelle übernahm Lucius Verginius Rufus die Vormundschaft, der zwar in

---

1 Plin. *Ep.* 6.20.5: *agebam enim duodevicensimum annum.*

2 Zur genaueren Datierung siehe Sherwin-White, Adrian N.: *The Letters of Pliny*, 1966.

3 Otto, Walter: „Zur Lebensgeschichte des jüngeren Plinius“, 1919, S.7-8, 14.

4 Liebs, Detlef: *Römisches Recht*, 2004[6], S.132.

keinerlei Verwandtschaftsverhältnis zu Plinius stand, dessen Grundstücke aber an jene des älteren Plinius grenzten.[5] Rufus stammte aus einer ritterlichen Familie in Mediolanum, wurde in den Senatorenstand erhoben und erreichte das Amt des Consuls unter Nero in den Jahren 63 sowie 69 und unter Nerva zum dritten Mal 97, was eine außergewöhnliche Ehre darstellte. Zusätzlich war Rufus im Jahre 67 als Legat in Germania Superior, wo er wiederholt zum Imperator ausgerufen wurde, die Ehre aber ablehnte.[6]

Verginius Rufus war derjenige, der Plinius in die Politik eingeführt, ihn bei all seinen Bewerbungen unterstützt und dabei den Stellenwert von Freundschaftsbeziehungen aufgezeigt hatte.[7] Weiterhin empfahl Verginius Plinius mehrfach bei Priesterwahlen und übertrug ihm seinen Platz im Kollegium der *quinqueviri*, welchen er aus Gesundheitsgründen nicht selbst wahrnehmen konnte.[8] Wie eng die Bindung zwischen Verginius und Plinius gewesen sein muss, wird daraus ersichtlich, dass Verginius Plinius das Amt auch dann abgetreten hätte, wenn er einen eigenen Sohn gehabt hätte.[9]

Die gemeinsam ausgetragenen politischen Kämpfe schufen dabei zwischen den Männern eine Verbindung, die für den Rest ihrer beiden Leben halten sollte.[10] Im Gegenzug für die Hilfe seines Mentors sah es Plinius als seine Pflicht an, seinen Förderer ein Leben lang zu begleiten und auch nach dem Ableben des Verginius dessen Ruhm zu mehren. In Brief 2.1 schildert Plinius die Karriere und die Trauerfeier des Freundes und wie dieser ihm stets zur Seite stand, womit er die Erinnerung an seinen Mentor für sich, seinen Adressaten und die Nachwelt aufrecht erhalten wollte.[11]

Als Plinius zehn Jahre nach dem Tod des Verginius Rufus dessen ehemaliges Landgut in Alsium besuchte, welches sich nun im Besitz der Schwiegermutter des

---

5 Plin. *Ep.* 2.1.8; 4.17.6. Zur Bedeutung der geographischen Nähe siehe auch Kadushin, Charles: *Understanding Social Networks*, 2012, S.18.

6 Plin. *Ep.* 2.1.2; Eck, Werner: *DNP*, Bd. 12, Sp. 63-64, s. v. Verginius.

7 Plin. *Ep.* 2.1.8.

8 Plin. *Ep.* 2.1.9.

9 Plin. *Ep.* 2.1.9: *Etiam si filium haberem, tibi mandarem.*

10 Vgl. Weber, Max: *Wirtschaft und Gesellschaft*, 1964 (=1921/1922), S.658.

11 Saller, Richard P.: *Personal Patronage under the Early Empire*, 1982, S.27. Siehe auch Pausch, Dennis: *Biographie und Bildungskultur*, 2004, S.100.

Plinius befand, wollte er seinem Mentor an dessen Grabmal seinen Respekt erweisen. Zu seiner Enttäuschung war dieses noch immer nicht fertiggestellt; die Schuld dafür sucht der Autor bei dem für den Bau Verantwortlichen.[12] Für ihn stellt dieses Versäumnis einen Bruch der *fides* dar, wie er zum Ende des Briefes ausführt: „So selten ist Treue unter Freunden, so schnell werden Tote vergessen, dass wir uns selbst unsere letzte Ruhestätte und alle Pflichten der Erben im Voraus erledigen müssen."[13]

Der Blick auf das unfertige Grabmal bringt Plinius auf den für ihn schwer zu ertragenden Gedanken, dass auch sein eigenes Andenken einst derart unwürdig behandelt werden könnte.[14] Der Autor verschweigt gezielt den Namen des Erben, der es an *fides* gegenüber Verginius Rufus fehlen lässt, da dies einer öffentlichen Anklage gleichkäme. Plinius hingegen hielt das Andenken an seinen Mentor auch ein Jahrzehnt nach dessen Tod in Ehren und kritisierte jene, die es ihm nicht gleich taten.

2. Quintus Corellius Rufus

Nicht nur Verginius Rufus förderte die Karriere des Plinius; auch Quintus Corellius Rufus stand ihm vom Beginn seiner Karriere an zur Seite. Dieser Senator hatte im Jahre 78 den Suffektconsulat inne und diente gegen Ende der 80er oder Anfang der 90er Jahre als Proconsul in Germania. Plinius schildert ihn als politischen Gegner Kaiser Domitians, doch könnte dieses Bild im Nachhinein geschaffen worden sein; dafür spricht, dass er Plinius bei seiner Karriere vielfach unterstützte, wofür ein guter Stand zu diesem Princeps notwendig war.[15]

Die Beziehung zwischen Plinius und Corellius wurde höchstwahrscheinlich durch die Freundschaft der Plinia Marcella, Mutter des Plinius, zur Schwester des

---

12 Plin. *Ep.* 6.10.2-3.

13 Plin. *Ep.* 6.10.5: *Tam rara in amicitiis fides, tam parata oblivio mortuorum, ut ipsi nobis debeamus etiam conditoria exstruere omniaque heredum officia praesumere.*

14 Plin. *Ep.* 6.10.6: *Nam cui non est verendum, quod videmus accidisse Verginio?*

15 McDermott, William C.: „Pliny the Younger and Inscriptions", 1971, S.86-87.

Corellius begründet.[16] Viel lässt sich über das Eingreifen des Corellius aus den Briefen nicht entnehmen, doch beschreibt Plinius ihn in 4.17 als Mentor in allen Lebenslagen: „Wenn ich mich um Ämter bewarb, war er meine Stütze und mein Zeuge, bei Amtsantritt war er mein Lehrer und Gefährte, bei der Amtsausführung mein Berater und Führer."[17] Corellius scheint über weite Teile seines Lebens die treibende Kraft hinter dem Erfolg des Plinius gewesen zu sein; so sehr, dass Plinius nach dessen Tod fürchtete, den eigenen Antrieb zu verlieren.[18]

Als Dank für den Beistand des Corellius Rufus sieht es Plinius als seine Pflicht an, nach dem Tod des Freundes dessen Tochter Corellia Hispulla in einem Prozess gegen den designierten Suffektconsul Gaius Caecilius Strabo zu vertreten. Plinius beklagt sich darüber, als sein Freund Clusinius Gallus ihn um diese Gefälligkeit bittet, da Plinius diese Aufgabe als selbstverständlich erachte und es als beschämend empfunden hätte, die Vertretung abzulehnen.[19] Da Clusinius Gallus ansonsten unbekannt ist, bleibt offen, warum gerade er sich zwischen Corellia und Plinius schaltete.

3. Kaiser Domitian

Einer der größten Gönner des Plinius war Kaiser Domitian. Die Erinnerung an diesen Princeps ist in den Quellen sehr negativ geprägt, der lange Zeit als tyrannischer und mordlüsterner Kaiser galt.[20] Auch Plinius trägt in seinen Briefen zu dieser Charakterisierung bei. Besonders im Zusammenhang mit der Verbannung der Philosophen im Jahre 93 beschreibt er, wie er sich selbst in Gefahr befand, da einige seiner Freunde zur Opposition gegen Domitian zählten und er ihnen Hilfe leistete „obwohl neben mir so viele Blitze eingeschlagen waren und ich somit

[16] Plin. *Ep.* 7.11.3; Shelton, Jo-Ann: *The Women of Pliny's Letters*, 2013, S.197.

[17] Plin. *Ep.* 4.17.6: *Ille meus in petendis honoribus suffragator et testis, ille in incohandis deductor et comes, ille in gerendis consiliator et rector.*

[18] Plin. *Ep.* 1.12.12: *Vereor ne neglegentius vivam.*

[19] Plin. *Ep.* 4.17.1; Shelton, Jo-Ann: *The Women of Pliny's Letters*, 2013, S.208-211.

[20] Vgl. v. a. Cassius Dio: *Römische Geschichte* 1, 2, 65, 66, 67, 68, Tacitus: *Agricola* sowie die Domitianvita bei Sueton.

gleichsam angesengt aus sicheren Zeichen schließen konnte, dass auch mir dasselbe Ende drohe."[21]

In diesen Zeilen drückt Plinius seine Furcht vor der Rache Domitians aus, weil er Partei für die in Ungnade gefallenen Philosophen ergriff, was bedeutet hätte, dass er das Schicksal seiner Freunde hätte teilen müssen. Dabei darf jedoch nicht vergessen werden, dass dieser Brief erst nach dem Tode Domitians geschrieben wurde; wohl kurz nach dem Consulat des Plinius im Jahre 100.[22] Entgegen seiner Aussagen befand sich Plinius nie in wirklicher Gefahr.[23] Vielmehr begünstigte Domitian ihn bei mehr als einer Gelegenheit, wie ein Blick auf den *cursus honorum* des Plinius deutlich macht: Der Einstieg in die politische Karriere erfolgte um das Jahr 80 über eine Gerichtstätigkeit im Ausschuss der *Decemviri stlitibus iudicandis*, der im Jahre 82 der Militärtribunat in der Provinz Syria folgte. In dieser Funktion machte sich Plinius einen Namen als ehrlicher und gewissenhafter Finanzexperte, als er die Rechnungsbücher der Kohorten überprüfte und etliche Fälle von Korruption und Nachlässigkeit aufdeckte.[24]

Im Jahre 90 wurde Plinius kaiserlicher Quaestor, 92 Volkstribun und wahrscheinlich um 93 Praetor.[25] Wohl aufgrund seines Erfolges beim Überprüfen der Kassen während seines Tribunats war Plinius als *Praefectus aerarii militaris* in den Jahren 94-96 für die finanzielle Versorgung der Veteranen zuständig.[26] Aus dieser Aufzählung wird ersichtlich, dass Plinius in der Regierungszeit Domitians eine schnelle und vorbildliche Karriere absolvierte.[27]

---

21 Plin. *Ep.* 3.11.3: *cum (...) tot circa me iactis fulminibus quasi ambustus mihi quoque impendere idem certis quibusdam notis augurarer.*

22 Sherwin-White, Adrian N.: *The Letters of Pliny*, 1966, S.239.

23 Urner, Christiana: *Kaiser Domitian im Urteil antiker literarischer Quellen und moderner Forschung*, 1993, S.38, 201; Gibson, Roy K./Morello, Ruth: *Reading the Letters of Pliny the Younger*, 2012, S.35.

24 Plin. *Ep.* 7.31.2.

25 *CIL* V 5262. Mommsen, Theodor: „Zur Lebensgeschichte des Jüngeren Plinius", 1869, S.79-88. Zur Diskussion der Datierung der *Praetur* vgl. u.a. Otto, Walter: „Zur Lebensgeschichte des jüngeren Plinius", 1919, S.43-54; Baehrens, Wilhelm A.: „Zur Prätur des jüngeren Plinius", 1923, sowie Harte, R. H.: „The Praetorship of the Younger Pliny", 1935. Plinius schreibt, dass er die Praetur zu der Zeit bekleidete, als die Philosophen aus Rom vertrieben wurden: Plin. *Ep.* 3.11.2.

26 Mommsen, Theodor: „Zur Lebensgeschichte des Jüngeren Plinius", 1869, S.89.

27 Sherwin-White, Adrian N.: *The Letters of Pliny*, 1966, S.157, 362.

Weiterhin lässt sich schlussfolgern, dass Plinius in der Herrschaft Domitians überhaupt erst in den Senatorenstand erhoben wurde, da er gebürtig aus einer Ritterfamilie stammte. Für den Zeitpunkt der Aufnahme lassen sich keine Angaben finden, doch wird sie wohl zu Beginn der 90er Jahre erfolgt sein. Dies deckt sich auch mit der Tatsache, dass das Mindestalter für die Aufnahme in den Senat seit Sulla auf 30 Jahre festgelegt war. Wenn Plinius 61/62 geboren wurde, entspricht das Jahr 91/92 exakt den geforderten 30 Jahren. Mit der Aufnahme in den Senat war eine besonders enge Beziehung zwischen Kaiser und dem Aufsteiger verbunden; Domitian muss also ein reges Interesse an dem Mann aus Comum besessen haben, wenn er ihn derart förderte, sämtliche Ämter zukommen ließ und ihm im Falle der Praetur sogar die üblichen zwei Jahre Wartezeit erließ.[28] Es ist daher offensichtlich, dass Plinius ein Günstling Domitians gewesen sein muss – entgegen aller Verunglimpfungen in den Briefen. Da er selbst als niederer Beamter zunächst kaum Beachtung erhalten haben dürfte und sich daher sein Mentor Verginius Rufus für ihn einsetzen musste, ist weiterhin von einem engen Verhältnis zwischen Verginius und Domitian auszugehen. Zwar hatte er sich während der Herrschaft der Flavier politisch zurückgezogen,[29] doch schließt das keineswegs aus, dass er seine Kontakte zugunsten des Plinius nutzte, um ihn in seiner Karriere zu fördern.

Die Beziehung zwischen Domitian als Patron und Plinius als Klient wurde durch die Vermittler Corellius Rufus und Verginius Rufus etabliert und durch sie zu einem Netzwerk. Mit der Distanzierung von Domitian ging die Annäherung an Traian einher, der Plinius für den Rest seines Lebens in gleichem Maße fördern sollte.

[28] Plin. *Ep.* 7.16.2: *mihi Caesar annum remisisset.* Vgl. Alföldy, Géza: *Römische Sozialgeschichte*, 2011[4], S.158-159.

[29] Plin. *Ep.* 2.1.8.

4. Sextus Iulius Frontinus

Wie aus einem Brief an Traian ersichtlich wird, bewarb sich Plinius etwa zur Zeit des ersten Dacerkrieges um einen Platz im prestigeträchtige Collegium der Auguren. Plinius führt in seiner Bitte um das Amt aus, der Kaiser möge diesem Gefallen stattgeben, da er Plinius bereits zuvor bei mehreren Gelegenheiten unterstützt hatte:

> Da ich weiß, Herr, dass es ein lobenswertes Zeugnis meinen Charakter betreffend ist, durch das Urteil eines derart trefflichen Princeps ausgezeichnet zu werden, bitte ich Dich, der Würde, zu der mich deine Tugend gebracht hat, entweder den Augurat oder den Septemvirat, die gerade frei sind, hinzuzufügen zu wollen, damit ich als offizieller Priester im Namen des Staates für dich zu den Göttern beten kann, zu welchen ich bis jetzt nur aus persönlicher Frömmigkeit bete.[30]

Das Vorgehen, aufgrund erwiesener Förderungen noch mehr zu erbitten, mag heute dreist und anmaßend wirken, doch war die Hoffnung, dass Traian dieser Bitte nachgeben würde, durchaus berechtigt: Es galt als selbstverständlich, sich an diejenige Person zu wenden, die einem bereits in der Vergangenheit beigestanden hatte. Damit ist klar, dass Plinius Traian als seinen Förderer erachtete, den er um Hilfe und Beistand bitten konnte.[31] Dementsprechend ist dieses Verhalten im Verlauf der Briefe häufiger zu beobachten.

Bereits im Voraus hatte ein älterer Senator namens Sextus Iulius Frontinus den Plinius mehrfach für das Augurat vorgeschlagen. An Frontinus ist kein Brief und dementsprechend kein Dank für dessen Einsatz erhalten; auch dessen Erwähnung in *Ep.* 9.19 lässt keinerlei Rückschlüsse auf die Intensität der Freundschaft zwischen den beiden Männern zu. Die Verbindung könnte zumindest durch die politische Laufbahn des Frontinus entstanden sein: Er war im Jahre 73 Suffektconsul gewesen und hatte in den Jahren 77/78 in Britannia und 86 in Asia

---

30 Plin. *Ep.* 10.13: *Cum sciam, domine, ad testimonium laudemque morum meorum pertinere tam boni principis iudicio exornari, rogo, dignitati, ad quam me provexit indulgentia tua, vel auguratum vel septemviratum, quia vacant, adicere digneris, ut iure sacerdotii precari deos pro te publice possim, quos nunc precor pietate privata.*

31 Saller, Richard P.: *Personal Patronage under the Early Empire*, 1982, S.46. Vergleiche dazu die unbegründete Annahme Ottos, dass Plinius den Augurat bereits im Jahre 100 innehatte: Otto, Walter: „Zur Lebensgeschichte des jüngeren Plinius“, 1919, S.94-95.

als Statthalter gedient. Nach einer längeren Abstinenz unter den Flaviern wurde er erst unter Traian wieder in den Dienst berufen, unter dem er im Jahre 98 erneut als Consul tätig war. Zwei Jahre später wurde er zum dritten Mal Consul, im gleichen Jahr, in dem Plinius den Suffektconsulat innehatte.[32] Sein Einfluss beim Kaiser dürfte aufgrund seiner Karriere beträchtlich gewesen sein. Dennoch war sein Einsatz für Plinius bis zu diesem Zeitpunkt gescheitert – ein Zeichen, dass auch einflussreiche Personen nicht immer im ersten Anlauf die Wünsche ihrer Freunde erfüllen konnten.

Erst im Jahre 103 wurde Plinius in das Collegium der Auguren aufgenommen. Die Wahl erfolgte durch Kooptation, bei dem die bestehenden Mitglieder über die Aufnahme neuer Anwärter abstimmten. Daher wird auch verständlich, warum Frontinus mehrfach bei dem Versuch scheiterte, Plinius in die Reihen der Priester aufzunehmen: Nicht nur Frontinus selbst, sondern auch seine Kollegen und letztlich der Kaiser hatten bei der Wahl ein Stimmrecht; insgesamt also mehr als ein Dutzend Personen. Der Einfluss einer Person allein konnte nicht reichen, sich gegen die anderen Kollegen durchzusetzen, die zweifellos ebenfalls ihre Freunde im Collegium einbringen wollten. Vermutlich wandte sich Plinius deshalb direkt an Traian, dessen zusätzlicher Einfluss letztlich über die Aufnahme entscheiden konnte.[33]

Richard Saller schreibt, dass das Priesteramt für Plinius eine besondere Ehre war, da sie direkt vom Kaiser stammte,[34] doch hatte auch dieser nur eine Stimme bei der Wahl und verlieh das Amt erst nach dem Beschluss aller Mitglieder. Plinius erhielt das Amt erst, als Frontinus durch sein eigenes Ausscheiden seinen Nachfolger empfehlen konnte und Plinius zusätzlich Traian um Hilfe gebeten hatte. Plinius war sich darüber im klaren, wie er an seinen Freund Arrianus Maturus in 4.8 schreibt:

---

32 Sallmann, Klaus: *DNP*, Bd. 4, Sp. 677-678, s. v. Frontinus; *PIR*[2] F 484; Tac. *Hist.* 4.39, Tac. *Agr.* 17.3.

33 Auch Sherwin-White vertritt die Meinung, dass Plinius diesen Brief schrieb, weil seine Bemühungen bis zu diesem Zeitpunkt erfolglos geblieben waren. Vgl. Sherwin-White, Adrian N.: *The Letters of Pliny*, 1966, S.272. Siehe auch Lefèvre, Eckard: *Vom Römertum zum Ästhetizismus*, 2009, S.29.

34 Saller, Richard P.: *Personal Patronage under the Early Empire*, 1982, S.45.

> In der Tat scheint es mir auch eines Glückwunsches würdig, dass ich Iulius Frontinus nachgefolgt bin, diesem vornehmen Mann, der mich am Tage der Nominierung in den letzten Jahren immer wieder bei den Priestern vorgeschlagen hat, als wolle er mich an seine Stelle kooptieren. Dies hat jetzt der Ausgang bestätigt, wie es nicht durch Zufall geschehen würde.[35]

Besondere Freude bereitete Plinius, dass auch sein Vorbild Cicero einst Augur gewesen war und dass Arrianus Maturus auf diese Weise beide Männer miteinander verglich – eine Ehre, die Plinius wenigstens ebenso viel gegolten haben dürfte wie das Priesteramt an sich.[36]

5. Lucius Iulius Servianus

An Lucius Iulius Servianus, den Schwager des späteren Kaisers Hadrian, sind zwar nur zwei Briefe erhalten, doch zeugen sie von einer herzlichen Freundschaft zu Plinius: In *Ep.* 3.17 bittet der Autor dringend um Nachricht von Servianus, da er sich Sorgen um seinen liebsten Freund (*caput amicissimus*) mache, nachdem seit einer Weile keine Briefe mehr von diesem angekommen seien.[37] Die Sorge war unberechtigt, denn in 6.26 freut sich Plinius über die Nachricht, dass Servianus seine Tochter mit dem von Plinius sehr geschätzten Fuscus Salinator verlobt hat. Plinius freut sich zum Ende des Briefes darauf, die Enkelkinder des Servianus als seine eigenen behandeln zu dürfen.[38]

Iulius Servianus war im Jahre 90 Suffektconsul und sollte in den Jahren 102 und 134 das Amt eines *consul ordinarius* bekleiden.[39] Sein Kontakt zu den Kaisern war dementsprechend vertraulich, weshalb er sich bei Traian dafür einsetzte, dass dieser

[35] Plin. *Ep.* 4.8.3: *Mihi vero illud etiam gratulatione dignum videtur, quod successi Iulio Frontino, principi viro, qui me nominationis die per hos continuos annos inter sacerdotes nominabat, tamquam in locum suum cooptaret; quod nunc eventus ita comprobavit, ut non fortuitum videretur.*

[36] Plin. *Ep.* 4.8.4-5. Radicke, Jan: „Die Selbstdarstellung des Plinius in seinen Briefen", 1997, S.462; Vgl. Crook, Zeba A.: *Reconceptualising Conversation*, 2004, S.117-120.

[37] Plin. *Ep.* 3.17.3.

[38] Plin. *Ep.* 6.26.3: *Quam felix tempus illud, quo mihi liberos illius nepotes tuos, ut meos vel liberos vel nepotes, ex vestro sinu sumere et quasi pari iure tenere continget!*

[39] Eck, Werner: *DNP*, Bd. 6, Sp. 43, s. v. Iulius.

dem Plinius das *ius trium liberorum* verleihe.[40] Das Dreikinderrecht war der Versuch von Kaiser Augustus gewesen, die Senatoren zu mehr Nachwuchs zu ermutigen. Im Jahre 19 v. Chr. im Zuge der Ehegesetze erlassen, sollte es denjenigen Senatoren besondere Vorteile zukommen lassen, die mindestens drei Kinder hatten. Zu diesen Vorteilen gehörte neben Steuererleichterung die Erlaubnis, sich früher als gewöhnlich um Ämter zu bewerben. Bereits in der frühen Kaiserzeit wurde das Recht auch Personen verliehen, die weniger als drei oder überhaupt keine Kinder hatten. Dies war bei Plinius der Fall, da seine insgesamt drei Ehen keine Nachkommen hervorbrachten. Beim *ius trium liberorum* handelte es sich also um einen besonderen Gnadenakt des Kaisers, der nur einigen Ausgewählten erwiesen wurde.[41] Plinius wusste, dass er die Ehre nur der Vermittlung seines Freundes Servianus zu verdanken hatte, wie in seinem zweiten Brief an Traian ersichtlich wird:

> Mir fehlen die Worte, Herr, um auszudrücken, welche Freude du mir damit gemacht hast, dass du mir die Ehre des Dreikinderrechts erwiesen hast. Gewiss habe ich dies dem trefflichen und dir ergebenen Iulius Servianus zu verdanken, dessen Bitte du nachgegeben hast, doch entnehme ich aus Deinem Erlass, dass du ihm umso soviel lieber nachgegeben hast, weil er für mich bat.[42]

Aus dem weiteren Verlauf des Briefes geht hervor, dass Traian diesen Erlass kurz nach Beginn seiner Herrschaft im Jahre 98 erlassen haben muss.[43] Die zeitliche Nähe von Regierungsantritt und Gewähren des *ius trium liberorum* stellt einen weiteren Faktor dar, weshalb es für Plinius eine derartige Ehre und Freude war, vom neuen Kaiser persönlich ausgezeichnet zu werden, da die beiden Männer noch nicht über die enge Bindung verfügten, die ihr späteres Verhältnis prägen sollte.[44]

---

[40] Plin. *Ep.* 10.2.

[41] Seelentag, Gunnar: *Taten und Tugenden Traians*, 2004, S.94-95.

[42] Plin. *Ep.* 10.2.1: *Exprimere, domine, verbis non possum, quantum mihi gaudium attuleris, quod me dignum putasti iure trium liberorum. Quamvis enim Iuli Serviani, optimi viri tuique amantissimi, precibus indulseris, tamen etiam ex rescripto intellego libentius hoc ei te praestitisse, quia pro me rogabat.*

[43] Plin. *Ep.* 10.2.2.

[44] Seelentag, Gunnar: *Taten und Tugenden Traians*, 2004, S.97.

Plinius erhoffte sich aufgrund all dieser Faktoren einen guten Start mit dem neuen Kaiser und dass er auch in Zukunft mit dessen Gnade rechnen dürfe „da du mir gleich zu Beginn Deiner glücklichen Herrschaft gezeigt hast, dass ich mich auf Deine ganz besondere Huld beziehen darf“.[45] Obwohl der Kaiser für solch umfassende und weitreichende Gefallen wie das Dreikinderrecht formell die Zustimmung des Senats einholen musste, zeigt die freie Vergabe dieses Privilegs die gehobene Stellung Traians als Princeps und Patron zugleich auf.[46]

6. Kaiser Traian

Beim Tod Domitians oblag Plinius die Verwaltung der Militärkasse. Während der kurzen Herrschaft Nervas hatte Plinius kein größeres Amt inne, was daran lag, dass diese Zeit mit der Wartezeit zwischen den Ämtern zusammenfiel. Im Jahre 98 übernahm Traian die Herrschaft, welche noch zu dessen Lebzeiten als eine der besten und gerechtesten in der gesamten Kaiserzeit gefeiert wurde. Wie schon Nerva behielt der neue Kaiser die Beamten aus der Regierungszeit Domitians bei.[47]

Auch Plinius schritt in seiner Karriere weiter voran: Neben den bereits genannten Gefälligkeiten, die von Freunden von Traian an Plinius vermittelt wurden, hatte auch Plinius selbst beim Kaiser einen sehr guten Stand; sein Ruf als Finanzverwalter führte dazu, dass er in den Jahren 98-100 zum *Praefectus aerarii Saturni* berufen wurde.[48] Aus der Zeit Domitians sind keine Briefe überliefert, in denen sich Plinius beim Kaiser bedankt, doch findet sich im zehnten Buch eine aus dem Jahre 98 stammende Epistel, in dem sich der Autor bei Traian für seine neue Tätigkeit erkenntlich zeigt. Plinius ist sich bewusst, von wem er das Amt erhalten hat und versichert dem Kaiser, dass er sich ganz und gar dieser Aufgabe widmen wolle:

---

[45] Plin. *Ep.* 10.2.2: *cum inter initia felicissimi Principatus tui probavis me ad peculiarem indulgentiam tuam pertinere.*

[46] Saller, Richard P.: *Personal Patronage under the Early Empire*, 1982, S.54.

[47] Vgl. Waters, Kenneth H.: „Traianus Domitiani Continuator“, 1969, S.390.

[48] Mommsen, Theodor: „Zur Lebensgeschichte des Jüngeren Plinius“, 1869, S.89-91.

> Sobald mich Eure Gnade zum *Praefectus aerarii Saturni* berufen hatte, Herr, habe ich jeder Anwaltstätigkeit entsagt, die ich im Übrigen nie wahllos betrieben hatte, sodass ich mich mit ganzer Seele dem mir übertragenen Amt widmete.[49]

In den Briefen an Traian fällt auf, dass Plinius den Kaiser als *dominus* anspricht. Diese Anrede war ursprünglich nur zwischen Sklaven und ihren Herren üblich, wurde in dieser Zeit auch für sozial höherstehende Personen genutzt und im Laufe des 2. Jahrhunderts zur gewöhnlichen Ansprache des Princeps.[50] Obwohl selbst Mitglied der Elite, erkannte Plinius seine unterlegene Rolle in den Briefen an den Kaiser an. Durch diese Anrede bewies er nicht nur seine Loyalität zum Kaiser, er versuchte auch, sich selbst in die Nähe Traians und somit in Ferne von Domitian zu rücken. Zusätzlich konnte Plinius hoffen, durch eine solch persönliche Anrede ein vertrautes Verhältnis zum Princeps zu schaffen. Die Rechnung des Plinius ging auf: Traian belohnte die Vertrautheit mit der Anrede „liebster Secundus" (*Secunde carissime*).[51] Von Offenheit und Zugänglichkeit profitierte auch Traian, konnte er doch dadurch seine eigene Nähe zu den Senatoren unter Beweis stellen.[52]

Aufgrund des ihm verliehenen *ius trium liberorum* und dem damit verbundenen Recht, sich vorzeitig um Ämter zu bewerben, erreichte Plinius im Jahre 100, also mit nicht einmal 40 Jahren, mit dem Suffektconsulat den Gipfel der senatorischen Karriere. Auch zu diesem Anlass wusste der Autor, wem er dafür zu danken hatte. In einem Brief an den unbekannten Vibius Severus schreibt er:

> Mein Consulat hat mich dazu verpflichtet, dem Kaiser im Namen der *res publica* zu danken. (...) Zum Einen, um unserem Kaiser seine Tugenden durch ehrliches Lob vor Augen zu führen, und dann um künftigen Kaisern nicht durch eine Anleitung, sondern durch das Beispiel daran zu erinnern, welchen Weg sie einschlagen können um nach gleichem Ruhm zu streben. (...) den besten Princeps loben und somit

[49] Plin. *Ep.* 10.3a: *Ut primum me, domine, indulgentia vestra promovit ad praefecturam aerarii Saturni, omnibus advocationibus, quibus alioqui numquam eram promiscue functus, renuntiavi, ut toto animo delegato mihi officio vacarem.*

[50] Stevenson, Tom R.: „The Ideal Benefactor and the Father Analogy in Greek and Roman Thought", 1992, S.421-422.

[51] Noreña, Carlos F.: „The Social Economy Of Pliny's Correspondence With Trajan", 2007, S.251, 253.

[52] Stevenson, Tom R.: „The Ideal Benefactor and the Father Analogy in Greek and Roman Thought", 1992, S.424-425; Noreña, Carlos F.: „The Social Economy Of Pliny's Correspondence With Trajan", 2007, S. 247-250, 256, 259.

> seinen Nachfolgern zu zeigen wie ein Licht von einer Warte, dem sie folgen können, (...) ist keine Anmaßung.[53]

Plinius sah es als seine Pflicht, Traian für die erwiesene Ehre vor dem gesamten Senat nicht nur in seinem eigenen, sondern sogar im Namen der *res publica* zu danken. Diese Gelegenheit nutzte der Consul zum Lob auf den *optimus princeps*, den „besten Kaiser", den Plinius zum Vorbild künftiger Herrscher erklärt und somit einmal mehr gezielt Abstand zu Domitian nimmt.

Wohl etwa ein Jahr nach der Kooptation durch die Auguren wurde Plinius die *Cura alvei Tiberis et riparum cloacarum urbis* übertragen. In dieser Eigenschaft war er für die Freihaltung der Tiberbänke bei Überschwemmungen sowie die Abwasseranlagen Roms verantwortlich. Dabei unterstand Plinius direkt dem Kaiser, was zeigt, dass sich mittlerweile ein besonderes Vertrauen ausgebildet hatte.[54] Um das Jahr 110 betraute Traian Plinius schließlich mit der großen Aufgabe, die Statthalterschaft in der senatorischen Doppelprovinz Bithynia et Pontus auf dem Gebiet der heutigen Türkei zu übernehmen. Als *Legatus pro Praetore Proconsulari Potestate* sollte Plinius die großen finanziellen Probleme in diesen östlichen Provinzen lösen.[55] Traian nutzte hier die provinzinterne Krise aus, Plinius als seinen Stellvertreter zu entsenden und sich unter dem Vorwand der Hilfe in die Selbstverwaltung der Provinzen einzumischen.[56] Dieser Einfluss wurde weiter verstärkt, da Traian Plinius mit der Übertragung der Verantwortung noch stärker an sich band, sodass der Kaiser schließlich einen bedingungslos loyalen Statthalter in der Provinz hatte, der nach bestem Wissen und Gewissen so handeln

---

53 Plin. *Ep.* 3.18.1-3: *Officium consulatus iniunxit mihi, ut rei publicae nomine principi gratias agerem. (...) primum ut imperatori nostro virtutes suae veris laudibus commendarentur, deinde ut futuri principes non quasi a magistro, sed tamen sub exemplo praemonerentur, qua potissimum via possent ad eandem gloriam niti. (...) laudare vero optimum principem ac per hoc posteris velut e specula lumen, quod sequantur (...) adrogantiae nihil.*

54 Mommsen, Theodor: „Zur Lebensgeschichte des Jüngeren Plinius", 1869, S.95.

55 Zur Diskussion, ob Plinius über konsularische oder prokonsularische Macht verfügte, siehe Borzsák, Stephano: „Die Inschriften des jüngeren Plinius und seine Mission in Pontus et Bithynia", 1999, S.227-228, 232-234. Géza Alföldy: *Städte, Eliten und Gesellschaften in der Gallia Cisalpina*, 1999², S.221-244 kann stichhaltig begründen, dass in der lückenhaften Inschrift zu Ehren des Plinius gerade ausreichend Platz ist, vor dem Wort *consulari* die Silbe *pro-* einzufügen.

56 Bleicken, Jochen: *Verfassungs- und Sozialgeschichte des Römischen Kaiserreichs, Bd. 1*, 1995⁴, S.178-179.

würde wie Traian selbst.[57] Wie eng der Kontakt zwischen den beiden Männern war, zeigt sich weniger in der Vielzahl der Briefe, die den Kaiser ohnehin ständig von all seinen Statthaltern erreichten, sondern vielmehr darin, dass Plinius an den Kaiser schrieb, obwohl Statthalter auf Beschluss des Senats in die Provinzen gesandt wurden und an diesen hätte berichtet werden müssen.[58]

Es ist durchaus umstritten, warum gerade Plinius als Statthalter erkoren wurde. Er könnte aufgrund seiner langjährigen Erfahrung als *Praefectus aerarii militaris* und *Praefectus aerarii Saturni* in die finanziell angeschlagene Provinz gesandt worden sein. Zwar war Plinius Legat und kein Rechnungsprüfer im eigentlichen Sinne, doch schließt dies keineswegs aus, dass Traian ihn wegen seiner Zuverlässigkeit im Umgang mit finanziellen Mitteln auswählte. Als Legat mit prokonsularischer Amtsgewalt verfügte Plinius über Vollmachten, die offensichtliche Verwaltungsineffizienz, Korruption und Geldverschwendung zu bekämpfen.[59]

Sowohl Barbara Levick als auch Jochen Bleicken schreiben, dass eben nicht das Spezialwissen, sondern Zuverlässigkeit, Ehrlichkeit und Loyalität ausschlaggebend für eine solche Berufung gewesen seien.[60] Diese Attribute trafen zweifellos auf Plinius zu, doch qualifizierte er sich aufgrund dieser Eigenschaften und seiner Fähigkeiten im Umgang mit Finanzen umso mehr für diese schwierige Aufgabe. Werner Eck stellt fest, dass Plinius bei der Ausübung seiner Ämter fast ausschließlich mit der Verwaltung von Finanzen beschäftigt war. In einer kritischen Situation, wie sie in der Doppelprovinz herrschte, musste der Kaiser auf Personen mit entsprechendem Fachwissen zurückgreifen; für die finanziell ausgeblutete Provinz kam daher nur ein Finanzexperte infrage. Traian sah in dieser Situation Plinius offenbar als den fähigsten Verwalter, den er zur Hand hatte, weshalb die Wahl logischerweise auf ihn fallen musste.[61] Dafür sprechen auch die Punkte, dass

57 Vgl. von Premerstein, Anton: *Vom Werden und Wesen des Prinzipats*, 1937, S.224.

58 *CIL* V 5262: *ex senatus consulto ab Imperatore Caesare Nerva Traiano (...) missus.* Hammond, Mason: „Pliny the Younger's Views on Government", 1938, S.127.

59 Vgl. Levick, Barbara: „Pliny in Bithynia - and what followed", 1979, S.119-120; Alföldy, Géza: *Städte und Eliten in der Gallia Cisalpina*, 1999², S.236.

60 Bleicken, Jochen: *Verfassungs- und Sozialgeschichte des Römischen Kaiserreichs, Bd. 1*, 1995⁴, S.180-181.

61 Eck, Werner: „Spezialisierung in der staatlichen Administration des Römischen Reiches in der

Plinius, statt durch den üblichen Losentscheid, sowohl durch den Willen des Kaisers als auch des Senates explizit ausgewählt wurde und dass er nicht für die übliche Dauer von einem Jahr eingesetzt wurde, sondern auf unbegrenzte Zeit, solange der Princeps es für nötig befand.[62]

Die Statthalterschaft in Bithynia stellt das Ende der Karriere des Plinius dar, da er vermutlich im dritten Jahr seiner Tätigkeit verstarb. Sein Lebenslauf zeigt deutlich, wie sehr Plinius von der Hilfe und dem Einfluss seiner Freunde und Gönner abhängig war: Sei es Verginius Rufus, der die Vormundschaft übernahm und ihn in die Politik einführte; sei es Domitian, der ihn in den Senatorenstand erhob und die Ämter des *cursus honorum* in zügigem Ablauf zukommen ließ oder schließlich Traian, der ihn mit dem Consulat auszeichnete und als Statthalter nach Bithynien sandte. Plinius brauchte diese Fürsprecher auf seinem Weg und wie aus seinen Briefen ersichtlich wird, vergaß er mit Ausnahme Domitians niemals, wer ihn unterstützt hatte. Obwohl er unter dessen Herrschaft mehr gefördert wurde als zu jedem anderen Zeitpunkt, schmähte auch er im Nachhinein diesen Kaiser, um sich dem allgemeinen Tenor anzupassen. Diese Haltung erscheint undankbar, doch obwohl keine Briefe des Plinius aus der Zeit Domitians erhalten sind, ist davon auszugehen, dass er auch an diesen Kaiser ähnliche Dankesbriefe verfasste wie jene an Kaiser Traian. Derartige Briefe hat Plinius bewusst zurückgehalten und lässt sein Briefkorpus zu jener Zeit beginnen, als Traian als bester Kaiser gefeiert wurde und Domitian als Tyrann der *damnatio memoriae* anheim fiel.

Was hatte Plinius nun an sich, dass er derart gefördert wurde? Es sind keine Briefe überliefert, die Plinius für Ämter empfehlen; nur in den Episteln 10.3 und 10.62 von Traian wird Plinius als guter Bürger und Senator, umsichtig (*prudens*) und gewissenhaft (*diligens*) beschrieben. Sein Werdegang erlaubt dagegen einige Rückschlüsse, wobei zwischen den Zeilen gelesen werden muss: Die anhaltenden Verbindungen belegen Loyalität zu Freunden und Gönnern, die er mit Ausnahme Domitians auch über den Tod der *amici* hinaus aufrechterhielt. Plinius war versiert im Geldumgang, wie sich aus Beschäftigungen Rechnungsprüfer während des Tribunats, als *Praefectus aerarii militaris*, *Praefectus aerarii Saturni* und zuletzt

Hohen Kaiserzeit", 2001, S.10-11, 21.

62 Borzsák, Stephano: „Die Inschriften des jüngeren Plinius und seine Mission in Pontus et Bithynia", 1999, S.241-242.

als *Legatus pro Praetore Proconsulari potestate* in Pontus et Bithynia und seinen wohlüberlegten finanziellen *beneficia* schließen lässt. Als Anwalt und für die Positionen als *Quinquevir*, *Decemvir stlitibus iudicandis*, *Praetor* und Statthalter musste er sich gut mit dem römischen Recht und dessen Auslegung auskennen. Die Bildung des Plinius wird an mehreren Punkten erkennbar, so an seiner eigenen literarischen Tätigkeit, Freundschaften zu bekannten Dichtern wie Martial und einem ausgedehnten Literaturzirkel, deren Angehörige gezielt gefördert wurden. Dazu gehört auch die Förderung von Bildung und Kultur in der Transpadana. Auch seinen Zeitgenossen bemerkten die Gelehrsamkeit des Plinius: In einem Epigramm schreibt der Dichter Martial, Plinius widme seinen gesamten Tag der Minerva (also den Studien) und schaffe Schriften, welche die künftigen Generationen mit den Werken Ciceros vergleichen könnten.[63]

Plinius wurde Zeit seines Lebens von einflussreichen Persönlichkeiten unterstützt und gefördert, wodurch er die Bedeutung von Unterstützung und Förderung kennenlernte. Als er selbst zu Einfluss und Vermögen gekommen war, schickte sich Plinius daher an, selbst seine Freunde und deren Angehörige zu unterstützen, so gut es seine Mittel zuließen. Auch wenn zuvor dargelegt wurde, dass *amicitia* eher Zuneigung und nicht materiellen Austausch zum Zweck hatte, zeigte Plinius seine *benevolentia* doch immer wieder durch das Erweisen von Wohltaten in verschiedenen Formen. Diese als Patron und Vermittler unternommenen Handlungen sollen in den folgenden Kapiteln in den Mittelpunkt der Untersuchungen rücken. Dabei tritt ein Netzwerk von Freundschaften zutage, in dessen Zentrum sich Plinius befand und welches durch ihn zusammengehalten wurde.[64] Zu Beginn werden einige Situationen untersucht, in denen Plinius Freunden und Familie finanzielle Zuwendungen erwies um sie zu fördern oder gar ihr Überleben in der römischen Oberschicht zu sichern.

---

[63] Mart. *Epigr.* 10.20.14-16: *Totos dat tetricae dies Minervae, dum centum studet auribus virorum hoc quod saecula posterique possint Arpinis quoque conparare chartis.*

[64] Pausch, Dennis: *Biographie und Bildungskultur*, 2004, S.75.

IV. Von Plinius erwiesene finanzielle Zuwendungen

1. Einführende Betrachtungen

Nach dem Ableben des Plinius wurde in Comum zu seinen Ehren eine Inschrift aufgesetzt und wohl an einem von ihm gestifteten Gebäude angebracht.[1] Die gesamte Inschrift umfasst 15 Zeilen, deren acht wie üblich den *cursus honorum* des Gewürdigten in absteigender Reihenfolge aufzählen; die zweite Hälfte kündet von den größeren *beneficia* des Plinius. Diese ausführliche Darstellung belegt die *liberalitas* des Geehrten, die durch etliche weitere kleine und große in den Briefen erwähnte Gefälligkeiten ergänzt wird.

Obwohl Plinius seine Briefe durch Verzicht auf Zeitangaben bewusst zeitlos erscheinen lassen möchte, hat Adrian Nicolas Sherwin-White in seinem Standardwerk *The Letters of Pliny* den Versuch unternommen, die Briefe anhand jeglicher darin enthaltener Hinweise zu datieren. Anhand seiner Ergebnisse soll in den folgenden Kapiteln versucht werden, die von Plinius erwiesenen *beneficia* zeitlich einzuordnen.[2] Dies hat den Zweck zu prüfen, inwiefern sich die eigene Situation und der damit einhergehende Einfluss des Plinius auf seine Möglichkeiten als Patron und Vermittler auswirkten. Unter der Maßgabe, dass die Datierungen ansatzweise stimmen, wurde Plinius besonders zu Beginn seiner senatorischen Karriere, unter den Kaisern Domitian und Nerva, vielfach als Patron tätig. Als

---

[1] *CIL* V 5262: *C(aius) Plinius L(uci) f(ilius) Ouf(entina) Caecilius [Secundus co(n)s(ul),] / augur, legat(us) pro pr(aetore) provinciae Pon[ti et Bithyniae pro-] / consulari potesta[te] in eam provinciam e[x senatus consulto ab] / Imp(eratore) Caesar(e) Nerva Traiano Aug(usto) German[ico Dacico p(atre) p(atriae) missus,] / curator alvei Ti[b]eris et riparum et [cloacar(um) urb(is)] / praef(ectus) aerari Saturni, praef(ectus) aerari mil[itaris, pr(aetor), trib(unus) plebis] / quaestor imp(eratoris), sevir equitum [Romanor(um) turmae ...] / trib(unus) milit(um) leg(ionis) III Gallica[e in provincia Syria, Xvir stli-] / tib(us) iudicand(is) therm[ae ex HS ...] adiectis in / ornatum HS CCC [... et eo amp]lius in tutela(m) / HS CC t(estamento) f(ieri) i(ussit) [item in alimenta] libertor(um) suorum homin(um) C / HS XVIII LXVI DCLXVI rei [p(ublicae) legavit quorum inc]rement(a) postea ad epulum / [p]leb(is) urban(ae) voluit pertin[ere ... item vivu]s dedit in aliment(a) pueror(um) / et puellar(um) pleb(is) urban(ae) HS [D ... et] in tutelam bybliothe- / cae HS C.* Zur Rekonstruktion der Inschrift siehe Alföldy, Géza: *Städte, Eliten und Gesellschaften in der Gallia Cisalpina*, 1999², S.221-244. Zur Funktion: Werner Eck: *Monument und Inschrift*, 1999, S.302; Eck, Werner: „Die große Pliniusinschrift aus Comum: Funktion und Monument“, 2010.

[2] Siehe Tabelle im Anhang 2.

solcher begünstigte er vor allem seine Heimatstadt Comum, die Klientelstadt Tifernum Tiberinum und seine von Domitian ins Exil gesandten Freunde; Geld spielte hierbei eine signifikante Rolle. Aus dieser Zeit stammen auch die Bibliothek zu Comum und der Tempel zu Tifernum Tiberinum, die beiden größten zu Lebzeiten erwiesenen Stiftungen. Seine restliche Aktivität als Patron konzentrierte sich in jenen Jahren hauptsächlich auf die Anwaltstätigkeit. Empfehlungsschreiben sind aus dieser Zeit nicht überliefert; lediglich die Aufnahme des Sextus Erucius Clarus in den Senatorenstand könnte aus dem letzten Regierungsjahr Nervas stammen.

Woher nahm Plinius das Geld für seine teils sehr großzügigen Hilfen und Stiftungen? Plinius stammte aus einer wohlhabenden Familie und besaß mehrere ausgedehnte Güter unter anderem bei Comum, Firmum und Tifernum Tiberinum, von denen er seinen Lebensunterhalt bezog. Sämtliche Einnahmen, die über seinen eigenen Bedarf hinausgingen, konnte er nutzen, um es bei verschiedenen Gelegenheiten seinen Freunden und Angehörigen zukommen zu lassen. Bereits eine oberflächliche Betrachtung dieser *beneficia* macht deutlich, dass es sich bei den Empfängern vornehmlich um Mitglieder der Oberschicht handelte. Die meisten stammten wie Plinius aus der Transpadana und hatten eine umfangreiche Bildung genossen, was, wie der Autor stets betont, eine wesentliche Bedingung für dessen Beistand darstellte.[3]

In seinem Aufsatz „The Younger Pliny. Gentleman and Citizen“ zählt Fred Dunham die von Plinius verschenkten Geldbeträge auf, bleibt dabei aber eine Zusammenrechnung schuldig.[4] Allein die bekannten Stiftungen summieren sich auf annähernd fünf Millionen Sesterzen; hinzu kommen Kosten in unbekannter Höhe für den Bau der Thermen in Comum sowie zweier Tempel und deren Instandhaltungskosten. Werden diese jeweils mit der Höhe der Kosten der Bibliothek veranschlagt, können mindestens weitere drei Millionen Sesterzen hinzugerechnet werden. Dem schließen sich weitere Ausgaben in unbekannter Höhe an: Ein Reisegeld für den Dichter Marcus Valerius Martialis, übernommene Schulden für

3 Zur Herkunft: Plin. *Ep.* 1.19, 10.4; zur Bildung: 2.13, 4.15, 6.23, 7.22. Siehe auch Mratschek, Sigrid: „*Illa nostra Italia*. Plinius und die Wiedergeburt der Literatur in der Transpadana“, 2003, S.223-224.

4 Dunham, Fred S.: „The Younger Pliny. Gentleman and Citizen“, 1945, S.420-422.

Calvina, Hilfe für Artemidorus während seiner Verbannung und die Finanzierung einer Lehrstelle in Comum. Davon ausgehend, dass weitere Beträge den Besitzer wechselten, von denen in den Briefen nicht die Rede ist, dürfte sich die Summe der von Plinius erwiesenen Geschenke und Stiftungen auf rund zehn Millionen Sesterzen belaufen haben – ein stolzer Betrag auch für Plinius, der als Senator zwar wohlhabend war, aber keineswegs zu den Reichsten gehört haben dürfte. Aufgrund fehlender Vergleichsmöglichkeiten ist schwer einzuschätzen, ob Plinius damit besonders großzügig war oder lediglich das gab, was erwartet werden konnte. Allerdings lässt sich sagen, dass große Stiftungen wie Gebäude in den meisten Fällen einmalige Aufwendungen waren und oft auch erst per Testament verfügt wurden um dem Andenken des Stifters zu dienen.[5] Plinius hingegen erwies gleich mehrere solcher Zuwendungen zu Lebzeiten, was als Hinweis auf seine Großzügigkeit gewertet werden kann, womöglich dadurch begünstigt, dass er keine leiblichen Erben hervorbrachte. Nachfolgend soll nun untersucht werden, wie diese finanziellen Aufwendungen im Einzelnen erfolgten und wie sie in den Kontext der Patronage einzuordnen sind. Dabei soll unterschieden werden, ob Plinius seinen Freunden beim Überleben in der Oberschicht half oder um sie fördern.

---

[5] Jaques, François/Scheid, John: *Rom und das Reich*, 2008³, S.358.

2. Hilfe in finanziellen Notsituationen

Calvina

Zu Beginn des zweiten Buches nimmt Plinius den Kontakt zu Calvina auf, möglicherweise seine Verwandte. Aus diesem Brief geht hervor, dass Calvinas Vater, ein kürzlich verstorbener Senator, bei mehreren Gläubigern Schulden gehabt habe, die durch Erbschaft nun seiner Tochter zufallen mussten.[6] Wahrscheinlich aus Gründen der Pietät äußert sich Plinius nicht weiter über die Höhe der Schulden, doch schreibt er, dass sie „selbst für einen Mann erdrückend wäre".[7] Alles deutet darauf hin, dass Calvina die einzige Erbin der sehr hohen Schulden war; sie besaß wohl keine Geschwister, auf welche die Schulden hätte aufgeteilt werden können.[8] Auch scheint ihre Mutter zu diesem Zeitpunkt bereits verstorben gewesen zu sein, da dieser sonst die Erbschaft zumindest in Teilen zugefallen wäre.[9] Während in republikanischer Zeit emanzipierte Kinder nicht bei einer Erbschaft berücksichtigt wurden, bezog sie das Recht im Principat mit ein. Dadurch konnte Calvina, bereits verheiratet und daher von ihrem Vater unabhängig, überhaupt für das Erbe in Betracht kommen.[10]

Aus welchem Grund Calvinas Vater den Schuldenberg angehäuft hatte, ist nicht überliefert, doch war es für die römische Oberschicht nicht unüblich, sich Geld von Freunden zu leihen, wenn sie durch Fehlinvestitionen oder teure Bauten finanziell angeschlagen waren.[11] Calvinas Vater dürfte zu jenen Senatoren gehört haben, deren Familien verarmten und schließlich aus dem Stand ausschieden, wenn niemand zu Hilfe kam. In einigen Fällen schritt der Princeps ein, damit sie ihrem

6 Plin. *Ep.* 2.4.

7 Plin. *Ep.* 2.4.1: *an adires heredidatem etiam viro gravem.*

8 Vgl. Gardner, Jane F.: *Being a Roman Citizen*, 1993, S.92.

9 Liebs, Detlef: *Römisches Recht*, 2004^6, S.131.

10 Vgl. Liebs, Detlef: *Römisches Recht*, 2004^6, S.135.

11 Das Phänomen verarmter Senatoren war anscheinend nichts Ungewöhnliches - wobei „verarmt" hier stets als relativ zu betrachten ist, da auch ein armer Senator immer noch über mehr Mittel verfügte als die Reichsten der unteren Schichten. Hinzu kamen Ländereien und Immobilien. Yacobson schreibt, dass eine Person bereits als wohlhabend galt, wenn sie über 40.000-50.000 Sesterzen verfügte - eine Summe, über die auch verschuldete Senatoren verfügt haben dürften. Yacobson, Alexander: *Elections and Electioneering in Rome*, 1999, S.44.

Stand und Ansehen entsprechend leben konnten, was die enge Bindung zwischen Kaiser und Senatoren belegt. So leistete Augustus in 80 Fällen Unterstützung, um die Zusammensetzung des Senates zu wahren.[12]

Freilich verschenkte auch der Kaiser nicht wahllos Geld: Ihm ergab sich damit eine gute Möglichkeit der Einflussnahme auf die Zusammensetzung des Senats, konnte er doch den ausgewählten Mitgliedern unter die Arme greifen, während er andere ihrem Schicksal überließ. Auch half der Princeps hauptsächlich denjenigen unter den Senatoren, die unverschuldet in ihre prekäre Situation geraten waren und sich zukünftig zu Sparsamkeit verpflichteten.[13] Ein negatives Beispiel findet sich im Vater von Calvina, der offenbar aus eigenem Verschulden in Bedrängnis geraten war und daher nicht mit kaiserlicher Hilfe rechnen durfte. An dieser Stelle liehen Freunde wie Plinius Geld oder übernahmen die Schulden.[14] Auch hier zeigt sich, wie sehr die Kontinuität der römischen Oberschicht von gegenseitiger Hilfe abhängig sein konnte, zumal es hier nicht wie beim später zu untersuchenden Beispiel des Romatius Firmus um Förderung ging, sondern um die Sicherung der Existenz.[15]

Als sich Calvinas Vater Geld lieh, wurde für die Summe ein Zinssatz festgelegt, den der Schuldner zusätzlich zu der geliehenen Summe abzahlen musste. Diese Zinsen durften maximal einem Zwölftel der geliehenen Summe entsprechen und konnten sich im Laufe der Zeit höchstens bis zur Höhe des ursprünglich geliehenen Betrages anhäufen. Nach acht Jahren hatte sich die geschuldete Summe also bereits verdoppelt.[16] Zahlte der Gläubiger nicht innerhalb einer zuvor vereinbarten Frist, so musste er zusätzlich Verzugszinsen zahlen.[17] Calvinas Vater konnte die so angehäufte Summe zu Lebzeiten nicht abbezahlen. Da das römische Erbrecht im Erbfall Gläubiger vor den Erben bevorzugte, wären den Gläubigern die von

12 Edwards, Catharine: *The Politics of Immorality in ancient Rome*, 1993, S.184.

13 Kloft, Hans: *Liberalitas Principis: Herkunft und Bedeutung*, 1970, S.101; Edwards, Catharine: *The Politics of Immorality in ancient Rome*, 1993, S.185.

14 Wiedemann, Thomas: „The patron as banker", 2003, S.19.

15 Saller, Richard P.: *Personal Patronage under the Early Empire*, 2002, S.123; Bleicken, Jochen: *Verfassungs- und Sozialgeschichte des Römischen Kaiserreichs, Bd. 1*, 1995[4], S.286.

16 Mrozek, Stanisław: „Zum Kreditgeld in der frühen römischen Kaiserzeit", 1985, S.312.

17 Honsell, Heinrich: *Römisches Recht*, 2002[5], S.94-98.

Calvina geerbten Mobilien und Immobilien zugekommen, um die Schulden zu decken, wodurch ihr vom Erbe nur wenig geblieben wäre.[18]

Calvina hätte zwar innerhalb einer gesetzten Zeit die Erbschaft ausschlagen können, sodass das Erbe dem nächsten Verwandtschaftsgrad in der Familie ihres Vaters oder in letzter Instanz dem Staat zugekommen wäre,[19] jedoch besteht Plinius in seinem Brief darauf, dass Calvina das Erbe antritt. Zu diesem Zweck habe er sämtliche Schulden ihres Vaters getilgt, wodurch er zum alleinigen Gläubiger wurde. Zusätzlich erinnert er daran, dass er dem Vater bereits zuvor zu Hilfe gekommen war, als er bei Calvinas Hochzeit nicht nur selbst eine Summe von 100.000 Sesterzen beigesteuert, sondern auch die Mitgift ihres Vaters in unbekannter Höhe übernommen hatte – eine Kritik des Autors daran, dass der Verstorbene offenbar dauerhaft verschuldet gewesen war.[20]

Ohne eine Summe zu nennen, führt Plinius Calvina klar vor Augen, welchen Gefallen er ihr erwiesen hat, wodurch klar wird, dass der Gedanke dazu von ihm ausging, nicht von der Adressatin.[21] Da es für die Frau letztlich keinen Unterschied machte, ob sie die Schulden bei mehreren Personen oder nur bei Plinius tilgen musste, folgt im dritten Absatz des Briefs die tatsächliche Absicht hinter dessen Tat: Er erlässt Calvina sämtliche Schulden, damit sie unbesorgt leben könne. Plinius versichert ihr, dass sie keine Bedenken haben müsse, er würde sich dadurch selbst finanziell ruinieren, fügt jedoch gleich im Anschluss hinzu, dass es eben doch eine enorme Belastung für ihn darstelle:

---

18 Vgl. Wacke, Andreas: *DNP*, Bd. 4, Sp. 48-51, s. v. Erbrecht.

19 Liebs, Detlef: *Römisches Recht*, 2004^{6}, S.136.

20 Plin. *Ep.* 2.4.2.

21 Gibson, Roy K.: „Pliny and the Art of (in)offensive self-praise", 2003, S.236. Calvina muss der genaue Betrag bekannt gewesen sein, weshalb Plinius ihn nicht nennen musste. Denkbar wäre aber auch, dass er ihn später durch Revision dem Publikum vorenthalten wollte, um dem Ansehen von Calvinas Vater nicht zu schaden.

> Du brauchst auch nicht zu fürchten, dass mir diese Schenkung beschwerlich sei. Zwar sind meine Mittel im Ganzen beschränkt, da ich eine aufwendige Stellung innehabe, die Einkünfte sind wegen des Zustands meiner kleinen Güter gering oder unbeständig; doch was an Einkommen ausbleibt, wird durch Mäßigung ausgeglichen, aus der wie aus einer Quelle meine Freigebigkeit heraus strömt. Dennoch muss sie so bemessen sein, dass sie nicht durch übermäßige Beanspruchung versiegt, doch bemessen nur anderen gegenüber; in Wahrheit wird die Berechnung bei dir leicht aufgehen, selbst wenn sie das rechte Maß überschreiten sollte.[22]

Somit relativiert Plinius direkt seine Versicherung, dass ihm die Tilgung der Schulden keine Last sei. Die Warnung Ciceros, sich als Wohltäter nicht selbst zu ruinieren, lässt sich aus diesen Zeilen klar herauslesen. Doch kann die Übernahme der Schulden tatsächlich eine solch große Last für Plinius gewesen sein? Er selbst gibt an, viel für sein Amt ausgeben zu müssen und dafür wenig Gewinn aus seinen Gütern zu ziehen. Einzig durch seine Sparsamkeit könne er es sich leisten, Calvina zu helfen.

In einem Brief an Kaiser Traian gibt Plinius an, allein die Verpachtungen nahe seiner Klientelgemeinde Tifernum Tiberinum brächten ihm jährlich 400.000 Sesterzen ein. Dabei darf die Zahl wohl nicht als jährliche Abgabe der Pächter verstanden werden, da sie diesen Betrag kaum tragen konnten. Wahrscheinlicher ist, dass die 400.000 Sesterzen die Summe aus den fünf Jahren bildet, über die sich ein Pachtvertrag zumeist erstreckte. Auf diese Weise würde die Pacht 80.000 Sesterzen *per annum* betragen, ein weitaus greifbarerer Betrag.[23] Modernen Schätzungen zufolge besaß Plinius etwa 12 bis 17 Millionen Sesterzen, bei einem jährlichen Einkommen von um die 1,2 Millionen Sesterzen.[24] Eine derartige

22 Plin. *Ep.* 2.4.3-4: *Nec est, quod verearis, ne sit mihi onerosa ista donatio. Sunt quidem omnino nobis modicae facultates, dignitas sumptuosa, reditus propter condicionem agellorum nescio minor an incertior; sed, quod cessat ex reditu, frugalitate suppletur, ex qua velut fonte liberalitas nostra decurrit; quae tamen ita temperanda est, ne nimia profusione inarescat, sed temperanda in aliis, in te vero facile ei ratio constabit, etiamsi modum excesserit.*

23 De Neeve, Peter Willem: „A Roman Landowner and his Estates: Pliny the Younger“, 1990, S.381-383. Dass Plinius überhaupt die Summe angibt, soll laut Walter Scheidel: „Finances, Figures and Fiction“, 1996, S.228, 236 betonen, wie wichtig das Anwesen aus finanzieller Sicht ist. Die Summe ist laut ihm nicht als tatsächlicher Betrag zu verstehen, sondern vielmehr als Synonym für eine große Menge.

24 Vgl. Sherwin-White, Adrian N.: *The Letters of Pliny*, 1966, S.149; De Neeve, Peter Willem: „A Roman Landowner and his Estates: Pliny the Younger“, 1990, S.370-371. Jongman, Willem M.:

Summe konnte Plinius ohne zu zögern nutzen um Freunden unter die Arme zu greifen, da sein Auskommen stets gesichert war und er nicht so sehr auf Gewinn spekulierte, sondern lediglich seinen *status quo* halten wollte. Er hätte die Schulden wohl kaum übernommen, wenn er dadurch selbst in Bedrängnis geraten wäre. Seine Freigebigkeit weist darauf hin, dass er ausreichend besaß und sich keine Sorgen um seine Existenz machen musste. Durch Investitionen in Klienten konnte der Wohltäter somit in keinem Fall verlieren, nur an Ruhm und Ansehen gewinnen.[25]

Mit seiner Aussage gegenüber der Adressatin setzte sich der Autor bewusst in eine Position entgegengesetzt zum Verstorbenen, der seiner Tochter hohe Schulden hinterließ, während Plinius sparsam lebte und vernünftig wirtschaftete. Seine Sparsamkeit versetzte Plinius in die Lage, Calvina finanziell zu unterstützen, was eigentlich die Aufgabe ihres Vaters gewesen wäre. So lesen sich diese Zeilen als nachträgliche Kritik am Geldumgang des Vaters und weisen Plinius als Gegenbeispiel aus.

Auffällig ist, dass im gesamten Brief kaum die Rede vom Vater ist, ja nicht einmal sein Name erwähnt wird. Ein möglicher Grund könnte darin liegen, dass es Plinius eher darum ging, Calvina zu helfen, welche ohne eigenes Verschulden in die Situation geraten war, und weniger um den Ruf ihres Vaters zu retten. Zwar schreibt Fred Dunham, dass Plinius mit dieser Tat nicht nur die finanzielle Zukunft Calvinas rettet, sondern auch ihren Namen und den ihres Vaters, doch profitiert von dieser Tat vornehmlich Calvina, nicht ihr verstorbener Vater.[26]

„The early Roman Empire: Consumption", 2007, S.600-601 bestätigt diese Annahme ausgehend vom Einkommen aus der Pacht.

25 Vgl. Kehoe, Dennis P.: „Approaches to Profit and Management in Roman Agriculture", 1997^2, S.46-47.

26 Dunham, Fred S.: „The Younger Pliny. Gentleman and Citizen", 1945, S.420.

Artemidorus

In 3.11 teilt Plinius dem Rhetor Iulius Genitor mit, dass er bereits in der Vergangenheit Freunde bei Geldproblemen unterstützt hatte: Während der Ausweisung der Philosophen im Jahre 93 unter Domitian hatte er seinem Freund Artemidorus Geld geliehen, damit jener seine Schulden abzahlen konnte. Zu diesem Zweck hatte Plinius sogar selbst Schulden machen müssen, um dem Philosophen bei der Tilgung seiner Obligationen zu helfen – ein erster Hinweis auf ein Netzwerk um Plinius. Dabei betont er gegenüber dem Adressaten, dass er Artemidorus das Darlehen zinslos gegeben habe, gewiss aus dem Grund, dass sein Freund nicht noch mehr Schulden machen musste.[27] Die Höhe des Betrages gibt Plinius nicht an, was auch unangebracht wäre, da dieser Brief an einen Dritten geht, nicht an Artemidorus, der zu diesem Zeitpunkt noch lebt, weshalb Schweigen in diesem Fall zweifellos angebrachter erscheint. Die Tatsache, dass Plinius für seine Hilfe selbst Schulden machen musste, lässt darauf schließen, dass der Betrag recht hoch war.

Die Situation ist jener von *Ep.* 2.4 ähnlich: Wie Calvinas Vater musste Artemidorus Schulden machen, woraufhin Plinius einschreiten musste. Der Unterschied besteht darin, dass der Autor das Verschulden des Artemidorus nicht verurteilt, da dieser seine Schulden „aus ehrbaren Gründen“[28] aufgenommen hatte und nicht durch falsches Wirtschaften in diese Situation geraten war, wie dies bei Calvinas Vater der Fall zu sein schien. Welche „ehrbaren“ Gründe das waren, erfährt der Leser nicht.

Artemidorus befand sich in der prekären Situation, da sich „manche seiner hochgestellten und begüterten Freunde unschlüssig waren“,[29] ob sie ihm helfen sollten, so Plinius weiter. Da dieser selbst Angst vor der Rache Domitians anführt,[30] wird dies wohl der Grund gewesen sein, weshalb die anderen Freunde dem

[27] Plin. *Ep.* 3.11.2.

[28] Plin. *Ep.* 3.11.2: *ex pulcherrimis causis.*

[29] Plin. *Ep.* 3.11.2: *mussantibus magnis quibusdam et locupletibus amicis.*

[30] Plin. *Ep.* 3.11.3: *cum (...) tot circa me iactis fulminibus quasi ambustus mihi quoque impendere idem certis quibusdam notis augurarer.*

Philosophen nicht helfen wollten. Hilfe ist letztlich immer freiwillig und kann nicht verlangt werden, wenn sich der Helfende dadurch selbst in Gefahr begibt.[31]

An anderer Stelle wurde bereits gezeigt, dass Plinius sich entgegen seiner Behauptungen nicht vor Domitian fürchten musste, selbst wenn es diesem missfallen haben sollte, dass Plinius dem geächteten Philosophen Geld gab. Die Gefahr, die der Autor beschreibt, dürfte daher größtenteils erdichtet gewesen sein, um die Größe seiner Tat noch aufzubauschen. Dieses Vorgehen ist in der Wissenschaft recht unterschiedlich interpretiert worden: Miriam Griffin etwa unterstellt Plinius blanke Prahlerei,[32] während Raban von Haehling darin eher den Versuch sieht, die Leser zum Nachahmen zu motivieren.[33] Um diese Motivation wirkungsvoller zu gestalten, musste der Autor als gutes Beispiel vorangehen und selbst das leben, was er von anderen forderte. Selbstlob gehörte zu dieser Werbung, sollte sie erfolgreich sein – eine Methode, auf die Plinius auch in anderen Fällen immer wieder zurückgriff, wie im weiteren Verlauf der Arbeit ersichtlich werden wird.[34]

Da es sich hier um eine Situation handelt, bei der Plinius nicht an den Adressaten der Zuwendung schreibt, sondern einem Dritten darüber berichtet, fährt er fort dem Adressaten darzulegen, wo er Artemidorus kennengelernt hatte: Aus Bewunderung zu dessen Schwiegervater, dem Philosophen Gaius Musonius Rufus, entstand eine Freundschaft zu Artemidorus in jener Zeit, als Plinius als Tribun in der Provinz Syria war, also Anfang bis Mitte der 80er Jahre.[35] Die *amicitia* zwischen den beiden Männern war also einige Jahre etabliert, sonst hätte Plinius wohl nicht derart selbstlos gehandelt.

Weiterhin beschreibt Plinius den Philosophen, um zu zeigen, dass dieser die Hilfe verdient und Plinius den Aufwand und die vermeintliche Gefahr nicht ohne Grund auf sich genommen hatte:[36] Artemidorus besitze Güte (*benigna natura*/

---

[31] Vgl. Utz, Konrad: *Freundschaft*, 2012, S.297.

[32] Griffin, Miriam: „The Younger Pliny's debt to moral Philosophy", 2007, S.472.

[33] von Haehling, Raban: „Sozialer Frieden und Standesdenken aus der Sicht des Jüngeren Plinius", 1994, S.60.

[34] Zu den Techniken des Selbstlobs: Gibson, Roy K.: „Pliny and the Art of (in)offensive self-praise", 2003, S.247-248.

[35] Plin. *Ep.* 3.11.5.

[36] Vgl. Castagna, Luigi: „Teoria e prassi dell'amicizia in Plinio il Giovane", 2003, S.148-149;

benignitas, 3.11.1, 3.11.8), Ehrlichkeit (*sinceritas*) und Aufrichtigkeit (*veritas*), „denn von allen, die sich heute Philosophen nennen, wirst du kaum einen oder zwei so schlicht, so aufrichtig finden.“[37] Artemidorus wirkt so als idealer Philosoph mit Charakteristika, die Plinius selbst schätzte und praktizierte, weshalb der Mann zu einem der engsten Freunde des Plinius wurde (*arta familiaritas*, 3.11.5).[38]

Aufgrund dieser engen Freundschaft sah sich Plinius zum Beistand verpflichtet, wofür Artemidorus seinen Freund nun „mit ehrlichem, aber übertriebenem Lob“[39] preise, welches er seiner Ansicht nach nicht verdiene. Vielmehr glaubt Plinius, sich durch seine Hilfe der Ehrlosigkeit entzogen zu haben, welche er zugleich stillschweigend den anderen Freunden des Philosophen vorwirft, da sie ihm die Hilfe versagten, als er sie gebraucht hätte.[40] Für Plinius bot sich hier eine von vielen Gelegenheiten, sich selbst als *homo novus* zum Vorbild gegen den vermeintlichen Sittenverfall seiner Zeit zu stilisieren.[41]

Insgesamt betrachtet legt die Nachricht den Gedankengang des Autors dar: Zunächst war ihm das Lob unangenehm, doch lobt er zugleich seine eigene Tat so sehr, dass er zu dem Schluss kommt, die Dankesbezeugungen eben doch zu verdienen. Lediglich das Maß des Lobes scheint ihm übertrieben, da er sich selbst über Gebühr gepriesen fühle.[42] Dabei ist Plinius die Situation gewiss nicht so unangenehm, wie er es vorgibt, doch da er sich unmöglich selbst loben kann, überlässt er diese Aufgabe dem antiken und modernen Leser.[43]

Diese Epistel ist dahingehend einzigartig, als dass direkt auf die Reaktion von Seiten des Artemidorus Bezug genommen wird, wie sie von anderen Begünstigten nicht überliefert ist, aber zweifellos gegeben hat. Das von Artemidorus scheinbar übertriebene Lob findet sich auch in der Dankesrede[44] und im Panegyricus auf

Griffin, Miriam: „De Beneficiis and Roman Society“, 2003, S.107.

37 Plin. *Ep.* 3.11.6: *Nam ex omnibus, qui nunc se philosophos vocant, vix unum aut alterum invenies tanta sinceritate, tanta veritate.*

38 Castagna, Luigi: „Teoria e prassi dell'amicizia in Plinio il Giovane“, 2003, S.148-149.

39 Plin. *Ep.* 3.11.1: *ut vera ita supra meritum.*

40 Plin. *Ep.* 3.11.4.

41 Haltenhoff, Andreas: „Wertorientierung, Rollenbewußtsein und Kommunikationspragmatik in den Briefen des Jüngeren Plinius“, 2011, S.192-193.

42 Plin. *Ep.* 3.11.8-9.

43 Radicke, Jan: „Die Selbstdarstellung des Plinius in seinen Briefen“, 1997, S.462.

44 Plin. *Ep.* 3.18.1-3.

Traian wieder, welche Plinius anlässlich seines Consulats im Jahre 100 hielt; es kann also also davon ausgegangen werden, dass dies Norm entsprach.

3. Unterstützung und Förderung

Romatius Firmus

Der 19. Brief des ersten Buches ist an Romatius Firmus aus Comum adressiert. Mit ihm war Plinius seit frühester Kindheit befreundet, sie erhielten dieselbe Ausbildung und wuchsen gemeinsam auf. Schon ihre Eltern waren untereinander befreundet und hatten die *amicitia* an die nächste Generation weitergegeben.[45] Für den Empfänger ist eine solche Rekapitulation der Vergangenheit an sich unnötig, stellt jedoch die besonders enge Verbindung beider Männer dar und liefert die Einleitung zu dem Vorhaben des Plinius. Er bezeichnet Romatius weiterhin als *contubernalis*, und *condiscipulus*; Begriffe, die er nur für seine engsten Freunde nutzt.[46] Durch die Beschreibung des *amicus* entsteht der Eindruck, die Leben beider Männer seien untereinander austauschbar.[47]

In puncto Karriere bestand hingegen ein wesentlicher Unterschied: Zum Zeitpunkt, als der Brief verfasst wurde, fungierte Romatius als Decurio in der gemeinsamen Heimatstadt Comum;[48] Plinius war zu dieser Zeit Praetor oder Präfekt der Militärkasse und somit auf der Karriereleiter bereits wesentlich höher gestiegen als sein Freund.[49] Trotz der Distanz in Raum und Status war Plinius bemüht, die Freundschaft zu Romatius Firmus aufrecht zu erhalten und sich auch durch das neu gewonnene Ansehen nicht von ihm zu entfernen, wovor schon sein Vorbild Cicero in *Laelius de Amicitia* warnt.[50]

---

45 Plin. *Ep.* 1.19.1.

46 Plin. *Ep.* 1.19.1.

47 Siehe auch Henderson, John: „Funding Homegrown Talent: Pliny 'Letters' 1.19", 2002, S.216-217.

48 Plin. *Ep.* 1.19.2. *PIR*^{2} F 166.

49 Sherwin-White, Adrian N.: *The Letters of Pliny*, 1966, S.129 datiert den Brief auf die Zeit vor Nerva, also etwa in die Mitte der 90er Jahre.

50 Cic. *Lael.* 54, 67.

Um diesen Unterschied also zumindest ein wenig zu verringern, hatte sich Plinius dazu entschieden, Romatius zu unterstützen und ihn in den Ritterstand erheben zu lassen, „damit ich mich deiner nicht nur als Decurio, sondern auch als römischen Ritters erfreuen kann.“[51] Durch diesen Schritt wurde der Unterschied im Rang zwar verringert, aber keineswegs aufgehoben; er wurde sogar vielmehr dadurch betont, dass Plinius seinem *amicus* derart half.[52] Den Rangunterschied völlig auszuräumen, war auch nicht im Interesse des Plinius, wie nicht zuletzt durch die Wortwahl des Autors deutlich wird: Achtet er bei Briefen an Personen mit gleichem sozialen Status oder gar an den Kaiser auf Höflichkeit und Freundlichkeit, erscheint seine Wortwahl hier bevormundend und zuweilen herablassend.[53]

Um in den Ritterstand aufgenommen werden zu können, musste Romatius über einen Mindestzensus von 400.000 Sesterzen verfügen; Plinius schätzt, dass sein Freund die seinem Posten entsprechenden 100.000 Sesterzen besitzt, weshalb er ihm in diesem Brief 300.000 Sesterzen anbietet, exakt den Betrag, der diesem laut Rechnung zum Aufstieg in den Ritterstand fehlt.[54] Der Brief ist im Verhältnis zu seinem bedeutsamen und für den Empfänger tiefgreifenden Inhalt erstaunlich pragmatisch gehalten. Plinius gelingt es, seine Tat möglichst großzügig erscheinen zu lassen und zugleich bestimmend zu schreiben, da der Wunsch dahinter von ihm ausgeht, nicht von Romatius.[55]

Mitglied des *ordo equester* zu werden eröffnete Firmus völlig neue Möglichkeiten, weil ihm zuvor unerreichbare Ämter zugänglich gemacht wurden: Eine militärische Laufbahn, in der er Gelegenheit hatte, sich auszuzeichnen und bis zum *praefectus Praetorio* oder *praefectus Aegypti* aufsteigen konnte. Damit verbunden waren Ansehen, finanzieller Wohlstand und bestenfalls ein Aufstieg der Nachkommen in den Senatorenstand.[56] Da es sich bei dem Zensus nicht um eine Abgabe handelte, sondern um den tatsächlichen Besitz, wurde Romatius neben dem neuen

---

51 Plin. *Ep.* 1.19.2: *Igitur ut te non decurione solum, verum etiam equite Romano perfruamur.*

52 Saller, Richard P.: *Personal Patronage under the Early Empire*, 1982, S.123.

53 Henderson, John: „Funding Homegrown Talent: Pliny 'Letters' 1.19“, 2002, S.222-223. Vgl. auch Sherwin-White, Adrian N.: *The Letters of Pliny*, 1966, S.129.

54 Plin. *Ep.* 1.19.2.

55 Henderson, John: „Funding Homegrown Talent: Pliny 'Letters' 1.19“, 2002, S.216, 219.

56 Vgl. Bleicken, Jochen: *Verfassungs- und Sozialgeschichte des Römischen Kaiserreichs, Bd. 1*, 1995[4], S.141.

Stand auch in finanzieller Hinsicht der Rücken enorm gestärkt.[57] Was Plinius als „Großzügigkeit eines Freundes“[58] bezeichnet, ist für Romatius daher eine gewaltige Förderung in jederlei Hinsicht.

Die Aufnahme in eine höhere soziale Schicht war stets von einem formellen Akt begleitet. Diesen leitete der Kaiser persönlich, sodass die Betroffenen klar erkannten, dass ihnen eine besondere Ehre zuteil wurde, wofür sie dem Princeps Dank schuldeten. Gerade deshalb konnte sich der Kaiser jederzeit auf die Zuverlässigkeit der Ritter stützen, da sie ihm ihren Aufstieg und ihre Karriere verdankten.[59] Plinius band durch seinen Einsatz den *amicus* somit zugleich an sich selbst und an den Kaiser, denn Romatius hatte sowohl Plinius für die finanzielle Möglichkeit zum Aufstieg zu danken, als auch dem Princeps, der das letzte Wort hatte, ob der Anwärter tatsächlich in den Rang erhoben wurde. Auch hierfür dürfte Plinius verantwortlich gewesen sein, indem er sich an den Kaiser wandte.

Gegen Ende des Briefes betont Plinius, dass Romatius von der erhaltenen Würde maßvollen Gebrauch machen und sie nicht ausnutzen möge, damit Plinius diese erwiesene Großzügigkeit nicht bereue. Dabei ist er sich sicher, dass Romatius diese Tat ehren und nicht vergessen würde. Als Sicherheit dient Plinius allein ihre langjährige Freundschaft.[60] Offenbar nahm Romatius diese Aufforderung nicht ganz ernst und ruhte sich auf seinem neu gewonnene.n Prestige aus. In 4.29 muss Plinius ihn ermahnen, seinen Pflichten nachzukommen

> Hey du! Wenn das nächste mal Verhandlungen sind, komm unbedingt zur Gerichtsverhandlung; es geht nicht an, dass du dich im Vertrauen auf mich aufs andere Ohr legst. Man schwänzt nicht ungestraft.[61]

---

[57] Henderson, John: „Funding Homegrown Talent: Pliny 'Letters' 1.19“, 2002, S.222.

[58] Plin. *Ep.* 1.19.4: *beneficium amici.*

[59] Vgl. Saller, Richard P.: *Personal Patronage under the Early Empire*, 1982, S.50; Bleicken, Jochen: *Verfassungs- und Sozialgeschichte des Römischen Kaiserreichs, Bd. 1*, 1995[4], S.142.

[60] Plin. *Ep.* 1.19.3-4: *Te memorem huius muneris amicitiae nostrae diuturnitas spondet: ego ne illud quidem admoneo, quod admonere deberem, nisi scirem sponte facturum, ut dignitate a me data quam modestissime ut a me data utare. Nam sollicitius custodiendus est honor, in quo etiam beneficium amici tuendum est.*

[61] Plin. *Ep.* 4.29.1: *Heia tu! Cum proxime res agentur, quoquo modo ad iudicandum veni; nihil est, quod in dextram aurem fiducia mei dormias. Non impune cessatur.*

Wie in 1.19 wirkt der Ton bevormundend; ist in diesem das Bewusstsein über die eigene Großzügigkeit der Grund für die Wortwahl, wirkt es hier, als sei Plinius über die Nachlässigkeit seines Protegés enttäuscht. Daran zeigt sich das rege Interesse an der Person des Romatius. Plinius behielt so seine „Investition" im Blick und ging sicher, dass sein Freund seine Erwartungen erfüllte und seinen Förderer nicht bloßstellte. Die Wortwahl ist dementsprechend direkt und befehlend. So wurde Romatius erneut klar gemacht, dass sein Stand nach wie vor unter dem seines Gönners blieb.[62]

Am Beispiel des Romatius Firmus wird erkennbar, wie sehr sozialer Aufstieg vom Eingreifen einflussreicher Freunde abhängig war: Aus eigener Kraft hätte er den Ritterstand nicht erreichen können, daher benötigte er die Hilfe des Plinius, der ihm das nötige Geld geben und den Kontakt zum Kaiser herstellen konnte.[63] Plinius bewies durch das Geschenk seine *fides* zu seinem Freund. Gleichzeitig zeigte er, dass er in der Lage war, die nötigen finanziellen Mittel und Kontakte zur Verfügung zu stellen.

Quintilianus

Zum Ende des sechsten Buchs schreibt Plinius anlässlich der bevorstehenden Hochzeit der Tochter seines Freundes Quintilianus. Bei diesem Quintilianus handelt es sich wohl nicht um den großen Rhetoriklehrer, bei dem Plinius ausgebildet wurde und der über ausreichend finanzielle Mittel verfügt haben dürfte; vielmehr scheint es sich um einen finanziell weniger gut ausgestatteten Anwalt zu handeln.[64]

Die Tochter des Quintilianus stand zu dieser Zeit kurz vor der Eheschließung mit Nonius Celer, einem nicht weiter bekannten Mann, der zu seiner Zeit hochangesehen war und sozial möglicherweise höher stand als Quintilianus und seine Tochter, vielleicht sogar Senator war. Nonius gehörte nicht dem engeren Freundes-

62 Vgl. Sherwin-White, Adrian N.: *The Letters of Pliny*, 1966, S.129.
63 Vgl. Alföldy, Géza: *Römische Sozialgeschichte*, 2011[4], S.156.
64 Sherwin-White, Adrian N.: *The Letters of Pliny*, 1966, S.398.

kreis des Plinius an, da er ihn gegenüber Titus Rosianus Geminus als „dein Nonius“[65] bezeichnet. Dennoch kannte er ihn gut genug, um ihn für seine Großzügigkeit loben zu können. Um dem finanziell gut betuchten Nonius gerecht zu werden, ist Plinius der Ansicht, die Braut müsse „dem Rang ihres Gatten gemäß mit Kleidung und Dienerschaft ausgestattet werden, welche zwar nicht die Würde vergrößern, aber dennoch der Zierde dienen.“[66]

Im Gegensatz zu dem Brief 2.4 an Calvina lobt Plinius hier die Sparsamkeit des Quintilianus, in der dieser auch seine Tochter erzogen hat. Fast klingt es, als würde Plinius im Zusammenhang mit der Hochzeit gar die Sparsamkeit tadeln, mit welcher der Freund seine Tochter auszustatten gedenkt und ihn stattdessen auffordern, zu diesem Anlass großzügiger zu sein. Da sich der Brautvater offenbar nicht mehr leisten kann, verlangt Plinius geradezu, einen Teil der Mitgift tragen zu dürfen. Er bietet Quintilianus 50.000 Sesterzen an, die Hälfte von dem, was er Calvina mitgab. Als Grund für gerade diesen Betrag schreibt Plinius, dass er gern mehr geben würde, Quintilianus dann allerdings gewiss aus Bescheidenheit ablehnen würde.[67] Wohl um ihm keinen Grund zum Ablehnen zu geben, rechnet Plinius seinem Freund hier nicht vor, ob diese Ausgabe eine finanzielle Belastung für ihn darstellt.

Wie auch in dem Brief an Calvina fällt auf, dass Plinius nicht die Namen der Angehörigen nennt, über die er schreibt. In diesem Beispiel bezeichnet er die künftige Braut lediglich „unser Mädchen“ und sieht sich selbst, der selbst keine Kinder hatte, als „zweiten Vater“,[68] was die Vertrautheit zur Familie des Quintilianus verdeutlicht. Zumindest im Falle der Tochter des Quintilianus hätte der Brief ebenso gut an die Braut gehen können, da ihr letztlich das Geld als Mitgift zugute kommen sollte. Doch die Tatsache, dass Plinius an Quintilianus schreibt und den Namen seiner Tochter nicht nennt, legt die Vermutung nahe, dass Plinius seinen Gefallen in erster Linie dem Freund erweist, nicht dessen Tochter.

---

65 Plin. *Ep.* 9.30.1: *Nonium tuum.*

66 Plin. *Ep.* 6.32.1: *debet secundum condicionem mariti uti veste, comitatu, quibus non quidem augetur dignitas, ornatur tamen et intruitur.*

67 Plin. *Ep.* 6.32.2.

68 Plin. *Ep.* 6.32.2: *parens alter pullae nostrae.*

Marcus Valerius Martialis

Die vorletzte hier zu untersuchende finanzielle Zuwendung an eine Person findet sich im letzten Brief des dritten Buches, adressiert an Cornelius Priscus. Daraus geht hervor, dass der Dichter Marcus Valerius Martialis in seiner Geburtsprovinz Hispania verstorben sei. Der Brief beginnt mit Bedauern von Seiten des Autors, gefolgt von einer Lobpreisung der Talente und Werke Martials: „Er war ein talentierter, scharfsinniger, temperamentvoller Mann, und in seinem Geschriebenen finden sich viel Witz, Galle und nicht weniger Aufrichtigkeit.“[69]

Direkt im Anschluss an die Beschreibung des Dichters rückt sich Plinius selbst ins Licht und berichtet Priscus davon, dass er Martial bei dessen Abreise nach Spanien Geld zukommen ließ als Dank für ein Gedicht, welches Martial auf ihn gedichtet hatte.[70] Davon ausgehend, dass die Bücher einzeln publiziert wurden, steht dieser Brief als letzter im dritten Buch und dient als dessen Schlussstein, sodass er dem Leser als Würdigung des Dichters und als Beweis für die *liberalitas* des Plinius im Gedächtnis bleibt.[71] Auch in dieser Situation stellt sich der Autor als vorbildlicher Freund dar und beklagt zugleich, dass es sei einst Sitte gewesen sei, Dichter mit Ehren und Geld auszustatten, dieser Brauch in seiner Zeit hingegen nicht mehr üblich sei, „denn nachdem wir aufgehört haben, Rühmliches zu vollbringen, halten wir es auch für unpassend zu loben.“[72] Wie schon im Bericht in 3.11 über die Hilfe für Artemidorus sieht sich Plinius hier als jemand, der alte Traditionen und Werte fortführt, welche früher selbstverständlich gewesen waren und in seiner Zeit verblasst zu sein scheinen. Allerdings ist es ein wiederkehrendes Phänomen, die eigene Zeit als der Vergangenheit gegenüber minderwertig zu betrachten.[73] Plinius mag diese Floskel daher verwendet haben, um seiner eigenen Großzügigkeit noch mehr Nachdruck zu verleihen. Gleichzeitig zeigt es, wie sehr

[69] Plin. *Ep.* 3.21.1: *Erat homo ingeniosus, acutus, acer, et qui plurimum in scribendo et salis haberet et fellis nec candoris minus.*

[70] Plin. *Ep.* 3.21.2. Zur Interpretation des Epigramms und dessen Bedeutung für Plinius siehe Herderson, John: *Pliny's Statue. The Letters, Self-Portraiture & Classical Art*, 2002, S.43-58.

[71] Pitcher, Roger A.: „Pliny and Martial reconsidered“, 1999, S.561.

[72] Plin. *Ep.* 3.21.3: *Nam, postquam desidemus facere laudanda, laudari quoque ineptum putamus.*

[73] Saller, Richard P.: „Martial on Patronage and Literature“, 1983, S.255.

er die von den alten Senatoren überlieferten Werte und Geschichten in sich aufgenommen hatte.

Wenn Plinius seinem Freund Geld für dessen Reise gab, wirft das die Frage auf, ob dieser nicht selbst über die nötigen Mittel verfügte. Es ist bekannt, dass Martial über eine Anzahl Patrone verfügte; einige von ihnen waren auch Adressaten des Plinius oder werden in dessen Briefen erwähnt, etwa Lucius Domitius Apollinaris, Lucius Licinius Sura oder der verhasste Marcus Aquilius Regulus.[74]

Dichter konnten mit keinem regelmäßigen Einkommen rechnen, da ihre Dienste ebenso wie jene von Ärzten und Anwälten nicht mit Geld bezahlt, sondern als Gefälligkeit angesehen wurden.[75] Zwar war es seit Kaiser Claudius grundsätzlich erlaubt, Gedichte gegen Bezahlung zu verfassen, doch wurden diese Dichter mit Söldnern gleichgesetzt und daher verpönt. Die Erlöse aus dem Buchverkauf dürften ebenfalls sehr gering gewesen sein, da dieser noch zu wenig verbreitet war und der Gewinn zum großen Teil beim Verkäufer verblieb. Eine bessere Möglichkeit, Geld zu verdienen, bestand daher im Schreiben von Bühnenstücken, die künstlerisch zwar weniger geachtet waren, sich finanziell jedoch eher bezahlt machen konnten, wenn sie es denn auf die Bühnen schafften.[76] So zeigt sich, dass Dichter und Literaten auf Geschenke ihrer Gönner angewiesen waren, die auf diese Weise ihre Freundschaft und ihren Dank bekundeten. Im Gegenzug dafür verfassten die Dichter als Dank neue Werke, wodurch sich ein gegenseitiges Abhängigkeitsverhältnis einstellte.[77] Freund eines reichen Römers zu sein stellte gerade für junge und aufstrebende Dichter durchaus eine Form von Karriere dar, da sie Zeit und Aufwand benötigte und mit Geschenken vergolten wurde.[78] Dabei ist auch nicht auszuschließen, dass Personen nur deshalb der Dichtkunst nachgingen, um dadurch den Kontakt zu einem wohlhabenden Patron zu knüpfen.[79]

---

[74] White, Peter: „The Friends of Martial, Statius, and Pliny, and the Dispersal of Patronage“, 1975, S.295-296.

[75] Veyne, Paul: *Brot und Spiele*, 1990 (=1976), S.529. Zur unbezahlten Anwaltstätigkeit: Plin. *Ep.* 5.4, 5.9, 5.13.

[76] White, Peter: „Positions for Poets in Early Imperial Rome“, 1982, S.50-51.

[77] Strothmann, Meret: *Augustus - Vater der res publica*, 2000, S.89.

[78] White, Peter: „Positions for Poets in Early Imperial Rome“, 1982, S.56, 59; White, Peter: „Amicitia and the Profession of Poetry in Early Imperial Rome“, 1978, S.85.

[79] White, Peter: „Positions for Poets in Early Imperial Rome“, 1982, S.61-64.

Doch wie sehr war ein Dichter wie Martial tatsächlich von finanziellem Beistand abhängig? Martial gehörte wie viele Dichter dem Ritterstand an, der im Gegensatz zu den unteren Schichten die nötige freie Zeit und die Bildung besaß, sich mit Dichtkunst zu befassen.[80] Als Ritter besaß Martial mindestens 400.000 Sesterzen, sodass er ohne Weiteres ohne einen Patron überleben konnte.[81] Dennoch besaß Martial zahlreiche Gönner; welcher Art deren Geschenke waren, lässt sich den Epigrammen entnehmen: Kleinere Geldbeträge, Geschirr, Kleidungsstücke, Sklaven und in seltenen Fällen sogar Anwesen wechselten als Zeichen der Freundschaft die Besitzer.[82] Dabei wird schnell deutlich, dass bis auf die Geldbeträge keines dieser Geschenke unmittelbar der Sicherung des Überlebens diente.[83] Wohl wurden auch Nahrungsmittel verschenkt, doch werden diese im Vergleich zu anderen Gaben selten erwähnt.[84]

Dass die unmittelbare Sicherung des Überlebens nicht nötig war, wird anhand einer Rechnung deutlich, nach der ein Dichter im Ritterstand mit 400.000 Sesterzen aus seinen Besitzungen ein monatliches Einkommen von etwa sechs Prozent seines Gesamtvermögens erwarten konnte, was einen Betrag über 2.400 Sesterzen pro Monat oder rund 80 Sesterzen pro Tag bedeutete.[85] Weitere Rechnungen gehen davon aus, dass die durchschnittlichen Kosten für den Nahrungsbedarf der untersten Schichten bei etwa zwei Ass pro Person und Tag lagen. Hochgerechnet auf den Bedarf eines Ritters ergibt sich ein Betrag zwischen vier und acht Sesterzen pro Person. Die grob errechneten 80 Sesterzen pro Tag

---

80 Nauta, Ruurd R.: *Poetry for Patrons*, 2002, S.28. Art Spisak schreibt in „Gift-giving in Martial“, 1998, S.245, von etwa 55% der bekannten Dichter sei mit Sicherheit nachgewiesen, dass sie dem Ritter- oder Senatorenstand angehörten; er schätzt jedoch, dass dies auf bis zu 94% aller Dichter zutraf.

81 Nauta, Ruurd R.: *Poetry for Patrons*, 2002, S.53-55; White, Peter: „Positions for Poets in Early Imperial Rome“, 1982, S.52.

82 Als Beispiele für Erwähnungen von Geschenken bei Martial siehe unter anderem: *Epigr.* 6.20, 3.41, 6.5, 4.76, 5.82 (Geld); 12.31 (Anwesen); 8.73 (Sklave); 7.53 (silbernes Geschirr); 9.49, 2.85 (Toga). Dazu auch White, Peter: „Amicitia and the Profession of Poetry in Early Imperial Rome“, 1978, S.86-87.

83 White, Peter: „Amicitia and the Profession of Poetry in Early Imperial Rome“, 1978, S.86-87.

84 Saller, Richard P.: „Martial on Patronage and Literature“, 1983, S.252.

85 White, Peter: „Amicitia and the Profession of Poetry in Early Imperial Rome“, 1978, S.88-89.

ermöglichten es einem Dichter und seiner Familie im Ritterstand daher ohne Probleme, die wichtigsten täglichen Ausgaben von diesem Geld zu decken.[86]

Dazu kommt die Möglichkeit, dass Dichter als Ritter die entsprechenden Ämter des *cursus honorum* bekleideten und ihren Lebensunterhalt dadurch weiter aufstocken konnten. Insbesondere der Militärdienst stellte dabei eine gute und stete Einnahmequelle dar. Um bei dem Beispiel Martial zu bleiben, brachte es dieser bis zum Militärtribun. Geschenke von Gönnern galten somit eher als Nebenverdienst.[87]

Von Patronen hatte Martial ein Haus und ein Gehöft erhalten, welche er vor seiner Abreise nach Spanien verkaufte. Daraus lässt sich einerseits schließen, dass er einst das Geld für Instandhaltung und Unterhalt der beiden Anwesen besessen haben musste und andererseits nun durch deren Verkauf wieder in den Besitz einer größeren Summe Geldes kam.[88] Daraus folgt weiterhin, dass Martial das Geld für seine Reise zumindest anteilig aus eigenen Mitteln hätte aufbringen können.

Die Kosten für die Reise werden hoch gewesen sein, weshalb es sich Plinius nicht nehmen ließ, dem Dichter das *viaticum* zu geben. Plinius betont, es habe sich um eine Dankesbezeugung unter Freunden und für das Gedicht gehandelt.[89] Eine finanzielle Abhängigkeit Martials lässt sich daraus nicht erkennen. Zwar berichtet Plinius in keinem weiteren Brief über andere Förderungen des Hispaniers, doch besteht die Möglichkeit, dass das *viaticum* nicht die einzige Hilfe war, die Plinius seinem Freund zukommen ließ. White geht davon aus, dass sich Plinius mit der Förderung eines derart begabten Epigrammatikers wie Martial gebrüstet hätte, wenn er dessen Patron gewesen wäre. Die freundschaftliche Verbindung war ihm hingegen zweifellos wichtiger als ein reines Künstler-Gönner-Verhältnis.[90]

Als Beweis für die Vorrangigkeit der Freundschaft lassen sich einige weitere Dichter und Literaten aus dem Freundeskreis des Plinius anführen, welche der Autor in seinen Briefen erwähnt und weiterempfiehlt: Im kurzen 38. Brief des neunten Buches an Pompeius Saturninus beispielsweise lobt Plinius ein Werk des

86 Vgl. Donahue, John F.: *The Roman Community at Table during the Principate*, 2004, S.142.

87 White, Peter: „Positions for Poets in Early Imperial Rome“, 1982, S.54; vgl. Saller, Richard P.: *Personal Patronage under the Early Empire*, 1982, S.28.

88 Howell, Peter: „Martial's Return to Spain“, 1998, S.176. Weiterhin Saller, Richard P.: „Martial on Patronage and Literature“, 1983, S.247.

89 Plin. *Ep.* 3.21.2: *dederam hoc amicitiae, dederam etiam versiculis, quos de me composuit.*

90 White, Peter: „Amicitia and the Profession of Poetry in Early Imperial Rome“, 1978, S.84.

Octavius Rufus, nachdem Saturninus ihm dieses empfohlen hatte.[91] Der Brief 8.12 an Minicianus informiert darüber, dass Plinius aus Dankbarkeit und Schuldgefühl gegenüber dem Titinius Capito dessen Vorlesung besuchen wolle. Weiterhin erfährt der Leser aus diesem Brief, dass Capito, ein ehemaliger kaiserlicher Sekretär im Ruhestand, seinerseits mit Geld und Einfluss aufstrebende Literaten förderte. Wie auch im Falle des Plinius zeigt sich hier, dass Personen, die selbst durch Patronage zu Rang und Namen gekommen war, dazu tendierten, als Gönner aktiv zu werden.[92]

Die Literatur zirkulierte innerhalb eines Freundeskreises, wodurch sie verbreitet wurde. Das für einen Dichter so wichtige Publikum erhielt er durch den Kontakt zu seinem Patron, welcher ihm seinen Freundeskreis eröffnete, in dem die Literatur gelesen und verbreitet wurde.[93] Aufgrund des imminenten Nutzens für den Dichter wird der erste Schritt zur Begründung einer solchen Patronatsbeziehung daher zumeist bei diesem gelegen haben, der mit einem Gedicht um die Gunst des künftigen Patrons warb.[94]

Auch wenn die Initiative vom Klienten ausging, profitierten beide Seiten von dem dauerhaften gegenseitigen Verhältnis: Der Dichter war finanziell abgesichert und erhielt ein Publikum, während er die Freizeit seines Patrons ausfüllen und bei dessen Gastmählern und Mußestunden der Unterhaltung dienen konnte. Da die Dichtkunst in den oberen Schichten hoch geachtet war, übten sich auch viele Patrone in diesem Feld, unter ihnen Plinius. Einen geachteten Literaten in seiner Entourage zu haben konnte somit einerseits der eigenen Fähigkeit zuträglich sein, andererseits bot es dem Patron die Möglichkeit zu zeigen, dass er in dieser Kunst bewandert war und sie förderte. Um dies tun zu können, war selbstverständlich ein gewisser Grad an Wohlstand nötig, sodass auch dieser zur Schau gestellt wurde, wenn sich ein Dichter in der eigenen Klientel befand.

Das Verhältnis von Dichter und Gönner stellt eine Sonderform der Patronage dar: Ist im Normalfall der Klient auf einen Patron angewiesen, während sich dieser

[91] Plin. *Ep.* 9.38.

[92] Plin. *Ep.* 8.12.1-2.

[93] White, Peter: „The Friends of Martial, Statius, and Pliny, and the Dispersal of Patronage“, 1975, S.265.

[94] Crook, Zeba A.: *Reconceptualising Conversation*, 2004, S.94.

nicht auf einen einzelnen Klienten stützt, ist es hier so, dass auch der Patron auf den Dichter angewiesen war, da dieser in einem gewissen Umfang Macht über seinen reichen Freund besaß; es lag in seiner Hand, ob die Gegenwart und Nachwelt ein positives oder negatives Bild vom Gönner besitzen würden.[95] Dieser Umstand war auch Plinius bewusst: Er schreibt, dass es das größte Geschenk sei, auf literarischem Wege ewigen Ruhm und Unsterblichkeit zu erhalten. Eben diese Unsterblichkeit sieht er von Martial beschert, weswegen er die Finanzierung von dessen Reise als gerechtfertigt ansieht:

> Indessen, was kann einem Menschen Größeres gegeben werden als Ruhm und Ehre und Unsterblichkeit? – 'Aber es wird nicht ewig andauern, was er geschrieben hat!'– Vielleicht nicht, aber er hat es geschrieben, als ob es ewig bleiben würde.“[96]

Nachdem er mehr als drei Jahrzehnte in Rom verbracht hatte, kehrte Martial etwa im Jahre 98 oder 99 im Alter von 60 Jahren in seine Heimat zurück, wo er Ruhe und Sorglosigkeit für seinen Lebensabend suchte. Dort angekommen, wurde er von einer ansonsten unbekannten Frau mit Namen Marcella mit Haus und Grundstück versorgt.[97] Seine Freunde sorgten dafür, dass Martial nach Spanien reisen und dort leben konnte – beides typische Beispiele für Patronage und ein Beispiel dafür, dass ein Patron allein nicht ausreichte, sämtliche Bedürfnisse eines Klienten abzudecken.[98]

Im letzten Abschnitt des Briefes fragt Plinius seinen Freund Priscus, ob es recht gewesen sei, dass er Martial Geld gegeben hatte, wobei er erneut die Freundschaft als Grund für seine Tat angibt. Er sucht so im Nachhinein die Rechtfertigung für etwas, das seiner Meinung nach keiner Rechtfertigung bedarf, wie er anschließend zusammenfasst: „Er hat mir doch gegeben, soviel er konnte, er hätte mir mehr

---

[95] Vgl. Nauta, Ruurd R.: *Poetry for Patrons*, 2002, S.27, 31; White, Peter: „Positions for Poets in Early Imperial Rome“, 1982, S.59-60; Pausch, Dennis: *Biographie und Bildungskultur*, 2004, S.22.

[96] Plin. *Ep.* 3.21.6: *Tamestsi quid homini potest dari maius quam gloria et laus et aeternitas? 'At non erunt aeterna, quae scripsit!' Non erunt fortasse, ille tamen scripsit, tamquam essent futura.*

[97] Howell, Peter: „Martial's Return to Spain“, 1998, S.173-174.

[98] Art Spisak: „Gift-giving in Martial“, 1998, S.245 ergänzt beispielsweise, dass Martial unter anderem ebenfalls das *ius trium liberorum* erteilt wurde, vermutlich veranlasst von einem dankbaren und einflussreichen Patron.

gegeben, wenn er gekonnt hätte."[99] Die letzten Zeilen des Briefes lesen sich daher so, als ob es hierin weniger um den Tod des Martial ginge, sondern vielmehr um die Freude des Plinius über die Freundschaft zu dem Dichter, wodurch sie den Eindruck abrunden, es habe sich bei diesem Verhältnis um *amicitia* gehandelt, kein reines Verhältnis zwischen einem reichen Gönner und einem begabten Dichter.[100]

Die Amme des Plinius

Aus einem Brief an einen Mann namens Verus geht hervor, dass dieser die Verwaltung eines Landgutes übernommen hat, welches Plinius zuvor seiner Amme geschenkt hatte. Weder der Empfänger des Briefes noch des Geschenkes werden näher benannt, doch verrät Plinius, das Gut sei zum Zeitpunkt des Besitzerwechsels um die 100.000 Sesterzen wert gewesen. Seither schwinden die Erträge, möglicherweise aufgrund von falscher Verwaltung. Plinius hofft daher darauf, dass Verus den Wert wieder steigern könne.[101]

Zur Zeit des Plinius war es nicht unüblich, dass Mütter der Oberschichten ihre Kinder in den ersten Jahren in die Obhut einer *nutrix* gaben, welche den Sklaven oder Freigelassenen des Hauses angehörte. Sie säugte (*nutrire*), wusch und beschäftigte sich mit dem Nachwuchs, wodurch sich eine dauerhafte emotionale Verbindung zwischen Amme und Zögling entwickelte.[102] Aus Dankbarkeit für ihre Erziehung wollte Plinius seiner *nutrix* ein Anwesen bieten, auf dem sie ihren Lebensabend verbringen und von dessen Erträgen sie leben konnte. Da Plinius nicht erwähnt, wie groß das Anwesen tatsächlich war, lässt sich kaum ermitteln, wie viel Ertrag dieses abwarf und ob daraus Profit zu erzielen war.[103] Die

[99] Plin. *Ep.* 3.21.6: *Dedit enim mihi, quantum maximum potuit, daturus amplius, si potuisset.*

[100] White, Peter: „Amicitia and the Profession of Poetry in Early Imperial Rome", 1978, S.84.

[101] Plin. *Ep.* 6.3.1.

[102] Shelton, Jo-Ann: *The Women of Pliny's Letters*, 2013, S.178-179.

[103] In *Ep.* 10.58 zitiert Plinius aus einem Brief Domitians, welcher dem rechtlich verurteilten Philosophen Archippus gestattet hatte, ein Landgut im Wert von 100.000 Sesterzen zu erwerben, von denen er seine Familie erhalten könne. Der Betrag war also keineswegs zufällig gewählt, sondern entsprang einer Schätzung über den Bedarf einer Familie. Siehe auch Kehoe, Dennis P.: „Approaches to Profit and Management in Roman Agriculture", 1997², S.54; Drexhage, Hans-Joachim u.a.: *Die Wirtschaft des Römischen Reiches*, S. 93-96.

Beschenkte war wohl aufgrund ihres Alters an der Verwaltung des Gutes nicht beteiligt, weshalb sich Plinius selbst einschaltete,[104] vielleicht auch deshalb, weil das Anwesen nach dem Ableben der Amme wieder an den Wohltäter zurückgehen sollte. Wollte Plinius dann kein ruiniertes Gut erhalten, musste er seine Investition und dessen Produktivität im Blick behalten.[105]

Plinius nutzt im Brief an Verus den Begriff *reparabit*, was einerseits in seiner Bedeutung „wiederherstellen“ oder „erneuern“ erkennen lässt, dass der Zustand des Guts weit unter den Wert dessen gefallen zu sein scheint, den es unter der Führung des Plinius hatte. Dieser war damit unzufrieden, weshalb er die Aufsicht über das Gut auf einen fähigeren Mann übertragen wollte. Die Tatsache, dass das Verb im Futur steht, legt andererseits die Vermutung nahe, dass Verus gerade erst seine Zusage gegeben hatte und es sich bei diesem Brief um die unmittelbare Antwort des Plinius handelt. Plinius muss einiges Vertrauen in die Fähigkeiten des Verus gehabt haben, wenn er ihm diese verantwortungsvolle Aufgabe übertrug, zumal es sich nicht bloß um die Weiterführung handelte, sondern gewissermaßen um eine Neuorganisation der Verwaltung auf dem Gut.[106]

Wie in den anderen Briefen nennt Plinius auch hier den Wert des Geschenks, obwohl er diesen ohne weiteres verschweigen könnte, ohne dass der Brief dadurch an Aussagekraft verlöre. Zwar wäre allein die Tatsache, dass er ein Grundstück verschenkt, ausreichend Anlass für Lob, doch belegt der genannte Betrag seine Großzügigkeit und welche Bedeutung das Geld für Plinius spielte. Bei diesem Fall handelt es sich somit nicht nur um ein bloßes Geschenk, sondern auch um den helfenden Eingriff bei dessen Verwaltung.

Wie zu Beginn des Kapitels gezeigt, treten finanzielle Hilfen im Verlauf der Briefe mehr und mehr in den Hintergrund, während schriftliche *commendationes* für junge Politiker zunehmend in dem Maße an Bedeutung gewannen, in dem Plinius in seiner eigenen Karriere und Ansehen aufstieg. Im folgenden Kapitel soll der Fokus daher auf diese Empfehlungsschreiben gelegt werden.

---

[104] Kehoe, Dennis P.: „Approaches to Profit and Management in Roman Agriculture", 1997^2, S.54.

[105] Shelton, Jo-Ann: *The Women of Pliny's Letters*, 2013, S.183-184.

[106] Dieter Flach: *Römische Agrargeschichte*, 1990, S.172-174 hat aus verschiedenen Quellen einen Katalog von Anforderungen an einen guten *vilicus* zusammengestellt, nach denen gewiss auch Plinius den Verus ausgewählt hat.

V. Von Plinius erstellte Empfehlungsschreiben

1. Einführende Betrachtungen

Als im Jahre 1861 der Bürgerkrieg zwischen den Vereinigten Staaten und den neu gegründeten Konföderierten Staaten von Amerika ausbrach, war zunächst keine der beiden Seiten auf diesen Konflikt vorbereitet. Beiden fehlte es an der nötigen Infrastruktur, an Material und vor allem einer Befehlsstruktur innerhalb des Militärs. Um diese Führungspositionen zu füllen und vermeintlichen Ruhm zu ernten, ließen sich Politiker aus Kommunen bis hin zur Bundesebene Empfehlungen angesehener Freunde ausstellen. So wurden über Nacht aus Politikern Generäle, die keine Erfahrungen und häufig keinerlei Qualifikation im Führen der ihnen unterstellten Armeen zeigten. Diese Personen waren es gewohnt, Reden zu halten, keine Schlachten zu schlagen, und in vielen Fällen scheiterten diese Politiker-Generäle kläglich. Das System der Patronage wies hier eine eklatante Schwachstelle auf: Allein durch einflussreiche Kontakte konnten Personen in Positionen gelangen, für die sie völlig unqualifiziert waren – mit fatalen Konsequenzen.

Auch das römische Reich hatte einen ständigen Bedarf an neuen Statthaltern, Curatoren, Tribunen und anderen Verwaltern in ziviler und militärischer Funktion. Über die Einsetzung dieser Posten wurden in der Republik Wahlen abgehalten, im Principat entschied der Kaiser häufig allein. Da er unmöglich alle Kandidaten hinsichtlich ihrer Qualifikation kennen konnte, ließ er sich von seinen Vertrauten beraten. Diesen bot sich dann die Gelegenheit, für Freunde und Familienmitglieder einzutreten. Die Eliten konnten dem Kaiser auch von sich aus ihre Schützlinge empfehlen und durch ihre Freundschaft zu der Person belegen, dass sie für das infrage kommende Amt geeignet waren.[1]

Empfehlungen waren in der römische Antike deshalb von so ausschlaggebender Bedeutung, weil die Wähler respektive der Kaiser nicht durch politische Programme umworben wurden, sondern einzig das Ansehen der Kandidaten als Maßstab herangezogen werden konnte, ob sie die nötigen Qualifikationen

---

[1] Vgl. Kadushin, Charles: *Understanding Social Networks*, 2012, S.141.

mitbrachten. Dieses Ansehen erwarben sie, indem sie ihre Großzügigkeit und ihr Wohlwollen unter anderem in Form von Spielen, Gastmählern oder Bauten unter Beweis stellten. Reichte das dadurch gewonnene Ansehen noch immer nicht aus, um sich klar von der Konkurrenz absetzen zu können, griffen die Kandidaten auf die Ressourcen und Kontakte ihres Freundeskreises zurück oder ließen sich verbindliche Empfehlungen (*commendationes*) ausstellen. Die Förderer warfen dafür ihr eigenes Ansehen (*dignitas*) zugunsten ihrer Protegés in die Waagschale, „denn niemand besitzt bereits zu Beginn ein derart glänzendes Talent, dass er sich hervortun könnte, wenn ihm kein Stoff, Gelegenheit, Helfer und Förderer zuteil wird", wie Plinius das Ausstellen von Empfehlungen begründet.[2] Diese Bündnisse innerhalb der Oberschicht konnten für diese Zwecke neu gegründet und im Idealfall zu dauerhaften Freundschaften oder aber als Ausdruck eines bereits bestehenden Beziehungsgeflechts verstanden werden.[3] Auch älteren Senatoren und gewesenen Beamten bot sich so die Möglichkeit, ein ihnen höriges Gefolge zu schaffen, um Interessen und Einfluss zu wahren; Lucius Verginius Rufus, der Plinius auch noch förderte, nachdem er selbst der Politik den Rücken gekehrt hatte, bietet ein treffendes Beispiel für dieses Vorgehen.[4] So bieten *commendationes* einen guten Einblick in den Prozess der Entstehung von *amicitia*.[5]

Da sich alle einflussreichen Familien dieser Methode der Interessenwahrung bedienten, wurde das System der *commendationes* nie ernstlich kritisiert. Seit Iulius Caesar gab es die *candidati Caesaris*, deren Kandidaturen vom Kaiser unterstützt wurden und deren Erfolg so gut wie gesichert war. Unter Vespasian wurde dieses System auch in Form der *lex de imperio Vespasiani* formell anerkannt.[6] Letztlich unterstanden die für die Wahlen verantwortlichen Gremien ohnehin dem Kaiser, wodurch die Wahlen bedeutungslos gemacht werden konnten.

---

2 Plin. *Ep.* 6.23.5: *Neque enim cuiquam tam clarum statim ingenium ut possit emergere, nisi illi materia occasio, fautor etiam commendatorque contingat.*

3 Spielvogel, Jörg: *Amicitia und res publica,* 1993, S.14-16.

4 Vgl. Eisenstadt, Shmuel N./Roniger, Luis: *Patrons, clients and friends*, 1984, S.61-62.

5 Vgl. Latour, Bruno: *Eine neue Soziologie für eine neue Gesellschaft*, 2010 (=1967), S.56-57, 275-276.

6 *CIL* VI 930: *utique quos magistratum potestatem imperium curationemve cuius rei petentes senatui populoque Romano commendaverit quibusque suffragationem suam dederit promiserit eorum comitis quibusque extra ordinem ratio habeatur.*

Der Princeps besaß also faktisch alle Mittel, Ämter zu vergeben, weshalb es von besonderer Bedeutung war, wenn ein Patron einen seiner Freunde dem Kaiser persönlich empfehlen und ihn so auch dessen Klientel hinzufügen konnte. In diesem Fall wurde aus dem ursprünglichen Patron ein Vermittler, während der Kaiser als neuer Patron in die Beziehung eintrat.[7]

Auch der jüngere Plinius machte ausgiebig von dieser Möglichkeit Gebrauch, um seine Freunde zu fördern: Während er zu Beginn seiner Karriere vor allem seine finanziellen Ressourcen nutzte, um als Patron Freunde und Familie zu unterstützen, lässt sich dank Sherwin-Whites Datierung ab den Jahren 97/98 ein merklicher Wandel dahingehend erkennen, dass Plinius nun seltener als Patron tätig wurde und stattdessen in zunehmendem Maße seinen Einfluss im Senat oder direkt beim neuen Kaiser Traian geltend machte, um jungen Talenten wie Iulius Naso und Sextus Erucius Clarus auf den untersten Stufen des *cursus honorum* zu helfen.

Von diesem Vorgehen profitierten nicht nur die Freunde des Plinius, sondern auch er selbst: Mit jeder erfolgreichen *commendatio* bestätigte er seine Kenntnis sowohl über die von ihm Empfohlenen als auch über die für die Ämter erforderlichen Qualifikationen. So erwarb sich Plinius auch das Vertrauen des Kaisers, welcher ihn mit dem Suffektconsulat im Jahre 100 und dem Posten des *Curator alvei Tiberis* ab 104 belohnte und ihn schließlich um 110 als Statthalter nach Bithynia et Pontus entsandte. Dort angekommen, konzentrierten sich seine Empfehlungen auf das direkte Umfeld seines Mitarbeiterstabs. Das Beispiel Plinius macht deutlich, dass sich erfolgreiche *commendationes* positiv auf die Karriere und den Einfluss des Empfehlenden auswirkten, was dann wieder genutzt wurde, um weitere Personen zu protegieren.[8]

Bei der Ämtervergabe ergab sich ein erkennbarer Konflikt dahingehend, dass auf der einen Seite die Leistungen darüber bestimmen sollten, ob und wie Ritter und Senatoren befördert wurden, auf der anderen Seite besaßen Empfehlungen einen nicht zu unterschätzenden Einfluss auf eben jenes System.[9] Richard Saller geht

7 Staveley, Eastland S.: *Greek and Roman and Elections*, 1982², S.220-223.

8 de Blois, Lukas: „The political significance of friendship in the Letters of Pliny the Younger", 2001, S.131; vgl. Kadushin, Charles: *Understanding Social Networks*, 2012, S.62-63.

9 Schuller, Wolfgang: „Zwischen Klientel und Korruption", 1989, S.260. Géza Alföldy: *Konsulat und Senatorenstand unter den Antoninen*, 1977, S.95-110 führt darüber hinaus die Bedeutung der Herkunft für künftige Beförderungen an.

davon aus, dass in der Kaiserzeit allein das politische Gewicht des Patrons und dessen Nähe zum Kaiser darüber entschieden, welcher Bewerber die Gunst des Princeps erlangte. Dies würde bedeuten, dass der Kontakt zu einem einflussreichen Patron von größerer Bedeutung war als die qualifizierenden Eigenschaften des Bewerbers. Saller begründet seine Vermutung damit, dass die Eigenschaften der Freunde, die Plinius in seinen Empfehlungsschreiben angibt, für sich gesehen nichts aussagen; erst im entsprechenden Kontext erhielten sie eine Aussagekraft. Wenn der Kaiser regelmäßig Empfehlungen bekam, verloren auch die positivsten Worte ihre Bedeutung, da sie in der Menge der Bewerbungen untergingen, schließt Saller.[10]

Dieser Konflikt zwischen Qualifikation und Empfehlung wird nicht erst den Historikern deutlich: Plinius schreibt, er habe von älteren Senatoren erfahren, dass in früheren Zeiten Kandidaten im Senat zunächst persönlich vorsprachen, ihren politischen und militärischen Werdegang durch Zeugen darlegten und anschließend ihre Gönner benannten, welche erst im Anschluss ihre Gründe zur Förderung des Kandidaten vortrugen. Plinius lobt diese in seiner Zeit nicht mehr übliche Verfahrensweise, da sich so öfter Qualifizierte als Günstlinge durchgesetzt hätten.[11] Seitdem Wahlen im Geheimen abgehalten werden, empfindet Plinius das System als durch maßlose Günstlingswirtschaft (*immodico favore*) verdorben.[12]

Die Schilderungen der alten Senatoren belegen, dass vor den geheimen Wahlen den Qualifikationen der Bewerber große Bedeutung zugemessen wurde, während der Einfluss der Patrone zweitrangig war. Die Empfehlungsschreiben des Plinius orientieren sich klar an dem Schema dessen, was die Älteren ihm berichteten: Sie folgen stets einem ähnlichen Muster, dessen Bestandteile wie Bausteine zusammengesetzt sind und von Fall zu Fall nur geringfügig variieren: Zu Beginn eines Briefes betont Plinius die Freundschaft zu der betreffenden Person, gefolgt von der Aufzählung ruhmreicher Vorfahren[13] und der bis dahin absolvierten

---

[10] Saller, Richard P.: *Personal Patronage under the Early Empire*, 2002, S.109.

[11] Plin. *Ep.* 3.20.6: *Ita saepius digni quam gratiosi praevalebant.* Wahrscheinlich bestand dieses Vorgehen auch noch zu jener Zeit, als Plinius in die Politik eingeführt wurde, da er in *Ep.* 4.17.6 schreibt, bei seinen Kandidaturen sei Quintus Corellius Rufus als sein Zeuge (*testis*) aufgetreten.

[12] Plin. *Ep.* 3.20.7.

[13] Die Abstammung von bedeutenden Personen spielte für Plinius wie für seine Zeitgenossen eine bedeutende Rolle, besonders wenn es darum ging, sie bei der etablierten Elite zu loben. D'Arms,

Karriere. Dem folgt der wichtigste Punkt der Empfehlung: Der Autor nennt einige Eigenschaften des *amicus*, die ihn seiner Meinung nach für das angestrebte Amt qualifizieren.[14] Diese sind an die entsprechende Situation angepasst und nehmen in ihrer Zahl zu, je bedeutender die gewünschte Stelle ist: Sind bei dem Versuch, den Tribunat sichern, vor allem Ehrlichkeit (*honestas*), Fleiß (*industria*) und Rechtschaffenheit (*probitas*) die vorherrschenden Begriffe, fügt Plinius bei einer Bitte um die Praetur noch die Integrität (*integritas*) hinzu. Diese Eigenschaften waren dieselben, die Plinius in seinen eigenen Freundschaften zu den betreffenden Personen als anziehend empfand. Daraus schloss er, dass seine Freunde diese Charakteristika auch in öffentlicher Funktion zeigen würden.[15]

Bei den Empfehlungen an den Kaiser fällt auf, dass diese wesentlich kürzer ausfallen als in den anderen Büchern.[16] Der Grund hierfür wird vor allem darin zu suchen sein, dass Plinius nur dann Briefe an Traian schrieb, wenn er ihn nicht persönlich aufsuchen konnte. *Commendationes* wurden bevorzugt mündlich vorgetragen, da derlei Bitten schwerer abzulehnen und zudem ausdrucksstärker waren als in schriftlicher Form. Es ist also davon auszugehen, dass ein großer Teil von Empfehlungen durch Plinius mangels Verschriftlichung unbekannt bleiben muss.[17]

Die Wechselwirkungen zwischen erfolgreichen Empfehlungen und eigener Karriere machten es zur Notwendigkeit, dass Plinius die von ihm geförderten Personen realistisch einschätzen konnte. Hätte er seine *amici* nur flüchtig gekannt,

John H.: „Upper-Class Attitudes towards "viri municipales" and their Towns in the early Roman Empire“, 1984, S.461.

[14] Siehe Tabelle Anhang 1. Gamberini, Federico: *Stylistic Theory and Practice in the Younger Pliny*, 1983, S.235-236; Krasser, Helmut: „Zum Selbstverständnis des jüngeren Plinius“, 1993, S.67. Eine kuriose Ausnahme bildet hier *Ep.* 3.2, in dem Plinius den Adressaten Vibius Maximus um eine Auszeichnung für Arrianus Maturus bittet, die diesem keine Last sei, da er frei von jeglicher *ambitio* sei.

[15] Vgl. Utz, Konrad: *Freundschaft*, 2012, S.213. Viele der von Plinius aufgezählten Eigenschaften finden sich bereits in den *Epistulae ad Familiares* seines großen Vorbildes Marcus Cicero (13.15, 13.17, 13.33, 13.63). Richard Saller: *Personal Patronage under the Early Empire* S.108-110 schließt daraus, dass es sich hier lediglich um Floskeln und keineswegs um eine tatsächliche Beschreibung gehandelt habe. Spätestens dann, wenn die beschriebene Person die begehrte Position innehatte, musste sie jedoch beweisen, dass es sich bei der *commendatio* nicht bloß um leere Versprechungen gehandelt hat.

[16] Vgl. Gamberini, Federico: *Stylistic Theory and Practice in the Younger Pliny*, 1983, S.364, 367-370.

[17] Saller, Richard P.: *Personal Patronage under the Early Empire*, 1982, S.60; Millar, Fergus: „Trajan: Government by Correspondence“, 2000, S.375.

wäre er unmöglich in der Lage gewesen, sie überhaupt zu beschreiben; nur im Lauf möglichst langjähriger und intensiver Freundschaften konnte sich Plinius ein Bild von den Personen machen und einschätzen, ob und für welches Amt sie sich eigneten.[18] Zum Schluss seiner *commendationes* belegt Plinius sein Wissen darum, welche Bedeutung ein Erfolg auch für ihn hätte, indem er versichert, es sei auch ihm eine Ehre, sollte seinem Freund die Ehre des angestrebten Postens zukommen.[19]

Wenn eine erfolgreiche Empfehlung positiv auf den Empfehlenden zurückfiel, konnte auch eine Niederlage entsprechende Konsequenzen nach sich ziehen. Scheiterte ein Schützling oder zeigte er sich unqualifiziert im Amt, riskierte er, sich und seinen Patron dem Spott auszusetzen, sich selbst eine weitere Karriere zu verbauen und jegliche folgende Empfehlung des Patrons unglaubwürdig erscheinen zu lassen.[20] Diese Gefahr war für Plinius durchaus real,[21] weshalb er im Bestreben, nicht die eigene *dignitas* und die Glaubwürdigkeit vor Kaiser und Senatoren zu riskieren, nur Personen empfahl, die er selbst für die entsprechende Situation als qualifiziert ansah.

Die Anforderungen an die Kandidaten stiegen mit der Bedeutung des zu erreichenden Amtes,[22] weshalb sich die Empfehlenden genau überlegen mussten, wessen Kandidatur sie unterstützen; eine Person, die für den Tribunat geeignet war, musste nicht auch zwangsläufig für die Praetur in Frage kommen. Wären die Qualifikationen der Kandidaten hinter der Bedeutung ihrer Befürworter zurückgetreten, hätten diese auch unqualifizierte Freunde bis in die höchsten Ämter bringen können, was dem gesamten Reich zum Nachteil gereicht hätte – eine Lektion, welche 1800 Jahre später die Vereinigten und Konföderierten Staaten von

---

18 Vgl. Wiseman, Jaqueline P.: „Friendship: Bonds and Binds in a voluntary Relationship", 1986, S.198. Für tatsächliche Freundschaft sprechen schließlich auch eindrucksvolle Trauerbriefe wie *Ep.* 8.23, in dem Plinius den Tod seines Schützlings Iunius Avitus beklagt.

19 So etwa bei der Bitte um den Senatorenstand für Gaius Voconius Romanus in *Ep.* 10.4 oder der *commendatio* für Titus Rosianus Geminus in 10.26. Siehe Krasser, Helmut: „Zum Selbstverständnis des jüngeren Plinius", 1993, S.68; Rees, Roger: „Letters of Recommendation and the Rhetoric of praise", 2007, S.156.

20 Scott, James: „Patronage or Exploitation?", 1977, S.25.

21 Plin. *Ep.* 2.9; 6.6-9.

22 Alföldy, Géza: *Konsulat und Senatorenstand unter den Antoninen*, 1977, S.96.

Amerika bitter lernen mussten.[23] Um dieses Problem vorwegzunehmen, wurden *commendationes* im antiken Rom eher als Bürgschaften für die empfohlenen Personen verstanden, was noch lange keine Garantie für den Erfolg darstellte. Daher schließt Plinius ein Empfehlungsschreiben für seinen langjährigen Freund Gaius Voconius Romanus mit der Annahme, die Vorzüge des Freundes erhielten durch das Bitten des Autors umso mehr Gewicht, nicht etwa umgekehrt.[24]

Richteten sich bereits die im vorangegangenen Kapitel untersuchten finanziellen Zuwendungen schon zu einem großen Teil an die Oberschicht des Reiches, tritt dies bei den *commendationes* noch sehr viel stärker zutage, da sie zu zwei Dritteln junge Senatoren zum Gegenstand haben, denen insbesondere auf den unteren Stufen der Karriereleiter geholfen werden sollte.[25]

Es wurde bereits gezeigt, dass Empfehlungen quantitativ in dem Maße zunahmen, wie Plinius in seiner eigenen Karriere voranschritt. Diese Entwicklung belegt den sich verstärkenden Einfluss des Plinius bei Traian. Der Princeps schenkte den Empfehlungen des Senators Vertrauen, wodurch wiederum das soziale Kapital des Plinius gestärkt wurde, der sich anschickte, mehr und mehr junge Männer in den Staatsdienst zu bringen. Mit jeder erfolgreichen *commendatio* wuchsen das Vertrauen Traians und der Einfluss des Plinius gleichermaßen, was daran ersichtlich wird, dass sich Plinius in seinen Bitten mehrfach auf die bereits erwiesenen Gefälligkeiten des Kaisers bezieht,[26] während Traian vielen seiner Gesuche widerspruchslos stattgibt.[27]

Dass Vertrauen des Kaisers und Zuversicht des Plinius durchaus begründet waren, zeigt sich darin, dass bis auf zwei Situationen mit ungewissem Ausgang[28]

---

[23] Vgl. Hoffer, Stanley E.: *The Anxieties of Pliny the Younger*, 1999, S.184-185, 192. Plin. *Ep.* 4.25 beschreibt, dass bei geheimen Senatswahlen statt der Namen der Kandidaten diejenigen der Patrone angegeben wurden, um die vermeintliche Unfähigkeit der Klienten aufzuzeigen. Plinius selbst kritisiert dies aufs schärfste. Vgl. auch Lefèvre, Eckard: „Plinius' Klage um die verlorengegangene Würde des Senats (3,20; 4,25)", 2003, S.196. Dies traf umso mehr für die provinzialen Aufsteiger zu, wie Nadja Schäfer: *Die Einbeziehung der Provinzialen in den Reichsdienst in augusteischer Zeit*, 2000, S.63 belegt.

[24] Plin. *Ep.* 10.4.5: *Auget haec et natalium et paternarum facultatium splendor; quibus singulis multum commendationis accessurum etiam ex meis precibus indulgentiae tuae credo.*

[25] Pausch, Dennis: *Biographie und Bildungskultur*, 2004, S.72.

[26] Beispielsweise in *Ep.* 10.11, 10.12, 10.13.

[27] Etwa den Bitten um das *ius quiritium* in *Ep.* 10.6, 10.7 und 10.105.

[28] Die Bitten um die Aufnahme des Gaius Voconius Romanus in den Senatorenstand (*Ep.* 10.4) und

zumindest die überlieferten Empfehlungen erfolgreich waren und die Protegés nicht enttäuschten; viele von ihnen erreichten später hohe politische Ämter und gehörten zu den wichtigsten Persönlichkeiten der nächsten Generation.[29]

Durch die Veröffentlichung der Briefe erwies Plinius seinen Freunden einen weiteren wertvollen Dienst: Die Briefe verloren ihren ursprünglichen Zweck als *commendationes*, während die Darstellung der Personen, ihre Eigenschaften und die Nähe zu Plinius in den Vordergrund traten. Aus dem Empfehlungsschreiben einer Person an eine andere wurde nun ein schriftliches Monument des Beschriebenen und dessen Freundschaft zum Autor.[30] Im Folgenden sollen einige dieser Beispiele näher untersucht werden, um Motive und Ablauf der *commendationes* und ihre Einordnung in den Rahmen der antiken Freundschaftsdienste zu erläutern.[31]

2. Asinius Bassus

In der Mitte des vierten Buches befindet sich ein umfangreicher Brief, adressiert an den sozialen Aufsteiger Gaius Minicius Fundanus aus Ticinium.[32] Über den Adressaten erfährt der Leser nur indirekt etwas, da Plinius in 5.16 den gemeinsamen Freund Aefulanus Marcellinus über den Tod der Tochter des Fundanus in Kenntnis setzt. Dieser Brief zeigt den regelmäßigen Umgang mit Fundanus, was nicht nur dadurch deutlich wird, dass Plinius ihn als *eruditus et sapiens, ut qui se ab ineunte aetate altioribus studiis artibusque dediderit* beschreibt,[33] sondern auch das Verhältnis des *amicus* zu seiner Tochter ausführt, der auch Plinius selbst zugetan war.[34]

---

die Praetur für Accius Sura (*Ep.* 10.12).

29 Gibson, Roy K./Morello, Ruth: *Reading the* Letters *of Pliny the Younger*, 2012, S.134-135.

30 Radicke, Jan: „Der öffentliche Privatbrief als 'kommunizierende Kommunikation'“, 2003, S.27.

31 Für eine umfassende Auflistung sämtlicher Empfehlungsschreiben siehe Gamberini, Federico: *Stylistic Theory and Practice in the Younger Pliny*, 1983, S.335-336.

32 Giaro, Tomasz/Eck, Werner: *DNP*, Bd. 8, Sp. 216-217, s. v. Minicius; *PIR*^{2} M 612.

33 Plin. *Ep.* 5.16.8.

34 Plin. *Ep.* 5.16.3-6.

Die enge Verbindung zu Fundanus nutzt Plinius in 4.15 dafür, sich für seinen Protegé Asinius Bassus einzusetzen. In diesem Brief informiert Plinius den Adressaten darüber, dass Fundanus sowohl aufgrund seiner Leistungen als auch der hohen Meinung, die der Princeps von ihm besitze, im kommenden Jahr (107) der Consulat zukommen werde.[35] Bei dieser Gelegenheit wendet sich Plinius nun an Fundanus, dessen Stimme der Senat am liebsten höre und dessen Meinung er am ehesten vertraue,[36] zugunsten von Asinius Rufus beziehungsweise dessen Sohn Asinius Bassus,[37] dem ebenfalls im kommenden Jahr die Quaestur zukommen sollte.[38] Der erbetene Beistand wird wohl vor allem darin bestanden haben, den Quaestor auf seine Karriere vorzubereiten und ihm beratend zur Seite zu stehen – von wem konnte Asinius Bassus besser lernen als von einem hochgeehrten Senator und künftigen Consul?[39]

Von Interesse ist dabei die Vorgehensweise des Autors: Er beginnt den Brief mit einem Lob auf Lucius Asinius Rufus, der sowohl mit ihm als auch mit Cornelius Tacitus befreundet ist. Plinius folgert daraus, dass Fundanus als Freund von Plinius und Tacitus auch Rufus und letztlich Bassus zugetan sein müsse, den er wie einen eigenen Sohn behandeln solle.[40] So wird über gemeinsame Freunde eine Verbindung zwischen einander unbekannten Personen hergestellt und aus dieser Liaison der Grund für den erbetenen Gefallen hergeleitet.[41] Dies ist von einiger Bedeutung, kann wahre und dauerhafte Freundschaft doch nur dann bestehen, wenn alle Beteiligten eines Netzwerks untereinander befreundet sind.[42]

Freundschaften zu begründen war dann erforderlich, wenn ein Patron einen Gefallen nicht selbst erweisen konnte oder aus einem anderen Grund hierfür die

35 Plin. *Ep.* 4.15.5. Eine hohe Meinung von dem Mann hatte offenbar auch Hadrian, brachte es Minicius unter ihm doch bis zum Statthalter der Provinz Asia. Giaro, Tomasz/Eck, Werner: *DNP*, Bd. 8, Sp. 216-217, s. v. Minicius.

36 Plin. *Ep.* 4.15.13: *cuius et suffragio senatus libentissime indulgeat et testimonio plurimum credat.*

37 *PIR*^{2} B 84.

38 Plin. *Ep.* 4.15.6-10.

39 Gelzer schreibt gar, dass die Freundschaft zu einem bedeutenden Senator die *einzige* Möglichkeit zum Eintritt in den Staatsdienst darstellte. Gelzer, Matthias: *The Roman Nobility*, 1969, S.104.

40 Plin. *Ep.* 4.15.6-10.

41 Plin. *Ep.* 4.15.2. Siehe auch Roniger, Luis: „Modern patron-client relations and historical clientelism“, 1983, S.70-71.

42 Brunt, Peter A.: „Amicitia in the Roman Republic“, 1988, S.358.

Hilfe einer anderen Person benötigte. Eine solche Situation liegt hier vor: Plinius konnte Bassus nicht selbst betreuen, da er selbst kein entsprechendes Amt innehatte, weshalb er sich an Fundanus wandte, welcher die Aufgabe in Ausführung seines künftigen Amtes übernehmen konnte.[43]

Um Fundanus die Person des Quaestors näherzubringen, lobt Plinius den Sohn des Asinius Rufus in den höchsten Tönen, da „soviel Eifer, Rechtschaffenheit, Bildung, Talent, guter Wille und schließlich Dankbarkeit in ihm stecken, wie du erfahren wirst, wenn du ihn kennenlernst."[44] Aufgrund dieser lobenswerten Eigenschaften verdiene es Bassus, dass sich Fundanus seiner annimmt. Auch wenn Asinius Bassus den Posten bereits erhalten hatte, musste Plinius ein weiteres mal die Eignung des jungen Mannes bekräftigen; diesmal, um ihn der Obhut des Fundanus zu empfehlen.

Auch wenn zu diesem Zeitpunkt noch nicht klar war, in welchem Bereich Bassus tätig werden würde, bittet Plinius den Fundanus darum, den Quaestor als seinen eigenen zu betrachten und zu fördern, auch wenn er ihm nicht direkt zugeteilt werde. Doch auch für den künftigen Consul müsse es eine Ehre sein, Bassus mit dessen positiven Eigenschaften und ruhmreicher senatorischer Abstammung zur Seite zu haben, so Plinius weiter. Somit profitieren nach Ansicht des Autors beide Amtsträger von dieser Verbindung.[45]

Alle Beteiligten zogen somit Nutzen aus dieser neuen Beziehung, da Bassus einen bedeutenden Mentor erhielt, dem Fundanus ein fähiger Quaestor zur Seite gestellt wurde und Plinius schließlich die Freude erfuhr, gleich zwei Freunden geholfen zu haben und sie so an sich zu binden, worauf er sich zu gegebener Zeit berufen konnte.

---

[43] Vgl. Eisenstadt, Shmuel N./Roniger, Luis: *Patrons, clients and friends*, 1984, S.274.

[44] Plin. *Ep.* 4.15.7: *tantum in illo industriae, probitatis, eruditionis, ingenii, studii, memoriae denique esse, quantum expertus invenies.*

[45] Plin. *Ep.* 4.15.10.

3. Iulius Naso

Die Freundschaft zu dem jungen Iulius Naso knüpfte Plinius vermutlich über den Vater Iulius Secundus, einen bekannten Redner, der Cornelius Tacitus unterrichtete und mit Quintilian, dem Rhetoriklehrer des Plinius, befreundet war.[46] Der einzige erhaltene Brief an Naso (4.6) verrät wenig über die Intimität der *amicitia* zu Plinius, da dieser ihm lediglich rät, in Güter an der Toskana zu investieren. Erst in zwei späteren Episteln wird deutlich, dass die Männer tatsächlich gut befreundet waren. In der ersten Nachricht ersucht Plinius Gaius Minicius Fundanus um Unterstützung bei der Kandidatur des Naso um ein nicht benanntes senatorisches Amt,[47] die zweite ist eine Antwort auf ein ähnliches Gesuch des Cornelius Tacitus.

An den einflussreichen Gaius Minicius Fundanus hatte sich Plinius schon wegen Asinius Bassus gewendet; nun benötigte Iulius Naso Hilfe, bei dessen Bewerbung Plinius zu scheitern fürchtete, da Naso sich „zusammen mit Vielen, mit Tüchtigen, bewirbt, die auszustechen ruhmreich, aber schwierig ist.“[48] Auf eine Nennung anderer Kandidaten, wie dies etwa Cicero getan hatte, verzichtet Plinius völlig, doch ist klar, dass andere Senatoren geeignetere Kandidaten aufgestellt hatten oder schlicht mehr Einfluss auf sich vereinen konnten.

Iulius Naso war im Gegensatz zu seinen Gönnern bereits in den Senatorenstand geboren worden; Plinius schreibt, Nasos Vater habe seinem Sohn *gloria* hinterlassen, die diesem nun nichts mehr nütze, da zu wenige Senatoren den Vater noch gekannt hätten.[49] Im Gegensatz zu Asinius Bassus, der vom Ansehen und den Kontakten seines Vaters Gebrauch machen konnte, musste Iulius Naso Bindungen zu bereits etablierten Politikern mit wichtigen Kontakten und finanziellen Mitteln herstellen.

Genau dies tat er, wie im weiteren Verlauf des Briefes deutlich wird: Plinius erwähnt explizit, dass Naso gezielt nützliche Freundschaften geschlossen habe, und

---

[46] Jones, Christopher P.: „Julius Naso and Julius Secundus“, 1968, S.282-283 identifiziert den Vater als Iulius Secundus, einen bekannten Redner, der mit dem Rhetoriklehrer des Plinius, Quintilian, befreundet und selbst Lehrer des Tacitus war.

[47] Sherwin-White, Adrian N.: *The Letters of Pliny*, 1966, S.362 vermutet, dass es sich hierbei um die Quaestur handelt. Der vorliegende Brief gibt jedoch keinerlei Auskunft hierzu.

[48] Plin. *Ep.* 6.6.1: *petit cum multis, cum bonis, quos ut gloriosum, sic est difficile superare.*

[49] Plin. *Ep.* 6.6.3; *PIR*^{2} N 32.

vor allem Plinius als seinen Freund und sein Vorbild erkoren habe. Dies zeugt davon, wie viel es Plinius bedeutete, sich selbst in der Rolle des Gönners und Vorbilds zu befinden.[50] Mehr noch, nach dem Tod von Nasos Bruder sieht sich der Autor in der Pflicht, den Familienangehörigen zu ersetzen.[51] Patronage, Freundschaft und Familienbande sind hier so dicht miteinander verwoben, dass sie fließend ineinander übergehen und so die besondere Beschaffenheit der *amicitia* belegen.

Plinius verlangt nun im letzten Absatz des Briefes im Namen seiner *fides* und seiner *dignitas* den Beistand des Fundanus bei der Kandidatur des Naso, indem er sich zusammen mit Plinius in Rom zeigt. Plinius ist überzeugt, er könne dann seine *amici* umso wirkungsvoller um Hilfe bitten.[52] Hier versteckt sich ein Hinweis darauf, dass Plinius, selbst gewesener Consul, einflussreichen Senatoren als Bittsteller bei *salutationes* die Aufwartung machte, damit sie sich an der Kandidatur des Protegés beteiligen.[53] Warum er dies tat, wird zum Ende des Briefes deutlich: Hier hält der Autor ungewöhnlich offen die Furcht um eine persönliche politische Niederlage fest: „erhält Naso, was er sich wünscht, ist die Ehre sein, wird es ihm verweigert, ist die Niederlage mein."[54] Die Sorge des Plinius erfolgt dabei auf zwei unterschiedlichen Ebenen: Als Senator bangt er um die Kandidatur des Freundes und um seine eigene *dignitas*; als Freund fürchtet er, dass der Wunsch des Naso und somit auch sein eigener nicht in Erfüllung geht.[55] In diesem Satz beweist Plinius einmal mehr die untrennbare Verbindung der antiken Empfehlungsschreiben und *amicitia*.

Mit der Sorge um Iulius Naso stand Plinius nicht allein: Auch sein Freund Publius Cornelius Tacitus suchte um Unterstützung für den Sohn seines einstigen Rhetoriklehrers und wandte sich aus diesem Grund unter anderem an Plinius. Tacitus war einer der engsten Vertrauten des Plinius, was schon durch die starke Präsenz des Tacitus in der Briefsammlung deutlich wird: Neun Briefe an ihn sind

[50] Plin. *Ep.* 6.6.5: *paravit amicos, quos paraverat, coluit, me certe, ut primum sibi iudicare permisit, ad amorem imitationemque delegit.*

[51] Plin. *Ep.* 6.6.7.

[52] Plin. *Ep.* 6.6.8: *Ea est auctoritas tua, ut putem me efficacius tecum etiam meos amicos rogaturum.*

[53] Goldbeck, Fabian: *Salutationes*, 2010, S.265.

[54] Plin. *Ep.* 6.6.9: *si datur Nasoni, quod petit, illius honor, si negatur, mea repulsa est.*

[55] Vgl. Utz, Konrad: *Freundschaft*, 2012, S.220.

überliefert (1.20, 4.13, 6.9, 6.16, 6.20, 7.20, 7.33, 8.7, 9.10), in zwei weiteren wird er erwähnt (2.11, 4.15).[56] Dabei beruhte das Verhältnis nicht nur auf Freundschaft; Plinius bezeichnet den wenig älteren Tacitus als seinen Lehrer[57] und sein Vorbild, dem er als Jugendlicher nachgeeifert habe.[58] Der Eifer zahlte sich aus: Die Männer plädierten später gemeinsam vor Gericht, so etwa im Prozess der Provinz Africa gegen den Statthalter Marius Priscus (2.11), tauschten untereinander Literatur aus (7.20, 8.7) und standen generell in ähnlichem Ansehen, wie Plinius zufrieden feststellt (7.20).[59]

Das Ansehen des Tacitus begründete sich besonders auf seinen Leistungen als Verfasser der historischen Werke *Agricola* und *Germania*, dem später die umfassenden *Historiae* und *Annales* folgten. Insbesondere das Verfassen der *Historiae* spielt im Briefverkehr zwischen Plinius und Tacitus eine Rolle: Plinius liefert auf Bitten des Freundes in zwei ausführlichen Briefen die weithin bekannte Schilderung des Vesuvausbruchs, bei dem der ältere Plinius verstorben war (6.16 und 6.20); in 7.33 bittet Plinius, Tacitus möge ihn in seinem nächsten Geschichtswerk erwähnen, um dadurch die Zeiten zu überdauern.

Die politische Laufbahn des Tacitus begann als *homo novus* unter Vespasian. Eine enge Bindung an die Flavier brachte ihn bis zur Praetur 88, dem der Suffektconsulat im Jahre 97 folgte. In dieser Funktion hielt er die Lobrede beim Leichenbegängnis des hochgeachteten Lucius Verginius Rufus, der Mentor des Plinius gewesen war.[60] Im Jahre 112 übernahm Tacitus die Statthalterschaft der Provinz Asia.[61]

Bereits einige Jahre zuvor scheint Tacitus längere Zeit nicht in Rom gewesen zu sein, was ihn nicht an der Förderung des Iulius Naso hinderte. In der Hoffnung,

---

56 Gibson, Roy K./Morello, Ruth: *Reading the Letters of Pliny the Younger*, 2012, S.142. Christopher Whitton: „'Let us tread our path together'. Tacitus and the Younger Pliny", 2012, S.363-364 identifiziert den namenlosen Schriftsteller in 9.27 ebenfalls als Tacitus.

57 Plin. *Ep.* 8.7.1: *nam tu magister, ego contra.*

58 Plin. *Ep.* 7.20.4: *Equidem adulescentulus, cum iam tu fama gloriaque floreres, te sequi, tibi 'longo sed proximus intervallo' et esse et haberi concupiscebam.*

59 Plin. *Ep.* 7.20.3: *duos homines aetate dignitate propemodum aequales, non nullius in litteris nominis*; Plin. *Ep.* 9.23.2-3. Siehe dazu Whitton, Christopher: „'Let us tread our path together'. Tacitus and the Younger Pliny", 2012, S.346, 350, 356.

60 Plin. *Ep.* 2.1.6.

61 Flaig, Egon: *DNP*, Bd. 11, Sp. 1209-1211, s. v. Tacitus.

Plinius könne durch seine Präsenz in Rom zu diesem Zeitpunkt mehr Einfluss ausüben als er selbst, wendet er sich hilfesuchend an den *amicus*. Dieser wundert sich über die Empfehlung von Seiten des Tacitus:

> Du empfiehlst mir den Kandidat Iulius Naso. Naso mir? Warum nicht mich selbst? Aber ich nehme es hin und verzeihe es; ich hätte ihn dir genauso empfohlen, wenn du in Rom gewesen wärst und ich abwesend.[62]

Plinius sagt seine Hilfe ohne Umschweife zu, da er ja ohnehin bereits in die Kandidatur involviert ist. Welcher Art seine Hilfe sein würde, schreibt Plinius nicht. Das legt die Vermutung nahe, dass implizit allen beteiligten Parteien bewusst war, welche Hilfe in einer solchen Situation erforderlich sei.

So unspektakulär und unauffällig der Brief auf den ersten Blick erscheint, so interessant ist er doch für diese Arbeit, da er ein Novum in der Sammlung darstellt: Aufgrund der Komposition der Briefsammlung sind sonst fast nur die von Plinius verfassten Bittschreiben überliefert, in denen er um Hilfe für Freunde bittet, diese detailliert beschreibt und ihre Eignungen darlegt; dieser Brief stellt zur Abwechslung ein Antwortschreiben auf eine solche Bitte dar. Auffällig ist dabei dessen Umfang im Vergleich zu den von Plinius verfassten Empfehlungsschreiben: Sind diese verhältnismäßig lang und ausführlich, fällt die Antwort des Plinius auf ein solches Schreiben kurz und pragmatisch aus.

Um Iulius Naso soviel Unterstützung wie möglich zu sichern, empfiehlt der Autor, Tacitus solle sich ebenfalls an weitere Freunde wenden, wie sich Plinius selbst an Minicius Fundanus wandte.[63] In diesem Fallbeispiel nutzten nicht nur ein oder zwei Senatoren ihren Einfluss im Senat – eine ganze Gruppe schloss sich zu Gunsten des Iulius Naso zusammen; ob sie erfolgreich war, lässt die Quelle offen. Unabhängig davon, ob Iulius Naso die Wahl gewann oder nicht: Dieser Fall ist deshalb so interessant, weil hier die Tätigkeit eines Netzwerks deutlich wird, welches aktiv und koordiniert miteinander handelt, hierfür bestehende Beziehungen nutzt und neue knüpft.

---

[62] Plin. *Ep.* 6.9.1: *Commendas mihi Iulium Nasonem candidatum. Nasonem mihi? Quid si me ipsum? Fero tamen et ignosco; eundem enim commendassem tibi, si te Romae morante ipse afuissem.*

[63] Plin. *Ep.* 6.9.2.

4. Sextus Erucius Clarus

In einer ähnlichen Situation befand sich Plinius, als er den in keinem anderen Brief erwähnten Sextus Erucius Clarus bei der Kandidatur zum Volkstribunat unterstützte. Epistel 2.9 ist an Senator Lucius Domitius Apollinaris adressiert, welcher mehrere Legionen führte, wie Plinius die *Praefectura aerarii militaris* ausgeübt hatte und seine Karriere im gleichen Jahr wie Tacitus mit einem Suffektconsulat krönte.[64] Plinius und Domitius dürften sich daher einerseits aufgrund des ähnlichen Alters und darüber hinaus über den Dichter Martial gekannt haben, dessen Freunde sie beide waren.[65] Domitius ist der Empfänger der berühmten Villendarstellung in 5.6, in der Plinius auf die Bitte des Freundes reagiert, sich aus Gesundheitsgründen von der Toskana fernzuhalten. Die Sorge des *amicus* rührt den Autor sichtlich, wird von diesem dankbar zur Kenntnis genommen mit einem der längsten erhaltenen Briefe beantwortet, um die Befürchtungen des Apollinaris zu zerstreuen.[66]

Epistulae 2.9 ist insofern ungewöhnlich, als dass Plinius hier sowohl seine vorangegangene Tätigkeit als Patron als auch die Furcht um das Versagen beschreibt:

> Ich bin in Angst und Unruhe wegen der Kandidatur meines Sextus Erucius. Es bereitet mir Sorge und ich fühle eine Unruhe, die ich für mich nie gekannt habe, als ginge es um mein anderes Ich; weiterhin werden meine Ehre, mein Ruf, meine Würde in Gefahr gebracht Ich habe für Sextus bei unserem Caesar den *latus clavus* ich habe die Quaestur erreicht, durch meine Unterstützung erhielt er das Recht, sich um den Tribunat zu bewerben, und wenn er sich jetzt im Senat nicht behaupten kann, fürchte ich, werde ich angesehen, als hätte ich den Caesar getäuscht. Daher muss ich mich bemühen, dass alle ihn so beurteilen, wie es der Princeps auf meinen Rat hin tut.[67]

---

64 Eck, Werner: *DNP*, Bd. 3, Sp. 756, s. v. Domitius.

65 White, Peter: „The Friends of Martial, Statius, and Pliny, and the Dispersal of Patronage", 1975, S.265.

66 Plin. *Ep.* 5.6.3.

67 Plin. *Ep.* 2.9.1-3: *Anxium me et inquietum habet petitio Sexti Eruci mei. Adficior cura et, quam pro me altero patior; et alioqui meus pudor, mea existimatio, mea dignitas in discrimen adducitor. Ego Sexto latum clavum a Caesare nostro, ego quaesturam impetravi, meo suffragio pervenit ad ius tribunatus petendi, quem nisi obtinet in senatu, vereor, ne decepisse Caesarem videar. Proinde adnitendum est mihi, ut talem eum iudicent omnes, qualem esse princeps mihi credidit.*

In üblicher Vorgehensweise hebt Plinius seine eigenen Leistungen als Patron hervor: Er führt aus, er habe vom Kaiser sowohl die Senatorenwürde als auch die Quaestur für seinen Freund erwirkt. Er muss also ein großes Interesse an Erucius besessen haben, wenn er ihn aus dem Ritter- in den Senatorenstand erheben ließ und ihm im Anschluss bei der Bewerbung um den Tribunat unterstützte. Die Freundschaft zwischen beiden Männern war dementsprechend stark.

Trotz der schmeichelhaften Beschreibung des Erucius als *probissimum, gravissimum, eruditissimum, omni denique laude dignissimum* (2.9.2) fürchtet Plinius bei der neuerlichen Bewerbung des Freundes um dessen und seinen eigenen Ruf, sollte er scheitern – wie bei Iulius Naso führt er auch hier keinen Grund an. Im Falle des Scheiterns sah er dabei nicht nur sein Ansehen im Senat gefährdet, sondern selbst beim Kaiser, was schwerwiegende Folgen sowohl für seinen öffentlichen Einfluss als auch für seine Karriere nach sich hätte ziehen können. Am meisten schien ihn dabei zu sorgen, dass er mit der Empfehlung des Erucius beim Kaiser übertrieben habe und sich der Princeps nun getäuscht sehen könnte. Dies hätte seine Glaubwürdigkeit für alle künftigen Empfehlungen unweigerlich in Frage gestellt.

Wie auch bei der Kandidatur des Iulius Naso besuchte Plinius hier im Rahmen der *salutationes* seine einflussreichen Freunde, um sie für sich und Erucius zu gewinnen. In seinem Brief bittet Plinius den Apollinaris, dass dieser ebenfalls seinen Einfluss nutze und seine *amici* besuche, um den Ruf des Plinius zu schützen. Diese Hilfe würde er ihm vergelten, wenn es Apollinaris verlange.[68] Plinius brauchte Hilfe nicht nur zur Unterstützung seines Freundes, sondern vielmehr für sich selbst. An diesem Beispiel lässt sich belegen, dass auch bedeutende Persönlichkeiten wie Plinius nicht unantastbar waren und sie durch Bürgschaften für ihre Klienten viel zu verlieren hatten. Um dies zu vermeiden, bat Plinius wiederum seine einflussreichen Freunde und Kollegen, sich für ihn einzusetzen um so seinen Ruf zu schützen, indem sie ebenfalls für Erucius bürgten und somit Plinius mehr Glaubwürdigkeit verliehen. An diesem Brief zeigt sich erneut eindrucksvoll, dass nicht nur der Klient vom Ansehen des Patrons abhängig war, sondern auch der Patron vom Erfolg seines Klienten.

---

[68] Plin. *Ep.* 2.9.6.

Dass Plinius hier seine Befürchtungen äußert, legt nahe, dass die Kandidatur seines Protegés tatsächlich unter einem schlechten Stern stand. Warum begab er sich also in diese prekäre Lage und riskierte dabei seine eigene *dignitas*? Die Antwort darauf findet sich im Brief selbst: Der Autor erwähnt, dass die Familie des Erucius den Plinius sehr schätzen würde – wohl deshalb, weil Plinius den Erucius bereits so sehr gefördert hatte: „Alle wetteifern und lieben mich doch gleichermaßen; allen kann ich nun durch diesen Einzelnen [Erucius] meinen Dank erweisen."[69] Den Vater Erucius Clarus lobt Plinius als „Mann wie aus der guten alten Zeit, beredt und erfahren vor Gericht, wo er seine Fälle mit größter Gewissenhaftigkeit, Festigkeit und nicht weniger Anstand verteidigt."[70] Der Onkel Gaius Septicius Clarus[71] ist nicht nur Empfänger der Briefe 1.1, 1,15, 7.28 und 8.1; ihm sind auch die Briefsammlung des Plinius und die Kaiserviten Suetons gewidmet. Plinius beschreibt ihn als den ehrlichsten, schlichtesten, strahlendsten und treuesten Mann, den er kenne.[72]

Sextus Erucius übernahm die Freundschaft zu Plinius also von seinem Vater und Onkel; für die Wertschätzung der Familie wollte sich Plinius nun seinerseits bedanken, indem er Erucius noch mehr förderte – wofür ihm dieser und seine Familie noch mehr Dank schulden mussten. Die Zuneigung der gesamten Familie machte einen Freundschaftsdienst wie diesen für Plinius selbstverständlich und ließ ihn dafür sogar seinen Ruf aufs Spiel setzen.

Doch waren die Befürchtungen des Senators berechtigt? Ronald Syme vermutete, dass die Kandidatur des Erucius erfolglos blieb; er begründet dies damit, dass weder der Name noch die Kandidatur des Erucius in den Briefen weiter erwähnt werden.[73] Ein Blick in die folgenden Jahre zeigt Erucius hingegen als Teilnehmer am Partherkrieg, wofür er wohl im Jahre 117 vom Kaiser mit einem Suffektconsulat belohnt wurde. Unter Hadrians Herrschaft bekleidete er keine weiteren Ämter; erst unter dessen Nachfolger Antoninus Pius wurde er *Praefectus*

[69] Plin. *Ep*. 2.9.5.

[70] Plin. *Ep*. 2.9.4: *Nam pater ei Erucius Clarus, vir sanctus antiquus disertus atque in agendis causis exercitatus, quas summa fide pari constantia nec verecundia minore defendit.*

[71] *PIR*[2] E 96.

[72] Plin. *Ep*. 2.9.4: *Habet avunculum C. Septicium, quo nihil verius nihil simplicius nihil candidius nihil fidelius novi.*

[73] Syme, Ronald: „Pliny's less successful Friends", 1960, S.367.

Urbi und im Jahre 146 ordentlicher Consul, nur kurze Zeit später verstarb er.[74] Sein Sohn gleichen Namens wurde im Jahre 170 ordentlicher Consul, sein Enkel 193.[75]

Zwar ist unbekannt, ob Erucius der Tribunat in jenem Jahr zukam, in dem Plinius ihn unterstützte, doch zeigt sein weiterer Lebenslauf, dass er eine erfolgreiche senatorische Karriere absolvierte. Seine Teilnahme am Krieg muss auf Traian einen derart bleibenden Eindruck gemacht haben, dass dieser ihn mit dem Consulat belohnte – ein Hinweis auf eine enge Bindung zum Kaiser, hergestellt durch die wiederholten Empfehlungen des Plinius.[76] Die *Praefectura* und der Consulat unter Antoninus Pius sowie die Consulate seines Sohnes und Enkels belegen, dass Plinius einem durchaus fähigen Mann den Weg geebnet hatte und die Furcht um sein Ansehen unbegründet war.

5. Gaius Suetonius Tranquillus und Caesennius Silvanus

Die Verbindung zum Anwalt und Verfasser der Kaiserviten Gaius Suetonius Tranquillus kam wahrscheinlich durch die gemeinsame Anwaltstätigkeit oder die Freundschaft zum Praetorianerpraefekt Gaius Septicius Clarus zustande.[77] Der erste an ihn erhaltene Brief (1.18) enthält denn auch einen mit der Tätigkeit verbundenen Ratschlag an den Ritter Sueton und die Antwort auf dessen Bitte, einen Gerichtsprozess zu verschieben, die Plinius zwar ablehnt, dem Kollegen aber anbietet, ihn zu vertreten. In Epistel 5.10 wird Sueton gedrängt, ein nicht überliefertes Werk nach langem Zaudern zu veröffentlichen, von dem sich Plinius viel Erfolg für den Freund verspricht; wahrscheinlich handelt es sich hierbei um *De viris illustribus*.[78] Er schreibt: „Wegen der Gleichheit in unserer Liebe will ich an deiner Freude ebenso Anteil haben, wie du sie von mir genießt.“[79] Diese Worte zeigen, wie

[74] Eck, Werner: *DNP*, Bd. 4, Sp. 103-104, s. v. Erucius; Sherwin-White, Adrian N.: *The Letters of Pliny*, 1966, S.157.

[75] *PIR*² E 96, 97.

[76] Alföldy, Géza: *Konsulat und Senatorenstand unter den Antoninen*, 1977, S.107-109.

[77] Sherwin-White, Adrian N.: *The Letters of Pliny*, 1966, S.127; McDermott, William C.: „Pliny the Younger and Inscriptions“, 1971, S.93.

[78] Power, Tristan J.: „Pliny, Letters 5.10 and the Literary Career of Suetonius“, 2010.

[79] Plin. *Ep.* 5.10.3: *Aequum est nos in amore tam mutuo eandem percipere ex te voluptatem, qua tu*

herzlich die Verbindung zwischen den beiden Männern seit dem sachlich geschriebenen ersten Brief geworden ist. In 9.34 will sich Plinius gar von seinem *amicus* in literarischen Fragen belehren lassen – etwas, das man sich nur von guten Freunden gefallen lässt.[80]

Doch nicht nur Worte, auch Taten sprechen für die *amicitia* zwischen Plinius und Suetonius: In 1.24 bittet der Verfasser des Briefs den ansonsten unbekannten Baebius Hispanus, sich bei dessen Freund dafür zu verwenden, Sueton für ein Stück Land einen guten Preis zu machen, damit „er mir und ich dir zu Dank verpflichtet sein werden“.[81]

Als weiteren Ausdruck der *amicitia* hatte Plinius einige Zeit nach seinem eigenen Consulat für Suetonius den Militärtribunat bei Lucius Neratius Marcellus erlangt, einem ehemaligen Anhänger Domitians, der 95 den Suffekt- und 129 den ordentlichen Consulat innehatte und zum fraglichen Zeitpunkt als Legat in Britannien diente.[82] Wie eng die Verbindung zwischen Plinius und Marcellus war, ist unbekannt, doch reichte sie zumindest aus, dass dieser die Empfehlung des Sueton berücksichtigt hatte. Wie dieser Prozess vonstatten ging, ist nicht überliefert, doch geht aus der Wortwahl des Briefes hervor, dass der Posten direkt vom Legaten erwirkt worden war und nicht den Umweg über den Kaiser genommen hatte.[83] Dies war ohne weiteres möglich, da ein Legat zwar einen Teil des Beamtenapparates vom Vorgänger übernahm, einige Posten jedoch mit seinen eigenen Getreuen füllen konnte.[84] An eben jener Stelle muss also Plinius angesetzt haben, indem er Marcellus die Dienste Suetons empfahl.

Die Empfehlung zum Tribunat sollte Sueton helfen, ihn in seiner Karriere, an dessen Anfang er stand,[85] voranzubringen und die Möglichkeit auf höhere Ämter zu eröffnen, schließlich galt der Tribunat als Einstiegspunkt für den gehobenen Staatsdienst, weshalb gerade dieses Amt vornehmlich durch das Wirken einflussreicher

perfrueris ex nobis.

80 Fürst, Alfons: *Streit unter Freunden*, 1996, S.217-218.

81 Plin. *Ep.* 1.24.4: *esset ille mihi ego tibi debiturus.*

82 Eck, Werner: *DNP*, Bd. 8, Sp. 844, s. v. Neratius.

83 Plin. *Ep.* 3.8.1.

84 Gelzer, Matthias: *The Roman Nobility*, 1969, S.101-103; Sherwin-White, Adrian N.: *The Letters of Pliny*, 1966, S.175-176.

85 Sherwin-White: *The Letters of Pliny*, 1966, S.229.

Vermittler vergeben wurde. Entweder war Sueton von dem Gedanken, in Britannien dienen zu müssen, nicht sehr angetan oder war bereits für einen anderen Posten vorgesehen, weshalb er Plinius darum bat, das Amt auf seinen Verwandten Caesennius Silvanus zu übertragen, einen ansonsten unbekannten Ritter.[86] Die Situation wirkt nun so, dass Plinius Sueton ohne dessen Wissen vorgeschlagen und ihn gewissermaßen vor vollendete Tatsachen gestellt hatte, denn wenn Sueton Plinius um seinen Beistand gebeten hätte, würde er nicht ablehnen, was er zuvor gewünscht hatte. Damit die Bemühungen des Plinius nicht umsonst waren, bittet Sueton nun darum, den Posten an seinen Verwandten weiterzugeben. Dieser Wunsch deutet darauf hin, dass die empfohlenen Personen untereinander austauschbar waren, solange sich der Vermittler für sie verbürgte. Warum Sueton und sein Verwandter für den Tribunat geeignet waren, bleibt die Quelle in diesem Fall schuldig, was daran liegt, dass der Brief nicht an Neratius geht, der das Amt vergeben kann, sondern die Antwort des Vermittlers Plinius auf die Bitte des Sueton. An Lucius Neratius Marcellus ergingen dagegen zweifellos solche Beschreibungen.

Hätte Sueton das Amt angetreten, hätte er sich neben der bestehenden Klientel des Plinius auch in die des Legaten Marcellus begeben. Die Situation wird jedoch noch komplizierter, da Silvanus in die Beziehung aufgenommen wird: Dieser erfährt nun Hilfe durch Sueton, welcher ihn an Plinius empfiehlt, woraufhin dieser sich als Vermittler erneut an Marcellus wendet. Die Beziehung zwischen Plinius und Neratius wird hierdurch ebenfalls gestärkt, da letzterer die Empfehlungen des Plinius berücksichtigte.

In dieser Situation wird ein Abhängigkeitsverhältnis zwischen vier Personen offenbart. Sollte Sherwin-White Recht haben, dass auch die vom Legaten berufenen Beamten zumindest das Einverständnis des Kaisers einholen mussten, so würde dieser noch als fünfte Person involviert werden.[87] Ein solcher Schritt wird jedoch in diesem Brief nicht erwähnt; hier scheint es, als ob die Entscheidung gänzlich ohne Traian getätigt wurde. Plinius schreibt an Sueton: „[D]ein Name ist bisher noch nicht in die Stammrolle eingetragen, und somit steht es *uns* frei,

[86] Plin. *Ep.* 3.8.1. Zur Ablehnung des Postens siehe McDermott, William C.: „Pliny the Younger and Inscriptions“, 1971, S.94.

[87] Sherwin-White, Adrian N.: *The Letters of Pliny*, 1966, S.175-176.

Silvanus an deiner Stelle einzufügen."[88] Diese Aussage scheint Sherwin-White zu widerlegen, suggeriert sie doch, dass es letztlich dem Legaten Marcellus oblag, den Tribunat zu vergeben und dabei nicht zwingend das Einverständnis des Princeps nötig war. Dies würde bedeuten, dass in dem vorliegenden Geflecht Marcellus das *beneficium* erwies, ansonsten wäre Traian der eigentliche Patron. So oder so handelte Plinius als Vermittler, Sueton und Caesennius fanden sich als Klienten wieder.

Obwohl Sueton den Posten in Britannien offenbar ablehnte, hemmte dies in keinster Weise seine Karriere: Laut einer Inschrift wurde ihm später die Verantwortung über Bibliotheken und unter Hadrian gar die Verwaltung der kaiserlichen Korrespondenz übertragen.[89] Wegen zu enger Verbindungen zur Frau des Princeps soll Sueton gemeinsam mit Gaius Septicius Clarus um 122 aus dem Staatsdienst entlassen worden sein.[90]

Während seiner Tätigkeit in Bithynia und Pontus setzte sich Plinius ein weiteres Mal für Sueton ein, diesmal direkt beim Princeps. Der Brief beginnt mit einer Schilderung der Person Suetons, den der Autor als rechtschaffen, achtbar und gebildet beschreibt. Aufgrund dieser Eigenschaften gehöre er schon lange zu den engsten Freunden des Plinius, der Anteil an Suetons Leben und Schaffen nehme, den er seither mehr und mehr zu schätzen gelernt habe.[91]

Erst nach dieser Beschreibung kommt Plinius auf den Anlass seines Briefes zu sprechen: Er bittet um das *ius trium liberorum* für seinen kinderlosen Freund. Die Bedeutung dieser Auszeichnung war Plinius bewusst, hatte er sie schließlich selbst einst durch Vermittlung seines Freundes Lucius Iulius Servianus von Traian bekommen. Sueton könnte sich das Recht auf diese Ehre durch die Veröffentlichung seiner *De viris illustribus* verdient haben, durch die der Autor im Vorfeld

[88] Plin. *Ep.* 3.8.4: *Neque enim adhuc nomen in numeros relatum est ideoque liberum est* nobis *Silvanum in locum tuum subdere.* (Von mir hervorgehoben)

[89] *AE* 1953.73. Zur Karriere siehe ausführlicher McDermott, William C.: „Pliny the Younger and Inscriptions", 1971, S.92-94.

[90] SHA *Hadr.* 11.3.

[91] Plin. *Ep.* 10.94.1: *Suetonium Tranquillum, probissimum honestissimum eruditissimum virum, et mores eius secutus et studia iam pridem, domine, in contubernium assumpsi, tantoque magis diligere coepi quanto nunc propius inspexi.*

zu einigem Ansehen gekommen war.[92] Darum appelliert Plinius an die Güte des Princeps, die ihm selbst bei so vielen Gelegenheiten zuteil werde und nun auch auf Sueton übertragen werden sollte. Nicht nur dieser würde davon profitieren, wie Plinius versichert: Allein an dem vom Autor betriebenen Aufwand könne der Kaiser erkennen, wie viel Plinius die Ehrung Suetons bedeuten würde.[93]

Traian weist in seiner Antwort darauf hin, dass er das Dreikinderrecht nicht wahllos vergebe und sich dazu selbst dem Senat gegenüber verpflichtet habe. Dennoch habe er Sueton das Recht verliehen, was den Einfluss des Plinius zu diesem Zeitpunkt beweist.[94] Die Bedeutung des von Plinius erbetenen Gefallens und der Hinweis auf das persönliche Interesse belegt die Zuneigung zu Sueton, die selbst durch die räumliche Distanz keinen Abbruch erfuhr.

6. Gaius Cornelius Minicianus

An den aus Bergamum stammenden Ritter Gaius Cornelius Minicianus sind drei Briefe erhalten, die verschiedene Themen zum Gegenstand haben: Einen Gerichtsprozess der Provinz Baetica gegen Caecilius Classicus (3.9), die neuesten Gerüchte um einen Senator, der nun in Sizilien als Lehrer tätig ist (4.11) und das Vorhaben des Plinius, zum Vortrag eines Freundes zu gehen (8.12). Das Fehlen jeglicher sentimentaler Äußerungen, wie sie etwa gegenüber Lucius Iulius Servianus gegenüber erfolgen, erschwert Rückschlüsse auf die Intimität des Freundschaftsverhältnisses zu Plinius. Die Zahl der Briefe lässt hingegen einen mehr oder weniger regelmäßigen Austausch erahnen, der die Freundschaft aufrecht erhält. Wenn auch die Briefe an Cornelius selbst wenig über die Intensität der Verbindung zu Plinius preisgeben, übernimmt dies eine Epistel an Quintus Pompeius Falco, bei dem sich Plinius um den Tribunat für Cornelius bemüht.

Pompeius war etwa im gleichen Alter wie Plinius; vier Briefe an ihn sind überliefert (1.23, 4.27, 7.22 und 9.15), in denen sowohl geschäftliche als auch

[92] Power, Tristan J.: „Pliny, Letters 5.10 and the Literary Career of Suetonius“, 2010, S.157-159.

[93] Plin. *Ep.* 10.94.3: *Potes enim colligere quanto opere cupiam, quod non rogarem absens si mediocriter cuperem.*

[94] Plin. *Ep.* 10.95.

persönliche Themen und Literatur behandelt werden. Die Verteilung der Episteln auf alle neun von Plinius veröffentlichten Bücher zeigt eine dauerhafte *amicitia* zwischen den beiden Männern.

Wie Plinius begann Pompeius seine politische Laufbahn unter Domitian und wurde nur wenige Jahre nach Plinius in den Senatorenstand erhoben. Seine Karriere sollte ihn zu Statthalterschaften in Lycia-Pamphylia, Iudaea, Moesia Inferior, Britannia und Asia sowie zu einem Suffektconsulat im Jahre 108 führen. Wie auch die Karriere des Plinius gipfelte jene des Pompeius unter Traian; er nahm am ersten Dacerfeldzug teil und war *Curator viae Traianae* in dem Zeitraum, als Plinius Bithynia et Pontus verwaltete.[95]

Aus dieser Karriere lassen sich zwei Punkte ablesen, die für Betrachtungen zur *amicitia* in den Pliniusbriefen von Belang sind: Pompeius war ein *homo novus*, muss also zweifellos selbst durch Patronage gefördert worden sein, um seine Laufbahn mit derartigem Erfolg absolvieren zu können. Als Aufsteiger nutzte Pompeius seinerseits seine Mittel zur Förderung junger Politiker. Weiterhin muss er engen Kontakt zu Traian gepflegt haben, wie seine zahlreichen Statthalterschaften und die Teilnahme am Krieg in Dacien verdeutlichen. Plinius hatte Pompeius in 1.23 einen Rat gegeben, wie er sich als Tribun zu verhalten habe; im Jahre 106/7, als Epistulae 7.22 verfasst wurde,[96] war Pompeius Statthalter in Iudaea und somit der ideale Patron, weshalb Plinius gedachte, sich seiner zu bedienen und Cornelius als Tribun in seinem Verwaltungsstab unterzubringen.

Aus den ersten Zeilen des Briefes geht hervor, dass Plinius bereits vor diesem Brief für Cornelius geworben hatte, aber offenbar dessen Namen bewusst nicht genannt hatte:

> Du wirst dich weniger wundern, dass ich dich so inständig darum gebeten habe, dass du meinem Freund den Tribunat verschaffst, wenn du weißt, wer er ist und wie er ist. Ich kann dir jetzt seinen Namen nennen und ihn selbst beschreiben, nachdem du es versprochen hast.[97]

[95] Eck, Werner: *DNP*, Bd. 10, Sp. 111-112, s. v. Pompeius.

[96] Sherwin-White, Adrian N.: *The Letters of Pliny*, 1966, S.429.

[97] Plin. *Ep.* 7.22.1: *Minus miraberis me tam instanter petisse, ut in amicum meum conferres tribunatum, cum scieris quis ille qualisque. Possum autem iam tibi et nomen indicare et describere ipsum postquam polliceris.*

Plinius hatte also bereits die Zusage des Pompeius, bevor er überhaupt den Namen seines Freundes preisgab, womit der Autor wohl das Vertrauen des Pompeius in sich und seine Menschenkenntnis testen wollte. Die Rechnung ging auf: Pompeius vertraute dem Urteil des Plinius offenbar blind. In diesem Fall entschied tatsächlich allein dessen Einfluss über den Erfolg der Bitte, noch bevor überhaupt der Name des Cornelius fiel.[98]

Dieses Vorgehen ist befremdlich und scheint der vorangegangenen Annahme zu widersprechen, dass bei Empfehlungsschreiben für Ämter und Posten generell die Eignung des Kandidaten im Vordergrund stand und der Einfluss des Patrons lediglich das Zünglein an der Waage darstellte. Führte Plinius dieses System hier also *ad absurdum*? Keineswegs; denn fern davon, das Vertrauen des Pompeius ausnutzen zu wollen, der ihm aufgrund der langen freundschaftlichen Verbindung offenbar blind vertraute, beschreibt Plinius den Cornelius in seiner zweiten Nachricht, wobei die Beschreibung über die Hälfte des Briefes einnimmt. Der Autor bezeichnet Cornelius als *ornamentum regionis meae seu dignitate seu moribus*. Aus angesehenem Hause stammend, liebe er die Wissenschaften und sei *rectissimus iudex*, *fortissimus advocatus* und *amicus fidelissimus*.[99] Die Eigenschaften sind keineswegs zufällig gewählt – sie prädestinieren Cornelius für das begehrte Amt. Die ausführliche Beschreibung zeigt, dass letztlich auch hier die Qualifikation eine Rolle spielte – die Reihenfolge ist getauscht, die Bestandteile bleiben hingegen bestehen.

Die weitere Karriere des Cornelius ist inschriftlich belegt: Dem Militärtribunat in Africa folgte die *Praefectura fabrum* in einer namentlich nicht genannten Provinz.[100] Anschließend wurde er zum *Curator rei publicae* ernannt, einem unter Traian neu geschaffenen Amt. Direkt vom Kaiser ausgewählt, entsprach die Aufgabe des Curators in etwa der des Procurators, indem er die internen Finanzen und die Zahlungen der Provinz an Rom überwachte.[101] Die Schaffung eines solchen Amtes fügt sich in die von Traian geübte Absicherung der Finanzen, in deren Rahmen auch Plinius seinen Posten in Bithynia et Pontus antrat. Auch passt die

98 Rees, Roger: „Letters of Recommendation and the Rhetoric of praise“, 2007, S.155-156.

99 Plin. *Ep.* 7.22.2.

100 *CIL* V 5126; *PIR*^{2} C 1406.

101 Gizewski, Christian: *DNP*, Bd. 3, Sp. 238, s. v. Curator rei publicae.

Tätigkeit eines Finanzverwalters zu der Beschreibung des Cornelius, er sei loyal und aufrichtig. Aus der Tatsache, dass der *Curator* direkt vom Kaiser ernannt wurde, lässt sich ein enger Kontakt zu diesem erschließen, der möglicherweise von Plinius hergestellt wurde. Anhand der Karriere des Cornelius wird deutlich, dass Plinius mit seinem Urteil über den Freund richtig lag und dieses sogar durch den Kaiser bestätigt wurde.

7. Accius Sura

Die vorangegangenen Briefe belegen, dass Plinius vor allem Freunde auf den unteren Stufen des *cursus honorum* förderte. Zu diesem Zweck schrieb er an einflussreiche Freunde, die ihn und seine Klienten in der Öffentlichkeit unterstützen konnten. Mag dieser Beistand in den niederen Ämtern noch ausgereicht haben, wuchs der Aufwand für eine Empfehlung entsprechend mit der Bedeutung des zu erreichenden Amtes. Ein gutes Beispiel stellt hierbei der 12. Brief an Traian dar, in welchem Plinius sich für Accius Sura einsetzt. Dieser Ritter, der über die Briefe hinaus unbekannt ist, war dem Kaiser schon in der Vergangenheit für die Praetur empfohlen worden; Plinius nutzt den Brief dazu, Traian seinen Freund ins Gedächtnis zu rufen:

> Ich weiß, Herr, in deinem Gedächtnis, welches erwiesene Wohltaten festhält, haften unsere Bitten. Weil doch auch darin deine Huld besteht, erinnere ich dich daran und bitte zugleich inständig, Accius Sura mit der Praetur zu würdigen, da eine Stelle frei ist.[102]

Aus diesen Zeilen wird ersichtlich, dass sich Plinius auch hier auf bereits erfolgte Wohltaten vonseiten des Kaisers berief und sich daraus das Recht ableitete, um weitere Gefallen zu bitten. Ein solches Vorgehen wurde in den Briefen des Plinius bereits aufgezeigt und als typisches Verhalten in einer Patronatsbeziehung belegt. Doch diesmal sollte der Gefallen nicht Plinius selbst erwiesen werden, sondern

[102] Plin. *Ep.* 10.12.1: *Scio, domine, memoriae tuae, quae est bene faciendi tenacissima, preces nostras inhaerere. Quia tamen in hoc quoque indulsisti, admoneo simul et impense rogo, ut Accium Suram praetura exornare digneris, cum locus vacet.*

einem Mitglied seines Netzwerks. Bereits in der Vergangenheit hatte er Accius empfohlen, was bis zu diesem Zeitpunkt nicht von Erfolg gekrönt war. Darum bittet er Traian nun erneut, diesmal dringend (*impense*),[103] seinen Freund mit der Praetur zu würdigen. Aus der Wortwahl geht hervor, dass Plinius sehr an der Beförderung seines Freundes gelegen war.

Eine der Praeturen war kurz zuvor frei geworden, vermutlich durch den Tod eines amtierenden Praetors.[104] An dieser Stelle sah Plinius die Chance, sich für seinen Freund einzusetzen und erneut bei Traian für ihn zu verbürgen. Dieser könne dann Accius Sura zu seinem persönlichen Favoriten erklären, was diesem die Wahl sichern würde. Bei einer erfolgreichen Absolvierung der Praetur konnte sich Accius Hoffnung auf einen Consulat machen.

Wie bereits erwähnt, mussten die Anwärter auf politische Ämter bestimmte Eigenschaften vorweisen; im Falle der Praetur vor allem Zuverlässigkeit und Aufrichtigkeit, mussten sie doch die Gesetze des Staates auslegen und anwenden. Um Traian von der Qualifikation des Accius zu überzeugen, attestiert Plinius diesem in seinem Brief *summa integritas* und eine glanzvolle Abstammung (*natalium splendor*).[105] Wie üblich ist das Schreiben an Traian also genau auf die Situation zugeschnitten, indem Plinius eben jene Charaktereigenschaften hervorhebt, die für das begehrte Amt vonnöten sind. Der Autor verpasst auch nicht, auf den Glanz der Vorfahren des Freundes hinzuweisen, wovon diesem jedoch wenig geblieben zu sein scheint; Accius Sura lebt in Armut, weshalb sich Plinius seiner bereits in der Vergangenheit angenommen hatte.[106]

Weder in der Briefsammlung noch in sonstigen Quellen findet sich ein Hinweis darüber, ob Accius die Praetur tatsächlich zukam, geschweige denn, wie seine weitere Karriere verlief. Syme argumentiert fälschlicherweise, dass eine im Brief genannte Eigenschaft gegen die Beförderung spreche: Plinius beschreibt Accius als *quietissimus*.[107] Syme übersetzt dies als „anspruchslos“ – gewiss keine Eigenschaft,

[103] Plin. *Ep.* 10.12.1.
[104] Sherwin-White, Adrian N.: *The Letters of Pliny*, 1966, S.578.
[105] Plin. *Ep.* 10.12.2.
[106] Plin. *Ep.* 10.12.2.
[107] Plin. *Ep.* 10.12.2.

die eine Person für eine hohe politische Karriere qualifizierte.[108] Die wahrscheinlichere Bedeutung ist hingegen „ruhig“, „gelassen“, was dem Amt eines Praetors ungleich förderlicher wäre als Anspruchslosigkeit.

Eine Antwort des Kaisers ist nicht überliefert, so lässt Plinius den Leser über den weiteren die Zukunft des Freundes im Dunkeln. Ob er dies bewusst tat, um ein Scheitern seinerseits zu verbergen oder ob es nur der Komposition der Bücher geschuldet ist, lässt sich nur spekulieren. Ob erfolgreich oder nicht, Plinius trat wiederholt als Vermittler zwischen Accius Sura und Traian auf. Dies belegt die Beständigkeit der antiken Patronatsverhältnisse in der Politik und die Selbstverständlichkeit, mit der sich Klienten immer wieder an ihre Patrone wandten, sei es nun Accius an Plinius oder Plinius mit Bitte um Förderung an Traian. Sollte Accius die Praetur nicht zugekommen sein, wäre keine Beziehung zwischen ihm und dem Kaiser zustande gekommen. Erfüllte Traian hingegen den Wunsch, konnte Plinius eine weitere erfolgreiche *commendatio* für sich verbuchen, wodurch sein Ansehen und soziales Kapital weiter wuchsen.

8. Titus Rosianus Geminus

Plinius förderte seine *amici* nicht nur, als er selbst in Rom war; während seiner Statthalterschaft in Bithynia-Pontus bat Plinius Traian um die Beförderung des Titus Prifernius Paetus Rosianus Geminus. Die überlieferte Korrespondenz an Rosianus beginnt erst ab dem siebten Buch, ist mit sechs Briefen aber recht umfangreich. Die Intensität der Freundschaft zu Rosianus lässt sich nicht nur aus der Zahl der Briefe ablesen, sondern auch aus den behandelten Themen; unter ihnen finden sich einige sehr persönliche, beispielsweise die Krankheit des Plinius (7.1), der Tod der Ummidia Quadratilla (7.24) und der Frau des gemeinsamen Freundes Minicius Macrinus (8.5) sowie der Wunsch des Rosianus, in den Büchern des Plinius erwähnt zu werden (9.11). Schließlich tritt Plinius als Lehrer des Freundes auf, indem er ihm im Brief 9.30 seine Ansicht über die Freigebigkeit

[108] Syme, Ronald: „Pliny's less successful Friends“, 1960, S.368.

darlegt: Sie solle zunächst der *patria*, dann der Familie und schließlich den Bedürftigen unter den Freunden zukommen.

Aus der *commendatio* an Traian geht hervor, woher sich die beiden Männer kannten: Rosianus war im Jahre 100 Quaestor des Consuls Plinius gewesen, woraus sich eine enge Freundschaft entwickelte (*artissimo vinculo mecum iunxerunt*). Selbst Jahre später erweist Rosianus Plinius noch immer Gefälligkeiten.[109] Aus Dankbarkeit für diese möchte Plinius nun den *amicus* befördern lassen, wobei aus dem Brief nicht hervorgeht, um welche Position es sich handelt.[110]

Einige Punkte in der Empfehlung machen deutlich, dass sich Plinius in dieser Angelegenheit bereits zuvor an Traian gewandt hatte: Neben der fehlenden Erwähnung des begehrten Postens bittet der Autor, der Princeps möge den Wünschen des Plinius gewogen sein (*precibus meis faveas*) und seinem Urteil vertrauen (*mihi credis*) – für Plinius ungewöhnlich, beruft er sich doch sonst eher auf die *indulgentia* des Princeps, so etwa in der Empfehlung für Accius Sura. Plinius lag viel an der Beförderung des Rosianus, weshalb er Traian zuletzt wieder und wieder (*etiam atque etiam*) um die Begünstigung seines ehemaligen Quaestors bittet; nicht zuletzt deshalb, weil auch die *dignitas* des Empfehlenden von der Begünstigung profitieren würde.[111] Dennoch konnte und wollte Plinius auch in diesem Fall keinen unfähigen Mann empfehlen; er verspricht daher Traian, der Freund werde sich jeder ihm übertragenen Verantwortung als würdig erweisen und sich dadurch für noch größere Aufgaben qualifizieren.[112]

Um seine Ansicht über den Charakter des Rosianus zu belegen, beschreibt Plinius ihn als aufmerksam (*observantissimum expertus*), ehrerbietig (*reverentiam praestat*), redlich (*integritas*), rechtschaffen (*probitas*) und eifrig (*industria*).[113]

---

[109] Plin. *Ep.* 10.26.1: *publicae necessitudinis pignera privatis cumulat officiis.*

[110] Sherwin-White, Adrian N.: *The Letters of Pliny*, 1966, S.596 schließt aus dem Wort *mandaveris* (übertragen/anvertrauen), dass Plinius Rosianus eine *cura* oder *praefectura* zukommen oder als Legat in eine Provinz entsenden lassen wollte.

[111] Plin. *Ep.* 10.26.3: *Illud unum, quod propter caritatem eius nondum mihi videor satis plene fecisse, etiam atque etiam facio teque, domine, rogo, gaudere me exornata quaestoris mei dignitate, id est per illum mea, quam maturissime velis.*

[112] Plin. *Ep.* 10.26.2: *dabit ipse operam ut in iis, quae ei mandaveris, maiora mereatur.*

[113] Plin. *Ep.* 10.26.1-2.

Diese Eigenschaften, so der Autor weiter, mussten dem Princeps bereits bekannt sein, da Rosianus in den Dacerkriegen als Legionslegat gedient und einige Ehrenämter unter Traian persönlich innegehabt hatte.[114]

Die Briefsammlung bleibt die Antwort Traians schuldig; aus dem weiteren *cursus honorum* des Rosianus geht hervor, dass sich Plinius auch diesmal nicht in der Person eines Protegés irrte, da dieser sich in den folgenden Jahren für die höchsten Ämter des Reiches qualifizierte: Einer Position als Proconsul in Achaia im Jahre 122 schloss sich ein Suffektconsulat um 125 an. Zwei weitere Posten als Statthalter von Cappadocia 129 und Proconsul Africas 140/1[115] belegen die Fähigkeiten des Mannes und seine enge Verbindung zu den Kaisern, begründet unter anderem durch Plinius.

Wie auch im Falle des Sextus Erucius Clarus profitierte nicht nur Rosianus selbst von dieser Bindung, sondern auch seine Nachkommen gleichen Namens: Einer war 146 Augur und Suffektconsul (zusammen mit Sextus Erucius Clarus); ein weiterer hatte 154 den Consulat inne, gefolgt von mehreren Statthalterschaften in den pannonischen Provinzen 156/7 und um 161 sowie einem Proconsulat in Asia 170/1.[116]

9. Gaius Voconius Romanus

Nachdem bereits der Aufstieg des Romatius Firmus in den Ritterstand untersucht worden ist, soll an dieser Stelle ein weiteres Beispiel behandelt werden, bei dem Plinius einen Freund in seinem sozialen Stand fördern wollte. Die Rede ist diesmal von Gaius Voconius Romanus, einem Ritter aus dem hispanischen Saguntum.[117] Er gehört zu jenen Freunden, die Plinius am nächsten standen, wie aus mehreren Faktoren ersichtlich wird: Die an ihn adressierten Briefe stehen zumeist in der Nähe derer zu dem hochgeschätzten Tacitus, ziehen sich durch fast alle neun

114 Plin. *Ep.* 10.26.2.

115 *PIR²* P 938.

116 Alföldy, Géza: *Konsulat und Senatorenstand unter den Antoninen*, 1977, S.164, 217, 236, 251, 357-359.

117 *CIL* II 3866.

Bücher und behandeln sehr vertrauliche Themen, darunter die Feindschaft zu Regulus (1.5), Spott über Gaius Iavolenus Priscus (6.15) und das Verhältnis zum verstorbenen Lucius Verginius Rufus (2.1). Plinius schickte dem Freund mehrere Reden, die er gehalten hatte, so den *Panegyricus* (3.13), ein Plädoyer (6.33) und eine dritte Rede für ein Mitglied der Familie Clarus (9.28), wobei er jeweils um Verbesserungsvorschläge bittet, bevor er sie veröffentlicht. Doch auch alltägliche Angelegenheiten wie eine Landschaftsbeschreibung (8.8) und die Beschreibung seiner Villa (9.7) teilt Plinius mit. In 9.28 freut sich Plinius, dass sein *amicus* eine literarische Darstellung über ihn verfasse. Alles in allem zeigen die Briefe eine tiefe Freundschaft zwischen Plinius und Voconius.[118]

Wie auch im Falle des Romatius Firmus waren die beiden Männer eng befreundet, doch unterschiedlichen Standes. Diesen Unterschied gedachte Plinius zu verringern, indem er sich bei zwei Gelegenheiten für Voconius einsetzt: Von Gaius Iavolenus Priscus versucht Plinius den Tribunat zu erwirken, von Traian will er Romanus gar in den Senatorenstand erheben lassen.

Die Datierung des Briefes an Priscus ist umstritten; Schätzungen reichen von der Herrschaft Nervas bis in die Regierungszeit Traians. Der Brief an den Kaiser lässt sich grob in die Anfangszeit von dessen Herrschaft datieren. Eine genaue Datierung der Briefe soll für diese Arbeit keine Rolle spielen; es reicht zu wissen, dass sie etwa aus demselben Zeitraum stammen.[119]

In Epistel 2.13 wendet sich Plinius an Gaius Iavolenus Priscus, der zu diesem Zeitpunkt auf eine erfolgreiche Karriere zurückblicken konnte: Er war als Legat in Britannia und Numidia gewesen, hatte im Jahre 86 als Suffektconsul gedient und war im Zeitraum von 95 bis 100 Statthalter der Provinz Germania Superior.[120] Der vorliegende Brief stammt klar aus diesem Zeitraum, da Plinius schreibt, Iavolenus habe eine ansehnliche Armee unter sich, weshalb er über eine Vielzahl an Möglichkeiten für Wohltaten verfüge. Diese Möglichkeiten habe er bereits in der Vergangenheit genutzt, um seinen Freunden zu helfen und sie zu fördern.[121] In dem

[118] Gibson, Roy K./Morello, Ruth: *Reading the* Letters *of Pliny the Younger*, 2012, S.149.

[119] Zur Begründung der Datierung beider Briefe siehe Sherwin-White, Adrian N.: *The Letters of Pliny*, 1966, S.173, 563.

[120] Giaro, Tomasz: *DNP*, Bd. 5, Sp. 876, s. v. Iavolenus.

[121] Plin. *Ep.* 2.13.2: *Regis exercitum amplissimum; hinc tibi beneficiorum larga materia, longum*

Wissen, dass Iavolenus sein Amt und seinen Einfluss zugunsten anderer nutzt, bittet Plinius ihn nun um Hilfe für Voconius. Zwar legt er es in diesem Brief nicht explizit dar, doch bittet er Iavolenus höchstwahrscheinlich darum, Voconius einen Posten in seinem Stab zu sichern. Aufgrund der ritterlichen Herkunft des Voconius handelte es sich dabei wohl um einen Militärtribunat.

Wie bei den anderen Empfehlungsschreiben beschreibt Plinius zunächst ausführlich die Herkunft und den Charakter des Voconius, den er bereits seit seinem Studium kannte: Aus einer Ritterfamilie stammend, geht Voconius der Tätigkeit als Anwalt nach, wird als treuer Freund (*fidelis amicus*) und angenehmer Gefährte (*sodalis iucundus*) beschrieben, der außergewöhnlich begabt (*ingenium excelsum*), feinsinnig (*subtile*), liebenswürdig (*dulce*) und umgänglich (*facile*) sei, zudem ein gewandter Redner und Briefschreiber[122] – die Ähnlichkeit zu Plinius fällt sofort ins Auge.[123] Um diesen Eindruck zu verstärken, betitelt der Autor seinen langjährigen Freund als *contubernalis*, was die Intimität der Freundschaft erahnen lässt.[124] Bei einer derart engen Beziehung betrachten sich beide Parteien als ergänzenden Teil der eigenen Persönlichkeit,[125] was sich in der Beschreibung des Freundes niederschlägt: Durch die Anpassung des Freundes an sich selbst fällt das Lob des Plinius des *amicus* auf ihn selbst zurück. Eine so nahestehende Person zu loben und ihr zu helfen bedeutet letztlich nichts anderes, als sich selbst zu preisen und zu helfen.[126]

Plinius selbst hatte Voconius stets mit aller Kraft unterstützt und erst kurz zuvor beim Kaiser das *ius trium liberorum* für seinen Freund erwirkt.[127] Eine solche

praeterea tempus, quo amicos tuos exornare potuisti.

122 Plin. *Ep.* 2.13.7.

123 Castagna, Luigi: „Teoria e prassi dell'amicizia in Plinio il Giovane", 2003, S.164.

124 Plin. *Ep.* 2.13.4-7. Zur Bedeutung der Herkunft eines Protegés siehe D'Arms, John H.: „Upper-Class Attitudes towards "viri municipales" and their Towns in the early Roman Empire", 1984, S.461. Da Plinius hier eine neue Freundschaft herstellen will, spielt die Beschreibung des Charakters eine besondere Rolle, sind Ähnlichkeiten im Verhalten doch der ausschlaggebende Punkt zur Begründung einer Freundschaft und oftmals der Grund, warum sie halten. Vgl. Jeske, Diane: „Friendship, Virtue, and Impartiality", 1997, S.70-71.

125 Wiseman, Jaqueline P.: „Friendship: Bonds and Binds in a voluntary Relationship", 1986, S.203-204.

126 Gibson, Roy K.: „Pliny and the Art of (in)offensive self-praise", 2003, S.245; Wiseman, Jaqueline P.: „Friendship: Bonds and Binds in a voluntary Relationship", 1986, S.203-204.

127 Plin. *Ep.* 2.13.8.

Aussage ist für Iavolenus völlig irrelevant, da sie nichts mit der aktuellen Situation zu tun hat, soll aber vermutlich zeigen, dass sowohl Plinius als auch Traian den Mann als der Ehren würdig erachteten, weshalb auch Iavolenus den Voconius schätzen sollte. Nebenbei lässt es auch den Autor in einem lobenswerten Licht erscheinen und belegt die kontinuierliche asymmetrische Beziehung zwischen Voconius und Plinius einerseits und den engen Kontakt des Plinius zum Princeps andererseits.

Die bereits erwiesenen Wohltaten reichen Plinius keineswegs aus; er möchte sie im Namen der gegenseitigen Freundschaft noch mehren, „zumal er (Voconius) selbst jene [Wohltaten] mit so viel Dank entgegennimmt, dass er, während er die frühere gerade erhält, die spätere bereits verdient."[128] Aus diesem Grund erbittet sich Plinius nun die Hilfe von Iavolenus, dass dieser den Voconius nach Kräften fördere.[129] Hierbei sollte erneut eine Freundschaft begründet werden, bei der Plinius als klassischer Vermittler agierte.[130]

Der letzte Absatz des Briefes ist besonders in sprachlicher Hinsicht interessant: Hier findet sich mehrfach der Begriff *rogare* für das höfliche Bitten. Auch schreibt Plinius, dass er noch eindringlicher bitten würde, doch wisse er, dass der Adressat dies nicht wünsche. Diese höfliche Wortwahl ist keineswegs zufällig; sie zeigt bewusst die leicht unterwürfige Position des Plinius als Bittsteller gegenüber seinem Adressaten. Dies verwundert zunächst, war Plinius doch selbst Senator, und lässt sich nur erklären, wenn dazu der Beginn des Briefes betrachtet wird: Dort schreibt Plinius, dass Iavolenus jede Gelegenheit nutze, sich Plinius zu verpflichten, während dieser niemandem lieber Dank schulde.[131] Beginn und Ende des Briefes bilden so eine Klammer, aus der hervorgeht, dass Iavolenus bereits in der Vergangenheit als Patron für Plinius fungiert hatte und das Verhältnis daher keineswegs auf Gleichheit beruhte. Plinius befand sich bereits in der Klientel des Iavolenus, der ihn oder seine Freunde womöglich ebenfalls in seiner Karriere

[128] Plin. *Ep.* 2.13.9: *praesertim cum ipse illa tam grate interpretetur, ut, dum priora accepit, posteriora mereatur.*

[129] Plin. *Ep.* 2.13.10.

[130] Rees, Roger: „Letters of Recommendation and the Rhetoric of praise", 2007, S.158.

[131] Plin. *Ep.* 2.13.1: *Et tu occasiones obligandi me avidissime amplecteris et ego nemini libentius debeo.*

gefördert hatte. Aufgrund der bereits bestehenden Patronatsbeziehung sieht sich Plinius daher berechtigt, seinen Patron um Hilfe für Voconius zu bitten und diesen somit in das Beziehungsgeflecht einzubinden.

Ob Iavolenus dem Voconius tatsächlich einen Posten zuteilte und ob Voconius diesen antrat, ist unklar, da im Briefkorpus keine Antwort erhalten ist und keine weiteren Quellen Aufschluss geben.[132] Im späteren Brief 6.15 an Voconius spottet Plinius, Iavolenus sei nicht mehr ganz bei Verstand (*dubiae sanitatis*). Diese Episode lässt die Interpretation zu, dass sich Iavolenus und Voconius nie kennengelernt haben; der Spott könnte ein Versuch des Plinius sein, den Voconius über eine gescheiterte Vermittlung hinwegzutrösten.

Plinius wollte Voconius nicht nur mit dem Tribunat fördern; an Kaiser Traian wendet er sich mit der Bitte, Voconius in den Senatorenstand aufnehmen zu lassen. In seinem Brief schreibt der Autor – wie auch in jenem an Iavolenus – zunächst, dass er Voconius seit frühester Kindheit kenne, um die besondere Verbindung zu ihm zu belegen.[133] Hierbei handelt es sich nicht um den Vorschlag für ein politisches Amt, weshalb Plinius die Karriere des Voconius nicht ausführlicher beschreibt; weder die bisherigen Ämter als Anwalt in Rom noch als *flamen* des Kaiserkults in Spanien finden Eingang in die Beschreibung.[134] In diesem Fall reicht die Betonung der langen Freundschaft, welche den ausschlaggebenden Einfluss ausüben sollte: Plinius verbürgt sich für „seinen Romanus".[135]

Anhand der beiden *commendationes* für Voconius wird der eingangs angedeutete Unterschied zwischen Empfehlungen für Ämter und den Aufstieg in höhere Stände deutlich, da in dem einen die Qualifikation des Bewerbers eine große Rolle spielte, während im letzteren einzig der Kontakt zu einem dem Kaiser nahestehenden Vermittler ausreichte. Ganz ohne Beschreibung der Person war freilich auch ein solches Ersuchen nicht möglich: Die knappen Angaben, Voconius sei wissenschaftlich interessiert und lege Wert auf *pietas*, sind von Plinius genau auf die Eigenschaften abgestimmt, die auch Traian für sich selbst in Anspruch

---

[132] Syme, Ronald: „Pliny's less successful Friends", 1960, S.365.

[133] Plin. *Ep.* 10.4.1. Darüber hinaus gehörte Voconius dem Literaturzirkel des Plinius an: Lefèvre, Eckard: *Vom Römertum zum Ästhetizismus*, 2009, S.24.

[134] Seelentag, Gunnar: *Taten und Tugenden Traians*, 2004, S.162.

[135] Plin. *Ep.* 10.4.4: *pro moribus Romani mei.*

nahm. Der Kaiser konnte einer Person, die ihm als ihm selbst ähnlich beschrieben wurde, die Aufnahme in den Senatorenstand schwerlich versagen.[136] Beschreibt Plinius dem Iavolenus seinen Freund als sich selbst ähnlich, nutzt er nun Charakteristika des Princeps, um diesen für Voconius zu gewinnen.

Zu dieser spiegelnden Darstellung des *amicus* kommt ein weiterer Schachzug des Plinius, der bereits mehrfach beobachtet wurde: Die einleitenden Worte des Briefes verraten, dass der Autor aufgrund der bereits von Traian bewiesenen *indulgentia* auf eine weitere Wohltat des Kaisers hofft.[137] Wie gegenüber Iavolenus erkennt Plinius seine eigene Abhängigkeit vom Kaiser an, auf die er sich nun erneut beruft und sie auf seinen Freund auszuweiten gedenkt. Dadurch erschwert es Plinius dem Kaiser noch weiter, die Bitte abzulehnen, wollte dieser als guter Princeps gelten.[138]

Nach der Beschreibung der Person berichtet Plinius dem Kaiser, er habe bereits Nerva darum gebeten, Voconius in den Senatorenstand zu erheben; dieser konnte dem Wunsch jedoch nicht sofort nachkommen, da nicht alle Auflagen hierfür erfüllt waren. Die Begründung für diese Entscheidung liegt darin, dass Voconius nicht über den Zensus von 1.000.000 Sesterzen verfügte; daher sollte er eine Schenkung von seiner Mutter erhalten. Diese entsprach nicht gänzlich den Vorschriften und konnte deshalb nicht an Voconius abgetreten werden. Erst auf den Rat des Plinius hin – hier findet sich wieder das typisch unauffällige Selbstlob – wurde die Prozedur rechtmäßig vollzogen. Die Mutter hatte ihrem Sohn den Wert nun in Grundstücken übereignet, sodass Voconius schließlich doch zu der Summe gelangte.[139]

---

[136] Seelentag, Gunnar: *Taten und Tugenden Traians*, 2004, S.158, 164-166. Zur Bedeutung der Ähnlichkeit der Charaktere: Kadushin, Charles: *Understanding Social Networks*, 2012, S.18-20. Plinius selbst hält in seinem Panegyricus fest, dass der Princeps stets als Vorbild fungieren müsse: Plin. *Pan.* 45.6: *Nam vita principis censura est eaque perpetua: ad hanc diregimur, ad hanc convertimur, nec tam imperio nobis opus est quam exemplo.* Carleston Andrews: „Pliny the Younger, Conformist", 1938, S.144 führt im Allgemeinen aus, dass die Sprache des Plinius im Briefwechsel mit Traian häufig dessen Meinung widerspiegelt, Plinius also genau das schreibt, was der Kaiser vermeintlich zu lesen wünscht.

[137] Plin. *Ep.* 10.4.1.

[138] Seelentag, Gunnar: *Taten und Tugenden Traians*, 2004, S.167-168.

[139] Plin. *Ep.* 10.4.2-3.

Neben dem Zensus gab es weitere Faktoren, die den Aufstieg zum Senator begünstigten, vor allem besondere Verdienste im öffentlichen Leben, die Abstammung von einem Senator sowie eine erfolgreich geführte Karriere im Rahmen des *cursus honorum*. Darüber hinaus waren gute Beziehungen sowohl zu anderen Senatoren als auch zum Princeps vonnöten, um aus der Masse der Bewerber erkoren zu werden. Im Wesentlichen galten also ähnliche Voraussetzungen wie auch für die Aufnahme in den *ordo equester.*[140] Voconius verfügte über das nötige Vermögen, sein leiblicher Vater und Stiefvater waren angesehene Männer und er selbst pflegte eine enge Freundschaft zu Plinius, welcher das Bindeglied zu Traian darstellte. Voconius erfüllte also sämtliche Auflagen für den Aufstieg, weshalb Plinius den Princeps bittet, er möge seinen Freund in den Rang eines Senators erheben.[141]

Die Grenze zwischen dem Ritterstand, dem Voconius angehörte, und dem Senatorenstand war im Principat einigermaßen schwer zu überwinden. Zeichnete sich der *ordo equester* schon durch eine gewisse Geschlossenheit aus, die doch durchbrochen werden konnte, war die Mitgliederzahl des Senats in jener Zeit auf 600 begrenzt, woraus eine Exklusivität resultierte, die Aufnahme und Akzeptanz im Beamtenadel wesentlich erschwerte. Der Zusammenhalt untereinander war häufig stärker als die Bindung zum Rest des Volkes.[142] Ein solches Verhalten bildet die Grundlage der Ständegesellschaft: Stände, so schreibt Max Weber, sind amorphe Gemeinschaften, welche durch eine für sie spezifische Selbsteinschätzung untereinander verbunden und gleichzeitig von anderen getrennt sind. Die Trennung von anderen Ständen zieht Auslese und Exklusivität nach sich, welche in diesem Fall durch Vermögen, Geburt und andere Faktoren geregelt wurde. Das Gesetz des Augustus über den senatorischen Nachwuchs bestärkte diese Exklusivität weiter.[143]

---

140 Veyne, Paul: *Brot und Spiele*, 1990 (=1976), S.538-539.

141 Plin. *Ep.* 10.4.4. Gunnar Seelentag argumentiert in *Taten und Tugenden Traians*, 2004, S.162-164, 170, Voconius sei zu dieser Zeit kein Ritter gewesen, sondern lediglich Decurio. Dies hätte bedeutet, dass er bei der Aufnahme in den Senatorenstand den *ordo equester* übersprungen hätte. Die Abstammung von einem Ritter und das attestierte Vermögen machen die ritterliche Zugehörigkeit jedoch zumindest wahrscheinlich, sodass kein Stand ausgelassen wurde.

142 Bleicken, Jochen: *Verfassungs- und Sozialgeschichte des Römischen Kaiserreichs, Bd. 1*, 1995^4, S.184.

143 Vgl. Weber, Max: *Wirtschaft und Gesellschaft*, 1964 (=1921/1922), S.683-686.

Nur durch diese Schließung nach innen konnten die Senatoren ihr Macht- und Ressourcenmonopol aufbauen, welches sie in die Verfassung versetzte, den Rest des Volkes zu patronisieren, wie das Beispiel Plinius deutlich macht.[144] Trotz der Geschlossenheit waren Senatoren stets bemüht, ihre Freunde und Verwandten in den Stand zu erheben, um ihnen die Privilegien zukommen zu lassen und durch sie ihre eigenen Ressourcen und soziales Kapital zu erweitern. Dieser Vorgang musste für den *homo novus* Plinius umso wichtiger sein, da er selbst nur durch den Einsatz seiner Patrone in den Stand erhoben worden war. Diese Gnade wollte er nun auch seinem *contubernalis* zukommen lassen. Da die Entscheidung darüber direkt beim Kaiser lag, hätte es eine besondere Ehre für Voconius und Plinius bedeutet, wäre es doch ein großer Vertrauensbeweis des Princeps in beide Männer gewesen.[145]

Nicht nur dem Kaiser selbst hätte Voconius seinen Rang zu verdanken gehabt, sondern auch Plinius, der ihn vermittelt und sich für ihn eingesetzt hatte. In gleicher Weise wäre auch der Vermittler dem Kaiser zu Dank verpflichtet, dass er die Empfehlung berücksichtigte und sowohl ihm als auch dem *amicus* half. Plinius bringt dies sehr deutlich zum Ausdruck, denn er bittet Traian, der Princeps möge seiner Bitte nachkommen „damit ich mich nicht nur für mich, sondern auch für meinen Freund deines Urteils rühmen kann."[146] Dies zeigt eine enge Beziehung auf höchster politischer Ebene zwischen Kaiser und Senatoren – besonders den *homines novi* – sowie den Senatoren untereinander auf.[147]

Wird in der Briefsammlung klar, dass Romatius Firmus erfolgreich in den Ritterstand aufgenommen wurde, scheiterte die *commendatio* zugunsten des Voconius offenbar: Sein Name taucht nie unter den Senatoren auf; die Gründe dafür sind nicht mit Sicherheit bestimmbar. Bereits Syme vermutete, dass Traian die Bitte des Plinius ablehnte, ohne dies stichhaltig begründen zu können.[148] Dem widersprach Sherwin-White zum einen aufgrund des hohen Standes des Plinius, dem der Kaiser keinen Wunsch verwehrt hätte; zum anderen verweist er auf einen

---

144 Vgl. Weber, Max: *Wirtschaft und Gesellschaft*, 1964 (=1921/1922), S.31-33.

145 Vgl. Saller, Richard P.: *Personal Patronage under the Early Empire,* 1982, S.50-51; Bleicken, Jochen: *Verfassungs- und Sozialgeschichte des Römischen Kaiserreichs, Bd. 1*, 1995^4, S.285.

146 Plin. *Ep.* 10.4.6: *ut non in me tantum, verum et in amico gloriari iudiciis tuis possim.*

147 Saller, Richard P.: *Personal Patronage under the Early Empire*, 1982, S.53. Siehe dazu auch Brunt, Peter A.: „Clientela", 1988, S.440.

148 Syme, Ronald: „Pliny's less successful Friends", 1960, S.365.

Erlass Nervas, dass alle von einem vorangegangenen Princeps erwiesenen Gefallen durch den gegenwärtigen Kaiser bestätigt werden sollten, weshalb Traian die bereits Nerva vorgelegte Bitte gewähren musste.[149] Dieser Erlass betrifft jedoch nur die bereits *erwiesenen* Wohltaten; damit ist nicht gemeint, dass alle *vorgelegten* Bitten vom Nachfolger genehmigt werden sollten.[150] Nerva hatte die Bitte des Plinius aufgrund der Komplikationen vor seinem Tode nicht mehr erweisen können, weshalb Plinius bei Traian von neuem anfragen musste.

Weiterhin schreibt Sherwin-White, dass Voconius vielleicht nicht das Leben eines Senators führen wollte.[151] In diesem Fall wäre es unwahrscheinlich, dass sich Plinius bei zwei Kaisern für seinen Freund verwendet hätte. Seelentag schließlich belegt glaubhaft und mit nachvollziehbaren Begründungen, dass Voconius kein Senator wurde: Wie auch beim Tribunat lassen sich indirekt Hinweise für ein Scheitern finden; diesmal dergestalt, dass Plinius in späteren Briefen an den *amicus* ausführlich Senatsdebatten schildert; ein unnötiger Aufwand, wäre Voconius als Senator anwesend gewesen.[152]

Alles deutet daher daraufhin, dass Traian die Bitte des Plinius schlicht abwies. Warum sich der Kaiser so entschieden haben könnte, ist nicht zu klären, da sich unter den Briefen keine Antwort Traians findet. Einige Umstände mögen die Ablehnung des Kaisers zumindest begünstigt haben: Traian war zu dieser Zeit gerade erst an die Macht gekommen und hielt sich noch in Germania auf, wodurch eine erfolgversprechendere persönliche Unterredung zwischen ihm und Plinius unmöglich war. Weiterhin war das Verhältnis zwischen beiden Männern noch nicht so stark gefestigt, weshalb Plinius bei dieser Bitte noch der nötige Einfluss fehlte, den er später besitzen sollte, als der Kaiser seinen Bitten bereitwillig nachkam. Warum Plinius es nicht einige Jahre später mit seinem gewonnen Einfluss erneut versuchte, ist schwer nachvollziehbar.[153]

Dass die Voconius betreffende Korrespondenz trotz der Erfolglosigkeit Eingang in die publizierte Briefsammlung fand, zeigt zum wiederholten Male, wie wichtig

---

149 Sherwin-White, Adrian N.: *The Letters of Pliny*, 1966, S.565-566.

150 Plin. *Ep.* 10.58.7-10.

151 Sherwin-White, Adrian N.: *The Letters of Pliny*, 1966, S.566.

152 So etwa in Plin. *Ep.* 6.33. Seelentag, Gunnar: *Taten und Tugenden Traians*, 2004, S.171-174.

153 Seelentag, Gunnar: *Taten und Tugenden Traians*, 2004, S.170.

Plinius seine Rolle als Vermittler und Vorbild war, auch wenn er nicht immer berücksichtigt werden konnte.[154] Zusammen mit dem möglichen Scheitern im Falle des Accius Sura bildet der Fall des Gaius Voconius Romanus vielleicht eine der wenigen Gelegenheiten überhaupt, die einen Benachteiligten der Patronage belegen, sprechen die Quellen doch sonst vornehmlich von den wenigen Begünstigten, nicht von den Vielen, die das Nachsehen hatten.

[154] Griffin, Miriam: „The Younger Pliny's debt to moral Philosophy", 2007, S.470.

VI. Bitten um das Bürgerrecht

1. Einführende Betrachtungen

Die bisher angestellten Untersuchungen belegen ausgeprägte Netzwerkbeziehungen innerhalb der römischen Oberschicht, durch die Geld, Kontakte und Empfehlungen ausgetauscht wurden. In den meisten Fällen bestand eine gewisse soziale Gleichheit zwischen Gebendem und Nehmendem, weshalb hier von *amicitia* gesprochen werden kann. Die unter anderem von der Stoa gelehrte Verantwortung gegeneinander machte jedoch nicht an den Standesgrenzen Halt; sie reichte bis in die untersten Schichten der Gesellschaft hinab und sorgte dafür, dass die Eliten selbst Nichtrömer und Sklaven an ihren Ressourcen teilhaben ließen. Die sozialen Unterschiede konnten durch Zuneigung überbrückt werden, wie das Beispiel des Plinius belegt, der seiner Amme ein Anwesen schenkte. Nun stellt sich die Frage, ob auch diese Art von Beziehungen als Teil der *amicitia* verstanden wurde?

Seinen wachsenden Einfluss bei Traian nutzte Plinius nicht nur für Empfehlungen junger Politiker und Anwälte aus der Oberschicht; insbesondere zu Beginn des zehnten Buches befinden sich mehrere Briefe, in denen Plinius Kaiser Traian um die Vergabe des römischen Bürgerrechts bittet, entweder für Freigelassene oder für Peregrine.[1] Da beide Situationen unterschiedliche Prozesse voraussetzten, sollen diese im Weiteren getrennt behandelt werden. Zunächst soll die Situation der Sklaven und der Prozess ihrer Freilassung betrachtet werden. Hierfür werden nicht wie zuvor einzelne Fälle behandelt; mehrere Briefe sollen zugleich genutzt werden, um alle Facetten dieses Themas und die verschiedenen Hilfeleistungen des Plinius zu untersuchen. Anschließend wird beleuchtet, wie Peregrinen im Austausch für Hilfeleistungen das römische Bürgerrecht von oberster Instanz zuerkannt wurde.

[1] Plin. *Ep.* 10.5; 10.6; 10.7; 10.10; 10.11; 10.104.

2. Freigelassene

In der zweiten Hälfte des 5. Briefs an Traian bittet Plinius im Namen von Antonia Maximilla um das quiritische Recht für die beiden Freigelassenen Hedia und Antonia Harmeris. Diese Bitte fällt kurz und pragmatisch aus: Er nennt zunächst den Namen der Patronin und bezeichnet sie als *ornatissima femina*, was sie wahrscheinlich als Frau eines verstorbenen Senators ausweist. Es folgen die Namen der *liberti*. Schließlich betont Plinius, dass es sich hierbei um den Wunsch der Patronin handele. Hier zeigt sich einer der seltenen Zusammenhänge, bei denen tatsächlich der Begriff des *patronus* Eingang in die Briefe findet, in diesem Falle gar die einzige Erwähnung einer *patrona*.[2]

Im antiken Rom hielten sich die Angehörigen der Oberschicht eine Vielzahl Unfreie, welche rechtlich als Mitglieder des Hauses betrachtet wurden und der *potestas* des *pater familias* ausgesetzt waren.[3] Gelegentlich finden sich Berichte über Misshandlungen von Sklaven, wie Plinius in einem seiner Briefe überliefert: Der Senator Larcius Macedo, dessen Vater angeblich selbst Sklave gewesen war, galt als cholerischer und despotischer Hausherr, der seine Sklaven schlecht behandelte. Als Folge dieser Behandlung überfielen diese den Macedo und fügten ihm derart schwere Verletzungen zu, dass dieser kurz darauf verstarb, jedoch nicht ohne die Angreifer zuvor bestraft zu haben, wie Plinius mit einiger Genugtuung festhält.[4]

Doch nicht immer wurden Sklaven schlecht behandelt; häufig waren ihnen sogar Rechtsgeschäfte und Besitz gestattet. Hauspersonal, welches über spezielle Fähigkeiten verfügte, konnte beispielsweise als *grammaticus* den Nachwuchs unterrichten oder als Vorleser unterhalten. Sklavenkinder erhielten eine Ausbildung, die sie in Freiheit in dieser Form nicht erhalten hätten.[5] Plinius gestand den „Seinen", wie er sie nannte, das Verfassen von Testamenten zu und betrachtete

---

2 Plin. *Ep.* 10.5.2.

3 Gai. *Inst.* 1.52. Zur Frage, wie ein Mensch Sklave wurde: Hermann-Otto, Elisabeth: „Sklavenkinder in Recht, Ökonomie und Gesellschaft des Römischen Reiches", 2004, hier vor allem S.168-178.

4 Plin. *Ep.* 3.14. Williams, Kathryn F.: „Pliny and the Murder of Larcius Macedo", 2006, S.416-418.

5 Christes, Johannes: *Sklaven und Freigelassene als Grammatiker und Philologen im antiken Rom*, 1979, S.179, 202.

diese Schreiben als rechtsgültige Dokumente, wobei nur an Angehörige des Hauses vererbt werden durfte, „weil für den Sklaven das Haus gewissermaßen der Staat und die Heimat ist.“[6] Mit dieser Ansicht zitiert Plinius Seneca fast wörtlich, der den Haushalt als Staat in kleinem Maßstab beschreibt.[7] Im Allgemeinen fordert die Stoa, Sklaven gut zu behandeln, da sie dann alles für ihren Herrn tun würden, was letztlich dem Hausfrieden diene.[8]

Als Lohn für gute Arbeit, bei speziellen Fähigkeiten, Nähe zur Familie oder als Zeichen der Großzügigkeit des Herrn konnte ein Sklave in die Freiheit entlassen werden. Während Arbeiter auf den Feldern oder in Minen wohl selten freigelassen wurden, neigte insbesondere die gebildete Oberschicht dazu, ihren oftmals ebenfalls gebildeten Sklaven die Freiheit zu schenken. Die Erklärung findet sich wohl in der ehrlichen Zuneigung zwischen den Parteien, welche den sozialen Unterschied zu überbrücken vermochte.[9] Vom pragmatischen Standpunkt gesehen konnten sich die Besitzer der besonderen Loyalität und Tüchtigkeit ihrer Sklaven versichern, wenn sie ihnen die Freilassung in Aussicht stellten.[10]

Theoretisch konnten Sklaven in jedem Alter freigelassen werden, doch regelte die *Lex Aelia Sentia* von 2 n. Chr., dass ihnen erst mit dem Erreichen des 30. Lebensjahres die vollen Bürgerrechte zuerkannt werden konnten.[11] Aus diesem Grund wurden männliche Sklaven meist erst nach diesem Alter freigelassen, Frauen hingegen für gewöhnlich erst mit dem Ende der Gebärfähigkeit.[12] Solche Verfügungen dürfen nicht darüber hinwegtäuschen, dass die *manumissio* von Sklaven wohl nur ein Ideal war und nur wenigen Sklaven vergönnt war; Schätzungen zufolge erhielt nur etwa ein Sechstel aller Sklaven die Freiheit.[13]

6 Plin. *Ep.* 8.16.2: *nam servis res publica quaedam et quasi civitas domus est.*

7 Sen. *Ep.* 47.14: Instituerunt diem festum, non quo solo cum servis domini vescerentur, sed quo utique; honores illis in domo gerere, ius dicere permiserunt et domum pusillam rem publicam esse iudicaverunt.

8 Sen. *Ep.* 14, 47. Lefèvre, Eckard: *Vom Römertum zum Ästhetizismus*, 2009, S.181-183, 187.

9 Christes, Johannes: *Sklaven und Freigelassene als Grammatiker und Philologen im antiken Rom*, 1979, S.180-182, 192.

10 Bradley, Keith R.: *Slavery and society at Rome*, Cambridge, 1994, S.102.

11 Gai. *Inst.* 1.17.

12 Gardner, Jane F.: „Making Citizens: The Operation of the Lex Irnitana“, 2001, S.220. Siehe auch Crook, Zeba A.: *Reconceptualising Conversation*, 2004, S.227-228. Weiterhin Scheidel, Walter: „Quantifying the Sources of Slaves in the Early Roman Empire“, 1997, S.160-161, 168.

13 Wiedemann, Thomas E. J.: „The Regularity of Manumission at Rome“, 1985, S.167; Scheidel,

Der erste Teil einer Freilassung erfolgte für gewöhnlich im privaten Kreis unter Zeugen, musste aber zur vollen Anerkennung zusätzlich offiziell durch einen Magistrat vollzogen werden.[14] Ein Beispiel hierfür findet sich im 16. Brief des siebten Buches, in welchem Plinius den Proconsul Calestrius Tiro zu Calpurnius Fabatus, dem Großvater der Frau des Plinius, senden will, damit dieser den Akt der *manumissio* öffentlich vollziehen könne, nachdem Fabatus es bereits im Privaten getan hatte.[15] Für gewöhnlich reisten Herren mit ihren Sklaven dorthin, wo sich gerade ein Magistrat aufhielt;[16] dass es in diesem Fall genau umgekehrt war, belegt den Einfluss des Plinius bei Calestrius Tiro. Beide Männer kannten sich bereits seit vielen Jahren, waren sie doch Kollegen in Quaestur und Praetur gewesen.[17] Dementsprechend erhielt Calestrius auch sehr persönliche Nachrichten, so etwa über den Tod des Quintus Corellius Rufus, den Mentor des Plinius (1.12). Zu Beginn des sechsten Buches beklagt sich Plinius, wie sehr er Calestrius vermisse und sich nach einem Wiedersehen sehnt, wodurch die starke Verbindung deutlich zutage tritt. Dieser Eindruck wird noch dadurch verstärkt, dass sich Plinius sogar in Abwesenheit des Calestrius bei Dritten über diesen erkundigt und ihn für seine Arbeit in der Provinz Baetica lobt (9.5). Für den Freund war die Gefälligkeit, zu Fabatus zu reisen, also eine Selbstverständlichkeit.

Der Ablauf einer Freilassung war klar geregelt: Im Beisein des Herrn und eines Offiziellen legte eine Person dem Sklaven eine Hand auf und berührte ihn mit einem Stab, während er eine Spruchformel rezitierte. Daraufhin erklärte der Beamte den Sklaven als frei.[18] Der *libertus* löste bei einer Freilassung keineswegs die Bande zu seinem ehemaligen Herrn; die Beziehung zwischen beiden Parteien blieb bestehen: Der Freigelassene nahm seinen ehemaligen Herrn als seinen

Walter: „Quantifying the Sources of Slaves in the Early Roman Empire", 1997, S.158, 162. Die Gesamtzahl aller Sklaven im frühen Principat gibt Scheidel mit 6 Millionen an, die der Freigelassenen mit etwa 1.1 Million.

14 Fürst, Alfons: *Streit unter Freunden. Ideal und Realität in der Freundschaftslehre der Antike*, 1996, S.139.

15 Plin. *Ep.* 7.16.

16 Vgl. Bradley, Keith R.: *Slaves and Masters in the Roman Empire*, 1987, S.101-102.

17 Plin. *Ep.* 7.16.2.

18 Wolf, Joseph Georg: „Die *manumissio vindicta* und der Freiheitsprozeß. Ein Rekonstruktionsversuch", 1991, S.64-65, 82.

patronus an und unterstand weiterhin in gewissem Umfang dessen *potestas*.[19] Beide Parteien waren sich weiterhin verpflichtet, nur bestand das Verhältnis nun nicht mehr zwischen *dominus* und *servus*, sondern zwischen *patronus* und *libertus*. Das neu entstandene Verhältnis wurde vor allem durch die humane Behandlung und die gegenseitige Achtung des *libertus* charakterisiert, welche ihm in diesem Umfang als Sklave häufig versagt gewesen waren. Diese Neudefinition des Verhältnisses half, den sozialen Unterschied nicht nur zu überbrücken, sondern ermöglichte auch eine tatsächliche freundschaftliche Verbindung zwischen den Parteien.[20]

Aus der veränderten Verbindung ergaben sich auch Pflichten für die Beteiligten: Der Patron gewährte Rechtsschutz und häufig Unterkunft, im Austausch dafür leistete der Freigelassene eine einmalige Zahlung in Höhe von fünf Prozent seines eigenen Wertes aus seinem *peculium* und verpflichtete sich unter anderem zur finanziellen Unterstützung des Patrons, Beistand bei dessen Kandidaturen und die Pflege des Rufs nach dessen Ableben. Das sichtbarste Zeichen des Verhältnisses bestand darin, dass der *libertus* und seine Nachfahren Praenomen und Gentilnomen des Patrons annahmen, wodurch sie stets als zum Patron zugehörig erkannt wurden.[21] Bei der Annahme des Namens handelte es sich nicht um eine formelle Adoption, wie sie etwa bei Plinius erfolgt war, sondern lediglich um ein Zeichen der Loyalität und Zugehörigkeit. Weiterhin schlug sich in der Annahme des Namens die Großzügigkeit des Patrons sichtbar nieder. Dieser Akt blieb solange unvergessen, wie der Freigelassene und seine Angehörigen und somit der Name des Patrons weiterlebten.[22]

---

19 Gardner, Jane F.: „The Adoption of Roman Freedmen“, 1989, S.237-238.

20 Christes, Johannes: *Sklaven und Freigelassene als Grammatiker und Philologen im antiken Rom*, 1979, S.189; Vgl. auch Chantraine, Heinrich: „Zur Entstehung der Freilassung mit Bürgerrechtserwerbs in Rom“, 1972, S.60.

21 Bleicken, Jochen: *Verfassungs- und Sozialgeschichte des Römischen Kaiserreichs, Bd. 1*, 1995[4], S. 198; Mommsen, Theodor: *Römisches Staatsrecht. Bd. 3, Teil 1*, 1871[3], S.65, 82. Vgl. Eisenstadt, Shmuel N./Roniger, Luis: *Patrons, clients and friends*, 1984, S.54. Siehe dazu auch Plin. *Ep.* 10.104.

22 Vgl. Crook, Zeba A.: *Reconceptualising Conversation*, 2004, S.230-231. Carla Doria: „Zum Bürgerrecht der Freigelassenen“, 1993, S.248-249, 259 betont, dass die Teilnahme an politischen Wahlen zugunsten des Patrons überhaupt der Anlass war, warum Sklaven ursprünglich freigelassen wurden.

Die bestehenden Pflichten wurden nicht nur aus reinem Wohlwollen ausgeübt; kam ihnen der Freigelassene aus irgendeinem Grund nicht nach, drohten Strafen vom Besitzeinzug über Verbannung bis hin zur Wiederversklavung.[23] Bei Plinius findet sich ein Fall, in dem ein Freigelassener für ein nicht bezeichnetes Vergehen aus dem Haus seines Patrons Sabinianus verbannt worden war. In der Hoffnung auf Hilfe und Vermittlung wandte sich der Ausgestoßene an Plinius, der daraufhin seinen Freund schriftlich um Nachsicht bat. In seinem Brief stellt sich der Autor auf die Seite des Herrn und bestätigt ihn in seinem Zorn auf den Freigelassenen, doch verweist er auf die Jugend des *libertus* – und vermutlich das damit verbundene ungestüme Verhalten – weswegen er Sabinianus zu besänftigen sucht.[24] Dass der Verstoßene Zuflucht beim Freund seines Herren suchte, war nicht unüblich;[25] warum er sich gerade für Plinius entschied, ob dieser der Nächstgelegene war oder den meisten Einfluss auf Sabinianus auszuüben vermochte, ist unklar. Seine Erwartungen wurden nicht enttäuscht: Nachdem Plinius in 9.21 an Sabinianus appelliert hatte, geht aus 9.24 hervor, dass Sabinianus seinen Freigelassenen wieder „in Haus und Herz aufgenommen" habe.[26] Einfluss und Urteilsvermögen des Senators aus Comum halfen so, auch auf unterster Ebene zu vermitteln.

Wollten Patrone ihren Sklaven einen besonderen Gefallen erweisen, konnten sie über die Freilassung hinaus das *ius quiritium* erwirken, um ihnen dadurch sämtliche Rechte eines römischen Bürgers zukommen zu lassen. Diesen Schritt ging auch Antonia Maximilla, indem sie sich an Plinius als Vermittler wandte, der daraufhin an Traian weitervermittelte und der Bitte Nachdruck verlieh.

Die Vergabe des Bürgerrechts konnte auf mehreren Wegen erfolgen: Freigelassene konnten beispielsweise beim nächsten Zensus von ihrem Herrn als Bürger ihrer *tribus* eingetragen werden.[27] Eine weitere Möglichkeit war die testamentarisch festgelegte Freisetzung, die mit dem Tode des Besitzers in Kraft

23 Mommsen, Theodor: *Römisches Staatsrecht. Bd. 3, Teil 1*, 1871³, S.65, 82. Siehe auch Eisenstadt, Shmuel N./Roniger, Luis: *Patrons, clients and friends*, 1984, S.54-55.

24 Plin. *Ep.* 9.21.

25 Vgl. Kudlien, Fridolf: „Zur Situation des flüchtigen Sklaven in der Antike", 1988, S.239-240.

26 Plin. *Ep.* 9.24: *in domum, in animum recepisti.*

27 Gai. *Inst.* 1.17. Dazu auch Bradley, Keith R.: *Slavery and society at Rome,* 1994, S.155.

trat. Die ebenfalls im Jahre 2 v. Chr. erlassene *Lex Fufia Caninia* legte fest, wie viele Sklaven per Testament freigelassen werden durften.[28] Dieses Gesetz sollte gewährleisten, dass nur diejenigen Sklaven die Freiheit erhielten, die sie sich verdient hatten.[29] Die Notwendigkeit, ein solches Gesetz zu erlassen, belegt, dass Beerdigungen durch das Vorzeigen der Sklaven und deren Freilassung zu Zurschaustellungen von Reichtum und Großzügigkeit der Toten ausuferten.[30] Plinius selbst hinterließ testamentarisch eine Summe von fast 2.000.000 Sesterzen für den Unterhalt seiner einhundert Freigelassenen. Dabei ist sowohl unklar, welchem Prozentsatz aller Sklaven des Senators dies entsprach, als auch, ob diese erst per Testament freigesetzt wurden oder zu diesem Zeitpunkt bereits frei waren.[31]

Antonia nahm mit der Bitte um das Bürgerrecht einen weiteren möglichen Weg, entweder, weil sie keine der anderen Möglichkeiten wahrnehmen konnte oder weil bei der *manumissio* nicht alle Auflagen beachtet worden waren. In diesem Fall gehörten die Freigelassenen der Gruppe der *Latini Iuniani* an: Diese waren den Besitzern des römischen Bürgerrechts rechtlich untergeordnet, insbesondere das Besitzrecht und Wahlrecht betreffend, konnten aber durch einen späteren Akt von Seiten des Kaisers zu Vollbürgern ernannt werden.[32] Die Konzepte Freiheit und Bürgerrecht waren für die Römer also alles andere als kongruent oder untereinander austauschbar.[33]

Antonia Maximilla wusste um die Nähe des Plinius zum Kaiser und bat ihn daher, seinen Einfluss bei Traian geltend zu machen. Der Brief des Senators an den Princeps fällt kurz aus: Ohne großes Geplänkel gibt er nach dem Namen der *patrona* und jene der betroffenen *liberti* an um sie einwandfrei identifizieren zu können. Beide Personen tragen den Namen der Patronin – Antonia Hedia und Antonia Harmeris[34] – doch ist er bei Ersterer nicht vollständig; dies könnte ein

[28] Gai. *Inst.* 1.42-43.

[29] Bradley, Keith R.: *Slavery and society at Rome*, 1994, S.10.

[30] Wiedemann, Thomas E. J.: „The Regularity of Manumission at Rome“, 1985, S.168. Dazu auch Christes, Johannes: *Sklaven und Freigelassene als Grammatiker und Philologen im antiken Rom*, 1979, S.186.

[31] Vgl. Gasser, Franziska: *Germana Patria*, 1999, S.199.

[32] Vgl. Bradley, Keith R.: *Slavery and society at Rome,* 1994, S.155.

[33] Chantraine, Heinrich: „Zur Entstehung der Freilassung mit Bürgerrechtserwerbs in Rom“, 1972, S.64-65.

[34] Plin. *Ep.* 10.5.2.

Fehler des Autors sein oder an einer fehlerhaften Übersetzung liegen, da Plinius sonst immer die Namen vollständig angibt.[35] Die Vergabe des *ius quiritium* scheint formell keinerlei Schwierigkeit dargestellt zu haben, da Plinius Traian in 10.6 dafür dankt, dass dieser der Bitte ohne Verzug nachgekommen sei.[36] In exakt gleicher Weise erbittet Plinius im 11. Brief an Traian das *ius quiritium* für drei weitere Freigelassene. In dieser Epistel gibt er die vollständigen Namen der *liberti* an, nicht jedoch ihrer Patrone.[37]

Ein weiterer Brief, in dem sämtliche bereits erwähnten Faktoren zusammenkommen, befindet sich kurz vor dem Ende des zehnten Buches und der Briefsammlung überhaupt: Der Senator Gaius Valerius Paulinus[38] hatte laut Testament Plinius alle seine Freigelassenen hinterlassen. Die testamentarische Einsetzung ist ein letzter Ausdruck der langen und herzlichen Verbindung zu Plinius, die sich durch fast die gesamte überlieferte Korrespondenz zieht: Die insgesamt fünf überlieferten Briefe behandeln unterschiedliche Themen des Alltags, wie sie zwischen Freunden ausgetauscht werden: 4.16 beschreibt die Freude des Plinius darüber, in einem übervollen Gerichtssaal plädiert haben zu dürfen; 9.3 enthält Gedanken über Vergängliches und Unsterbliches. Zwei weitere Briefe behandeln die *amicitia* der beiden Männer selbst und belegen den Versuch, den Kontakt zueinander aufrecht zu erhalten: In 2.2 ist Plinius erzürnt (*irascor*), weil er lange nichts von seinem Freund gehört habe und so die ständige Verbindung als Grundlage der *amicitia* unterbrochen wurde. Der Autor mahnt daher Paulinus, als Wiedergutmachung möglichst viele und lange Briefe zuzusenden, damit Plinius wieder am Leben des Freundes teilhaben könne. Um nicht selbst als treulos zu gelten, entschuldigt sich Plinius in 9.37 im voraus dafür, dass er nicht zum Antritt des Paulinus als Suffektconsul (im Jahre 107) kommen könne, da die Verwaltung seiner Güter keinen Aufschub dulde. Dabei ist sich Plinius sicher, dass Paulinus das Fernbleiben seines *familiaris amicus* Plinius nicht übel nehmen würde. Die zwischen den beiden Männern bestehende Vertraulichkeit nutzt Plinius in Brief 5.19: In dem Wissen, dass auch Paulinus seine Sklaven und Freigelassenen gut

[35] Instinsky, Hans Ulrich: „Formalien im Briefwechsel des Plinius mit Kaiser Trajan", 1969, S.7.

[36] Plin. *Ep.* 10.6: *sine mora indulsisti.*

[37] Plin. *Ep.* 10.11.

[38] *PIR*^{2} P 171.

behandle, bittet Plinius darum, seinen erkrankten Freigelassenen Zosimus zur Erholung auf die Güter des Freundes schicken zu dürfen. Als ginge es in diesem Fall um eine Empfehlung, beschreibt Plinius den *libertus* und belegt seine Zuneigung zu diesem, wie an anderer Stelle ausgeführt wurde.

Diese Fürsorge war denn auch der Anlass, warum Paulinus beschlossen hatte, Plinius als Erben über sämtliche Freigelassenen einzusetzen. Da auch diese nur über latinisches Recht verfügten, wandte sich Plinius nun mit einer weiteren Bitte an den Kaiser, zunächst dreien von ihnen das quiritische Recht zu verleihen; für den Rest wollte er bei anderer Gelegenheit bitten, da er in seiner Bitte bescheiden bleiben wolle, müsse er die *indulgentia* des Kaisers doch um so maßvoller in Anspruch nehmen, je öfter er sie erfahre.[39] Zuletzt gibt der Verfasser die vollständigen Namen der *liberti* an; sie alle tragen den Namen des Valerius. Ob es sich bei der Bitte um den Willen des Verstorbenen handelt oder ob sie von Plinius stammt, geht aus dem Brief nicht hervor.[40] Lässt sich bei der Bitte der Antonia Maximilla nur indirekt das Wirken des Princeps erkennen, stellt *Ep.* 10.105 dessen unmittelbare Antwort auf die Anfrage nach den Freigelassen des Valerius dar. Er schreibt, dass er bereitwillig den ehrenwerten Wunsch erfülle und verspricht zugleich, dass er auch allen anderen Freigelassenen des Valerius das Bürgerrecht verleihen wolle, sobald Plinius dies beantrage.[41]

Fürsorgliche Patrone wie Antonia und Plinius versuchten, ihren Freigelassenen das Bürgerrecht zu verschaffen, damit diese sich ein besseres Leben aufbauen konnten. Doch auch mit dem *ius quiritium* erhielten die *liberti* aufgrund ihrer Herkunft nur begrenzten Zugang zu Rechtsgeschäften: In einem Status des „dependent freedom“[42] durften sie zwar mit dem neu gewonnenen Bürgerrecht die Ehe mit römischen Bürgern eingehen, Besitz erwerben und einer beruflichen Tätigkeit nachgehen, jedoch ausschließlich mit der Erlaubnis des *patronus*.[43]

---

[39] Plin. *Ep.* 10.104: *vereror enim, ne sit immodicum pro omnibus pariter invocare indulgentiam tuam, qua debeo tanto modestius uti, quanto pleniorem experior.*

[40] Plin. *Ep.* 10.104.

[41] Plin. *Ep.* 10.105: *Cum honestissime iis, qui apud fidem tuam a Valerio Paulino depositi sunt, consultum velis, matura per me. Iis interim, quibus nunc petisti, dedisse me ius Quiritium referri in commentarios meo iussi idem facturus in ceteris, pro quibus petieris.*

[42] Eisenstadt, Shmuel N./Roniger, Luis: *Patrons, clients and friends*, 1984, S.54.

[43] Crook, Zeba A.: *Reconceptualising Conversation*, 2004, S.229.

Der niederen Abstammung war es auch geschuldet, dass den Freigelassenen des Valerius und der Antonia sowohl das Wahlrecht als auch der Eintritt in militärische und politische Ämter verwehrt blieben.[44] Auch in vielen anderen Berufen konnten sie aufgrund fehlenden Ansehens keinen Fuß fassen. Erst ihre frei geborenen Nachkommen wurden als Vollbürger anerkannt.[45]

In Rückbesinnung an ihre Vergangenheit zeigten die *liberti* häufig besonderen Fleiß, um den sozialen Aufstieg zu schaffen. Dadurch gelangten sie nicht selten zu Wohlstand, häufig durch Geldgeschäfte oder Grundbesitz, was ihnen einiges Ansehen und Mitsprache in den Gemeinden einbrachte.[46] Rechtlich wurden sie jedoch für gewöhnlich wie ein eigener Stand betrachtet.[47] Auch Plinius erkannte Freigelassene als eigene Gruppe an, unabhängig davon, in welchem Stand sich diese befanden. Dies zeigt sich am Brief über den Mord am Senator Macedo, den er stets nur als Macedo bezeichnet um dessen Herkunft hervorzuheben und von sich selbst und seinem Adressaten zu trennen.[48]

3. Peregrine

Nicht nur Sklaven, auch Fremde aus den Provinzen (*peregrini*) entbehrten der Vorteile der römischen Vollbürgerschaft. Um in den Genuss sämtlicher Rechte zu kommen, war auch hier die Verleihung des *ius quiritium* durch den Kaiser vonnöten. Durch dieses Recht wurde ihnen die Aufnahme in die Elite in ihrer eigenen Provinz und das damit verbundene Übernehmen von Ehrenämtern sowohl in der Heimat als auch in Rom ermöglicht.[49]

---

44 Chantraine, Heinrich: „Zur Entstehung der Freilassung mit Bürgerrechtserwerbs in Rom", 1972, S.62.

45 Sherwin-White, Adrian N.: *The Letters of Pliny*, 1966, S.247. Christes, Johannes: *Sklaven und Freigelassene als Grammatiker und Philologen im antiken Rom*, 1979, S.192-193 führt dies am Beispiel des Lehrerberufs aus.

46 Dahlheim, Werner: *Die griechisch-römische Antike, Bd. 2*, 1979, S.193-194.

47 Alföldy, Géza: *Römische Sozialgeschichte*, 2011^4, S.138-139.

48 Personen von Stand nennt Plinius bei vollem Namen. Williams, Kathryn F.: „Pliny and the Murder of Larcius Macedo", 2006, S.420.

49 Sherwin-White, Adrian N.: *The Roman Citizenship*, 1939, S.206-207.

Dabei wandelte sich die Bedeutung des Bürgerrechts über die Zeit drastisch: Suetons Augustusvita zeigt, dass das römische Bürgerrecht im frühen Principat noch ein Privileg darstellte, da sich der erste Kaiser in einigen Fällen gegen die Vergabe des Bürgerrechts an einzelne Personen entschied.[50] Zugleich erhob er eine größere Zahl *oppida* in den Regionen Hispania, Gallia Narbonensis und Gallia Cisalpina in den Status von *municipia*, um Siedler anzulocken.[51]

Unter den folgenden Kaisern wurde das *ius* kaum noch wegen seiner politischen Bedeutung verliehen, sondern eher als Art der Auszeichnung für besondere Dienste und Leistungen gegenüber der *res publica*. Insbesondere in der Regierungszeit des Claudius wurde einer Vielzahl Soldaten nach 25 Jahren Dienstzeit gemeinsam mit ihren Familien das Bürgerrecht in Form von Militärdiplomen zuteil.[52] Zudem plante der Kaiser, die Eliten der Gallia Comata aufgrund ihrer Treue zu Rom in den Senatorenstand zu erheben.[53] Die Politik der Kaiser Augustus und Claudius macht deutlich, dass sie das *ius quiritium* keineswegs wahllos oder gar inflationär vergaben, sondern hauptsächlich dem engen Personenkreis der altgedienten Veteranen und ausgesuchten provinziellen Eliten, die allesamt ihren Wert für das Reich unter Beweis gestellt hatten.[54]

Unter den Flaviern und Traian wurde das *ius quiritium* zusehends häufiger an Personen und Gemeinden vergeben; so ließ Traian in der kurz zuvor eroberten Provinz Dacia mehrere Gemeinden innerhalb weniger Jahre zu *municipia* und *colonia* erheben. Wer sich an hochstehenden Persönlichkeiten des Reiches verdient

---

[50] Suet. *Aug.* 40.3. Der erste genannte Fall betrifft Tiberius, der sich für einen griechischen Klienten einsetzte. Augustus forderte den Griechen auf, persönlich zu erscheinen und sich des Rechts würdig zu erweisen, woraus ersichtlich wird, dass Augustus selbst den Mann als unwürdig erachtete. Auch der Livia erteilte Augustus eine Absage, als sie sich für einen gallischen Klienten verwendete. Der Kaiser begründete seine Entscheidungen damit, er wolle die Römer vor der Vermischung mit fremdem Blut bewahren.

[51] Sherwin-White, Adrian N.: *The Roman Citizenship*, 1939, S.171-172, 174; Coşkun, Altay: *Großzügige Praxis der Bürgerrechtsvergabe in Rom?*, 2009, S.32.

[52] Wolff, Hartmut: „Die römische Bürgerrechtspolitik nach den Militärdiplomen“, 2007, S.357. Diese Politik stieß gerade in der Oberschicht auf Kritik, wie unter anderem bei Senecas *Apocolocyntosis* 3 deutlich wird. Siehe dagegen das spätere Urteil Suetons *Claud.* 25.3.

[53] Tac. *Ann.* 11.23-24. Siehe dazu auch Coşkun, Altay: *Großzügige Praxis der Bürgerrechtsvergabe in Rom?*, 2009, S.17-18; Sherwin-White, Adrian N.: *The Roman Citizenship*, 1939, S.174-175.

[54] Coşkun, Altay: *Großzügige Praxis der Bürgerrechtsvergabe in Rom?*, 2009, S.21.

gemacht hatte, konnte ebenfalls das Bürgerrecht erhalten.[55] Auch Plinius machte von dieser Möglichkeit Gebrauch, indem er seine Möglichkeiten als römischer Bürger und sein soziales Kapital als Senator nutzte, um Personen zu römischen Bürgern zu machen, die sich seine Dankbarkeit verdient hatten.[56]

Die zunehmend liberale Vergabe des *ius quiritium* durch die Kaiser war Teil eines unaufhaltsamen Prozesses, bis Caracalla schließlich 212 mit der *Constitutio Antoniniana* allen freien Bewohnern des Reiches das römische Bürgerrecht zuerkannte.[57] Mit seinen Bitten, Personen zu römischen Bürgern zu machen, trug Plinius einen gewissen Anteil an diesem Prozess. Somit fügen sich die nachfolgend zu untersuchenden Fälle nahtlos in die Politik der römischen Kaiser ein.

Harpocras und Postumius Marinus

Zu Beginn des 10. Buches findet sich eine Reihe von Briefen, die den ägyptischen Arzt Harpocras zum Gegenstand haben. Dieser hatte Plinius bei einer schweren Krankheit geholfen, wofür er sich nun mit dem Bürgerrecht bedanken wollte, weshalb er sich an Traian wandte. Die Bitte um das Bürgerrecht für ihn befindet sich im selben Brief wie jene im Namen der Antonia Maximilla. Auch hier fasst sich der Autor kurz und bündig:

> Vergangenes Jahr, Herr, habe ich, von einer schweren, fast lebensgefährlichen Krankheit geplagt, einen Masseur zu Rate gezogen, dessen Sorge und Bemühung ich nur durch die Gnade deiner Großzügigkeit angemessenen Dank vergelten kann. Daher bitte ich, dass du ihm das römische Bürgerrecht verleihst. Er ist nämlich in der Situation eines Peregrinen, freigelassen von einer Peregrinen. Er selbst heißt Harpocras, seine Patronin war Thermuthis, Gattin des Theon, die schon längst verstorben ist.[58]

---

55 Sherwin-White, Adrian N.: *The Roman Citizenship*, 1939, S.168.

56 Vgl. Eisenstadt, Shmuel N./Roniger, Luis: *Patrons, clients and friends*, 1984, S.60.

57 Vgl. Sherwin-White, Adrian N.: *The Roman Citizenship*, 1939, S.194-197; Bradley, Keith R.: *Slaves and Masters in the Roman Empire*, 1994, S.87-88; Mathisen, Ralph W.: „Peregrini, Barbari, and Cives Romani: Concepts of Citizenship and the Legal Identity of Barbarians in the Later Roman Empire", 2006, S.1014.

58 Plin. *Ep.* 10.5.1-2: *Proximo anno, domine, gravissima veletudine usque periculum vitae vexatus iatralipten adsumpsi, cuius sollicitudini et studio tuae tantum indulgentiae beneficio referre*

Eine direkte Antwort des Kaisers ist auch hier nicht überliefert; wie bei den Freigelassenen der *patrona* erfährt der Leser indirekt im folgenden Brief, dass Traian auch dieser Bitte nachkam.[59] Es schien selbstverständlich, dass der Kaiser die Obligationen für seinen senatorischen Freund abtragen sollte, obwohl Traian zuvor in keiner Weise involviert gewesen war. Das mag vor allem daran gelegen haben, dass dem Princeps dadurch keinerlei Aufwand oder Nachteil erwuchsen. Stattdessen band er dadurch mehr Personen an sich, auf die er sich stützen konnte und zeigte gleichzeitig seine Großzügigkeit.

Beim erforderlichen Prozedere ergaben sich nun Komplikationen dahingehend, dass Harpocras nicht nur ein *peregrinus* war, sondern auch zugleich der Freigelassene einer *peregrina*. Dies verkomplizierte die Vergabe des *ius quiritium* insofern, dass der Ägypter zunächst das alexandrinische Bürgerrecht benötigte, bevor ihm das römische verliehen werden konnte. Analog zu den römischen *manumissiones* konnte die Patronin ihn als alexandrinischen Bürger eintragen, was jedoch aus irgendeinem Grund nicht geschehen war.[60] Hinzu kommt, dass Augustus bei der Eroberung Ägyptens dessen Bevölkerung dauerhaft in den Status von *dediticii* versetzt hatte, was zur Folge hatte, dass Ägypter rechtlich Provinzielle waren und im Normalfall kein Anrecht auf das römische Bürgerrecht besaßen.[61]

Plinius war sich dieser Probleme nicht bewusst: Er wurde bei der Antragstellung darauf hingewiesen, dachte jedoch, dass die ägyptische Herkunft des Mannes die Verzögerung verursache, nicht der Umstand, dass er zusätzlich einst ein Sklave gewesen war. Auf seinen Fehler hingewiesen, bittet er Traian nachträglich um die Verleihung sowohl des alexandrinischen als auch des römischen Bürgerrechts.

gratiam parem possum. Quare rogo, des ei civitatem Romanam. Est enim peregrinae codicionis, manumissus a peregrina. Vocatur ipse Harpocras, patronam habuit Thermutin Theonis, quae iam pridem defuncta est.

59 Plin. *Ep.* 10.6.

60 Wie Jane Gardner in *Being a Roman Citizen*, 1993, S.4, 87-90 belegt, konnten Frauen für gewöhnlich zwar das Patronat über Sklaven halten, nicht jedoch über Freigelassene. In diesem Fall muss jedoch die Ausnahme vorliegen, dass die Patronin bereits verwitwet gewesen war und somit die *potestas* auch über die *liberti* innehatte, als sie Harpocras in die Freiheit entließ.

61 Gizewski, Christian: *DNP*, Bd. 3, Sp. 360, s. v. Dediticii. Einen entsprechenden Fall hatte es bereits unter Claudius gegeben, der im Jahre 45 einem Ägypter und seiner Familie das *ius quiritium* verlieh. Siehe Sherwin-White, Adrian N.: *The Roman Citizenship*, 1939, S.189.

Seine erneute Bitte bedrückt Plinius keineswegs; vielmehr beschreibt er seine Freude, erneut die *indulgentia* des Kaisers anrufen und erfahren zu dürfen.[62]

Traian gibt in seiner Antwort auf diese zweite Bitte zu Bedenken, er verleihe gemäß Brauch nur in Ausnahmefällen das alexandrinische Bürgerrecht.[63] Darüber hinaus konnte der Kaiser selbst das alexandrinische Bürgerrecht nicht vergeben, sondern nur empfehlen, da der Osten des Reiches eine eigene Verwaltungsstruktur besaß, in die sich Traian nicht ohne weiteres einmischen wollte.[64] Im Gegensatz zum römischen war die Vergabe des alexandrinischen Bürgerrechts also tatsächlich mit Umständen verbunden und konnte nicht ohne Weiteres vollzogen werden.

Traian versichert in seiner Antwort, er wolle dem *Praefectus Aegypti* schreiben, um Harpocras aus formellen Gründen das alexandrinische Recht verleihen zu lassen, nachdem er bereits das römische erteilt hat.[65] Die Provinz Ägypten verfügte über kein einheitliches Bürgerrecht; jede größere Stadt und die Gemeinden standen für sich. So gab es in Ägypten neben dem römischen und ägyptischen auch etliche Angehörige anderer Bürgerrechtsformen.[66] Verbunden mit vielen bestehenden Vorurteilen gegenüber Ägyptern erschien der Eindruck, sie wären des römischen Bürgerrechts unwürdig, wodurch die Bitte des Plinius eine weitere Brisanz erhielt.[67] Dennoch kam Traian dem Antrag des Plinius nach, der sich so bei Harpocras für die Hilfe bedankte.[68]

Dass Harpocras ein doppeltes Bürgerrecht erhalten konnte, war erst seit der späten Republik möglich; davor war es untersagt. Dabei war es für Harpocras von einiger Bedeutung, da er beim Besitz des alexandrinischen Rechts allein aufgrund des fehlenden *conubiums* und *commerciums* im Alltag einigen Hindernissen ausgesetzt geblieben wäre.[69] Die ursprüngliche Zugehörigkeit aufzugeben konnte

---

62 Plin. *Ep.* 10.6: *De qua ignorantia mea non queror, per quam stetit, ut tibi pro eodem homine sapius obligarer.*

63 Plin. *Ep.* 10.7.

64 Sherwin-White, Adrian N.: *The Letters of Pliny*, 1966, S.570.

65 Plin. *Ep.* 10.7.

66 Sherwin-White, Adrian N.: *The Letters of Pliny*, 1966, S.566-567.

67 Alföldy, Géza: *Römische Sozialgeschichte*, 2011^4, S.146-147. Tac. *Hist.* 1.11: insciam legum, ignaram magistratuum.

68 Sherwin-White, Adrian N.: *The Letters of Pliny*, 1966, S.569.

69 Vgl. Gardner, Jane F.: „Making Citizens: The Operation of the Lex Irnitana“, 2001, S.216; Garnsey, Peter: „Roman Citizenship and Roman Law in the Late Empire“, 2004, S.136-138.

ebenfalls keine Lösung sein, da der Ägypter in diesem Fall zwar problemlos mit Römern Kontakt pflegen konnte, von den Bewohnern seiner Heimat wandte er sich hingegen in gewisser Hinsicht ab. Nur die Kombination aus alexandrinischem und römischem Bürgerrecht ermöglichte Harpocras den reibungslosen Ablauf von Geschäften und den Umgang mit Römern und seiner Heimatstadt gleichermaßen.[70]

In gleicher Weise wie bei Harpocras bittet Plinius im elften Brief Traian um das Bürgerrecht für die Angehörigen seines Arztes Postumius Marinus, der Plinius ebenfalls bei dessen Krankheit behandelt hatte. Auch in diesem Fall sieht der Autor die *indulgentia* Traians als angemessene Möglichkeit des Dankes. Diesmal bittet er hingegen um das Bürgerrecht für die Angehörigen des Arztes in einer Provinz. Plinius erweitert sein Gesuch noch um die Bedingung, dass die Familie das Patronatsrecht über ihre Freigelassenen behalten sollte.[71] Dieser Teil der Bitte erübrigte sich von allein, da eine Person, der ein neues Bürgerrecht zukam, ohnehin den Patronat über ihre *liberti* beibehielt, ohne dass diesen ebenfalls das entsprechende Bürgerrecht zukam.[72] Dies mag mit der Unwissenheit des Plinius im Zusammenhang mit dem Bürgerrecht zu erklären sein, die er bereits im Falle des Harpocras bewiesen hatte.

Der Brief selbst ist wie gewohnt knapp und pragmatisch gefasst und enthält alle erforderlichen Informationen, die Traian benötigte: Plinius gibt den vollständigen Namen des Arztes an, was diesen als Inhaber des *ius quiritium* ausweist.[73] Möglicherweise wurde ihm das Recht aufgrund seiner Tätigkeit als Arzt bereits früher von einem anderen Patron vermittelt; nun sollten seine Angehörigen als Dank für die Hilfe des Postumius für Plinius zu römischen Staatsbürgern werden.

Cicero war strikt gegen das doppelte Bürgerrecht und begründete dies mit den unterschiedlichen und unvereinbaren Rechtsnormen: Cic. *Balb.* 31. Siehe auch Sherwin-White, Adrian N.: „The Roman Citizenship", 1972, S.49-50.

70 Vgl. Gardner, Jane F.: „Making Citizens: The Operation of the Lex Irnitana“, 2001, S.212, 217.

71 Plin. *Ep.* 10.11.2: *Rogo ergo, ut propinquis eius des civitatem, Chrysippo Mithridatis uxorique Chrysippi, Stratonicae Epigoni, item liberis eiusdem Chrysippi, Epigono et Mithridati, ita sunt in patris potestate utque ii in libertos servetur ius patronorum.*

72 *Lex Irnitana* 23, hier nach Wolf, Joseph Georg: *Die Lex Irnitana*, 2011, S.51. Die *Lex Irnitana* mag auf eine Gemeinde zugeschnitten sein, doch ist etwa mit der *Lex Salpensana* ein weiteres Gesetz bekannt, welches in den Grundzügen nahezu identisch ist. Es kann daher davon ausgegangen werden, dass die meisten Artikel des Gesetzes allgemein gültig waren. Siehe dazu auch Galsterer, Hartmut: *DNP*, Bd. 7, Sp. 122, s. v. Lex Salpensana.

73 Instinsky, Hans Ulrich: „Formalien im Briefwechsel des Plinius mit Kaiser Trajan“, 1969, S.6.

Die Antwort Traians kennen wir nicht, doch gibt es aufgrund der Selbstverständlichkeit, mit der die vergleichbare Bitte für Harpocras erfüllt wurde, keinen Anlass zu zweifeln, dass er den Wunsch erfüllte.

Die Fälle von Harpocras und Postumius sind gute Beispiele dafür, wie der Kontakt mittels Vermittlern zur Machtspitze hergestellt werden konnte. Dabei ist das Geflecht im Falle des Postumius etwas komplizierter als im Falle des Harpocras, da diesmal nicht der Arzt selbst, sondern seine Angehörigen Empfänger der Zuwendung waren. Die Vielzahl der Briefe, die sowohl von Plinius als auch von Traian kurz und zweckgebunden gehalten sind, belegen, wie alltäglich und selbstverständlich diese Form des Kontaktes durch die Schichten war und dass dabei selbst Hindernisse wie im Falle des Harpocras überwunden wurden.

Da Plinius das Bürgerrecht nicht selbst vergeben konnte, musste er sich hierfür an Traian wenden. Am erstaunlichsten ist dabei die Tatsache, dass es der Kaiser ohne zu zögern übernahm, die Obligationen des Plinius bei dessen Ärzten zu übernehmen. Plinius hätte leicht andere Möglichkeiten finden können, sich bei den Peregrinen erkenntlich zu zeigen, ohne eine dritte Partei um eine Gefälligkeit zu bitten, doch sah er die Aufnahme in die römische Bürgerschaft als die geeignetste Dankesgeste an. Durch das *ius quiritium* wollte er den Männern die Rechte und Freiheiten gewähren, die er selbst bereits genoss und als selbstverständlich erachtete, doch für die Nichtrömer eine bedeutende Verbesserung darstellten. Dadurch machte Plinius immer wieder Gebrauch von der *indulgentia* des Kaisers, ohne sich dabei Sorgen zu machen, dass er sich eigentlich immer weiter in die Abhängigkeit Traians begab; das Ungleichgewicht konnte er ohnehin nie ausgleichen, weshalb es ihm auch nicht schwer fiel, die Obligationen immer weiter anzuhäufen, wie er selbst an anderer Stelle ausführt.[74]

[74] Plin. *Ep.* 10.51.

Publius Accius Aquila

Ein letzter Brief, der mit der Bitte um das römische Bürgerrecht untersucht werden soll, findet sich gegen Ende des Briefwechsels mit dem Kaiser. Der 106. Brief informiert Traian über die Bitte des Centurios P. Accius Aquila, seiner namentlich nicht genannten Tochter das *ius quiritium* zukommen zu lassen. Die Bittschrift des Soldaten war dem Brief beigefügt. Plinius setzte voraus, dass der Princeps im Sinne des Accius Aquila entscheiden würde, „da ich weiß, mit welcher Geduld und Menschlichkeit Du gewöhnlich die Bitten der Soldaten gewährst.“[75] Plinius spart sich die Erwähnung von Angaben wie Namen oder Orten, da diese zweifellos im Brief des Bittstellers enthalten waren.

Um den Rang eines Centurios zu erreichen, musste Accius selbst das römische Bürgerrecht innehaben.[76] Dass er nun um das *ius quiritium* für seine Tochter ersuchte, lässt vermuten, dass sie das Ergebnis der Beziehung des Soldaten mit einer Nichtrömerin war, weshalb auch die Tochter eine *peregrina* war.[77] Als Gründe, warum Accius das *ius quiritium* erbat, wären unter anderem der Tod der Mutter oder der Wunsch nach einem besseren Leben für das gemeinsame Kind in der Obhut des Vaters denkbar.

Sherwin-White argumentiert, die Aktivität des Senators in dieser Situation sei lediglich auf die Weiterleitung des Briefes beschränkt.[78] Auch wenn es sich hier um keine Bitte von Plinius selbst handelt, ist seine Nachricht tatsächlich mehr als nur ein Begleitbrief für den Wunsch des Soldaten; sie ist auch als Unterstützung seiner Anfrage zu verstehen: Plinius hatte den Wunsch, der Bitte des Centurios Nachdruck zu verleihen, weshalb er den Brief mit eigenem Kommentar an den Kaiser weiterleitete – ein reines Begleitschreiben, ohne den eigenen Einfluss geltend zu machen, wäre untypisch für Plinius. Vor diesem Hintergrund lässt sich auch der letzte Satz des Briefes nachvollziehen, in dem Plinius die Erfüllung der Bitte als selbstverständlich ansieht. Dadurch ließ er Traian praktisch keine andere

[75] Plin. *Ep.* 10.106: *cum scirem, quantam soleres militum precibus patientiam humanitatemque praestare.*

[76] Vgl. Henderson, Mary I.: „The Establishment of the Equester Ordo“, 1963, S.71.

[77] Gai. *Inst.* 1.78.

[78] Sherwin-White, Adrian N.: *The Letters of Pliny*, 1966, S.717.

Wahl als seine *indulgentia* erneut zu beweisen, sofern er Plinius nicht enttäuschen wollte.

Plinius hatte sich nicht geirrt; Traian antwortet kurz und bündig: „Den Brief des P. Accius Aquila [...], habe ich gelesen und auf seine bewegende Bitte hin seiner Tochter das römische Bürgerrecht verliehen.“[79] Diese Information war für Plinius unnötig, wäre nicht auch Traian der Ansicht gewesen, dass Plinius selbst Interesse an diesem Fall hatte.

[79] Plin. *Ep.* 10.107: *Libellum P. Acii Aquilae (...), legi; cuius precibus motus dedi filiae eius civitatem Romanam.*

VII. Städtepatronage

1. Einführende Betrachtungen

Die bisher unternommenen Betrachtungen zur Rolle des Plinius als Patron und Vermittler bezogen sich vornehmlich auf Individuen oder kleinere Gruppen in direktem Kontakt zu ihm selbst und seinen Freunden. Doch auch größere Gruppierungen und ganze Städte konnten geschlossen in die Klientel eines angesehenen Senators eintreten.[1] Ein solcher Schritt kam beiden Seiten zugute, da die Klienten in einer Gruppe größere *beneficia* erwarten durften, während der Patron mehr Ansehen erhielt und mit einer größeren Wohltat ein Zeichen seiner Großzügigkeit an alle Mitglieder der Gruppe sandte. Aus eben jenem Grund stellt Patronage auf lokaler Ebene die effektivste Möglichkeit der Einflussnahme dar. Insbesondere die Landbevölkerung, die in ihrer Zahl kleiner und meist weniger wohlbetucht war als die Stadtbevölkerung und zudem fernab vom Machtzentrum lag, ließ sich durch gelegentliche Gefälligkeiten gewinnen.[2] Dazu kam, dass der Konkurrenzkampf innerhalb der Oberschicht um zusätzliche Klienten auf dem Land nicht so intensiv geführt wurde wie in Rom selbst und durch die wirtschaftliche Abhängigkeit der Bauern ohnehin ein enges Verhältnis zu den Großgrundbesitzern bestand.[3]

Waren Patronatsbeziehungen zwischen Personen schon sehr beständig, wurde dies im Fall der Gemeindepatronage durch einige Faktoren noch verstärkt: Patrone mussten in Gemeinden nur gelegentlich einschreiten, weshalb die Beziehung für sie keine erschöpfende Belastung darstellte.[4] Da auf dem Land verhältnismäßig wenig Menschen lebten, war der Kontakt zwischen ihnen und zum Patron besonders stark ausgeprägt, sodass auch Stiftungen über Generationen hinweg im

---

1 Theodor Mommsen sah in *Römisches Staatsrecht. Bd. 3, Teil 1*, 1871[3], S.63 nicht die Gemeinde als Einheit in der Rolle des Klienten, sondern jeden einzelnen Bürger. Als Beispiel für römischen Euergetismus in den griechischen Provinzen: Touloumakos, Johannes: „Zum römischen Gemeindepatronat im griechischen Osten“, 1988, S.311-313.

2 Medina, Luis Fernando/Stokes, Susan C.: „Monopoly and monitoring: an approach to political clientelism“, 2007, S.76.

3 Yacobson, Alexander: *Elections and Electioneering in Rome*, 1999, S.115.

4 Bleicken, Jochen: *Die Verfassung der Römischen Republik*, 1993[6], S.31.

Gedächtnis behalten wurden.[5] Zusätzlich sind Gruppen der Sterblichkeit nicht in der Form unterworfen wie einzelne Personen, weshalb sie über längere Zeit Klienten eines Patrons und seiner Familie sein konnten als dies zwischen zwei sterblichen Parteien der Fall wäre.[6]

Aus diesen Faktoren erklärt sich, dass die Nachkommen des eigentlichen Patrons die Beziehung fortführen konnten. Hierbei handelte es sich keineswegs um eine Selbstverständlichkeit, da Nachkommen zwar in einem gewissen Maß Verantwortung trugen, aber erst dann offiziell zum *patronus* wurden, wenn die Gemeinde sie als solche anerkannte. Die Möglichkeit hierfür war zwar gegeben, doch konnte sich eine Gemeinde ebenso einen neuen *patronus* suchen, der ihre Interessen besser vertrat. So oder so galten die mit den Nachkommen des ursprünglichen *patronus* abgeschlossenen Verträge als neue Beziehungen, nicht als Fortführung der alten.[7]

Da Städtepatronage zunächst ein typisch griechisches Phänomen war und erst im durch den Kontakt Roms mit dem hellenistischen Osten den Weg in den lateinischen Westen fand, wurde aus der griechischen Bezeichnung *euergetein ten polin* (der Stadt Gutes tun) der Begriff „Euergetismus“ geprägt.[8] Zwischen Euergetismus und Patronage kann dahingehend ein Unterschied gemacht werden, dass es sich bei Euergetismus meist um einmalige Ausgaben handelte, etwa zum Bau von Gebäuden, für Festessen oder Spiele. Sie hatten den Vorteil, dass es sich hier um einen hohen Betrag handelte, wodurch der Gönner besonders großzügig wirkte. Zudem konnte sich der Euerget mit einem Schlag seiner Verpflichtungen entledigen. Solche Ausgaben dienten vor allem dem Prestigegewinn und weniger der Lösung eines Problems. Patronage umfasste dagegen regelmäßige Zahlungen, so für den Unterhalt von Gebäuden oder *alimenta*. Derartige Zahlungen vom

5 Vgl. Kadushin, Charles: *Understanding Social Networks*, 2012, S.29; Veyne, Paul: *Brot und Spiele*, 1990 (=1976), S.371.

6 Eilers, Claude: *Roman Patrons of Greek Cities*, 2002, S.70-71. Dagegen schreibt Johannes Touloumakos: „Zum römischen Gemeindepatronat im griechischen Osten“, 1988, S.319, dass in griechischen Gemeinden die Weitergabe des Patronats an Nachfahren weitgehend unbekannt war.

7 Eilers, Claude: *Roman Patrons of Greek Cities*, 2002, S.64-68, 82-83.

8 Boulanger, André: *Aelius Aristide et la sophistique dans la Province d'Asie*, 1923, S.25; Marrou, Henri-Irénée: *Histoire de l'education dans l'antiquité*, 1948, S.405. Nach Veyne, Paul: *Brot und Spiele*, 1990 (=1976), S.22.

patronus schienen zunächst niedriger, konnten über einen längeren Zeitraum jedoch große einmalige Zahlungen bei weitem übertreffen. Sie waren eher praktisch orientiert und dienten in erster Linie dazu, ein Problem zu beheben und weniger dem Prestigegewinn.[9] Beide Formen lassen sich in den Briefen des Plinius finden und werden zum gegebenen Zeitpunkt als solche dargelegt.

Es gab mehrere Gründe, aus denen eine Patronatsbeziehung zwischen einer Person und einer Gemeinde zustande kommen konnte: Antike Städte, so ein möglicher Grund, lebten über ihre finanziellen Verhältnisse, weshalb sie insbesondere bei großen Bauvorhaben oder Veranstaltungen Unterstützung benötigten.[10] Städte verfügten freilich über ihre eigenen Einnahmequellen, aus denen sämtliche absehbare Ausgaben bestritten werden konnten, darunter Pacht, Zölle Steuern und die nicht unerheblichen *summae honorariae* der Beamten.[11]

Wenn die Mittel der Städte nicht ausreichten, versuchten zunächst die vermögenden Einwohner, Gebäude und Spiele zu finanzieren um so ihr Andenken zu wahren, bevor Hilfe durch einen außenstehenden *patronus* gesucht wurde. Zu den regulären Einnahmen der Städte kamen so die gelegentlichen Beteiligungen der Oberschicht.[12] Von Euergetismus zeugende Inschriften sind jedoch derart häufig vorhanden, dass der Eindruck entsteht, er habe eine vorrangige Bedeutung für die Städte gespielt.[13] Aus den zwei nordafrikanischen Gemeinden Thugga und Thamugadi ist belegt, dass erstere zu einem großen Teil von Privatpersonen unterstützt wurde, während letztere fast doppelt so viele Bauten auf eigene Kosten errichtete wie von Patronen gestiftet wurden.[14] Stellte die Deckung regulärer

---

9 Crook, Zeba A.: *Reconceptualising Conversation*, 2004, S.65; Wesch-Klein, Gabriele: „Rechtliche Aspekte privater Stiftungen während der römischen Kaiserzeit", 1989, S.177.

10 Veyne, Paul: *Brot und Spiele*, 1990 (=1976), S.188-189.

11 Eck, Werner: „Der Euergetismus im Funktionszusammenhang der kaiserzeitlichen Städte", 1997, S.307-312. Für einige italische Städte weist dies Stanisław Mrozek nach: „Zum Kreditgeld in der frühen römischen Kaiserzeit", 1985, S.318; für den Osten des Reiches siehe Stefan Cramme: *Die Bedeutung des Euergetismus für die Finanzierung städtischer Aufgaben in der Provinz Asia*, 2001, S.38-52.

12 Vgl. Eck, Werner: „Der Euergetismus im Funktionszusammenhang der kaiserzeitlichen Städte", 1997, S.314.

13 Mrozek, Stanisław: „Zum Kreditgeld in der frühen römischen Kaiserzeit", 1985, S.317 zeigt die Vielzahl der Stiftungen allein für Comum auf, der Heimatstadt des Plinius.

14 Eck, Werner: „Der Euergetismus im Funktionszusammenhang der kaiserzeitlichen Städte", 1997, S.318-319, 322.

Ausgaben offenbar ein geringes Problem für die Städte dar, boten plötzliche und unerwartete Kosten wie große Gerichtsprozesse, Hungersnöte oder auch Naturkatastrophen Herausforderungen dar, bei der ein *patronus* Hilfe leisten konnte.[15]

Aufgrund ihrer Entfernung zu Rom benötigten Gemeinden neben der direkten materiellen Hilfe ebenso wie Individuen eine Verbindung zum Princeps, wollten sie von dessen *indulgentia* profitieren. Diesen Kontakt stellten sie über ein Mitglied der Oberschicht her, welches möglichst nah zur Spitze der Macht stand – ein Patronatsverhältnis entstand.[16] Eisenstadt und Roniger behaupten, dass Dörfer und Städte als Klienten einflussreicher Römer ihre Autonomie wahren wollten,[17] doch ist diese These in sich widersprüchlich, da durch die Bindung an einen *patronus* die Selbstständigkeit zu einem gewissen Teil zugunsten von Sicherheit nach außen aufgegeben wurde.

Nicht nur die Gemeinden, auch die Patrone müssen ihren Nutzen aus einer solchen Beziehung gezogen haben. Neben offensichtlichen Vorteilen, etwa dass Klientelgemeinden ihrem *patronus* Unterkunft auf Reisen oder Schutz gewähren konnten,[18] könnte der Grund in den politischen Aspirationen der Oberschicht gelegen haben: Durch großzügige Geschenke gerieten ganze Gemeinden in die Klientel einer Person, welche sich im Gegenzug Wählerstimmen und somit wachsenden Einfluss in Rom versprach.[19] Dieses Motiv spielte in der Republik eine Rolle, verlor dagegen im politischen Realität der Kaiserzeit weitestgehend seine Bedeutung. Das Einbüßen der politischen Geltung führte dazu, dass Ritter und Senatoren noch häufiger auf Gemeindepatronage zurückgriffen, in der sie nachhaltigen Einfluss auf die Organisation und Politik des Klienten nehmen konnten, wie es in Rom nicht mehr möglich war. Auf diese Weise erhielt der Gönner teils

15 Scott, James: „Patronage or Exploitation?“, 1977, S.23. Siehe auch Bleicken, Jochen: *Verfassungs- und Sozialgeschichte des Römischen Kaiserreichs, Bd. 1*, 1995⁴, S.183; Eisenstadt, Shmuel N./Roniger, Luis: *Patrons, clients and friends*, 1984, S.246.

16 Vgl. Saller, Richard P.: *Personal Patronage under the Early Empire*, 1982, S.68; Weingrod, Alex: „Patronage and Power“, 1977, S.46; Bleicken, Jochen: *Verfassungs- und Sozialgeschichte des Römischen Kaiserreichs, Bd. 1*, 1995⁴, S.208.

17 Eisenstadt, Shmuel N./Roniger, Luis: *Patrons, clients and friends*, 1984, S.59.

18 Schäfer, Nadja: *Die Einbeziehung der Provinzialen in den Reichsdienst in augusteischer Zeit*, 2000, S.65.

19 Veyne, Paul: *Brot und Spiele*, 1976, S.107-109; Jaques, François/Scheid, John: Rom und das Reich, 2008³, S.353; Bleicken, Jochen: *Die Verfassung der Römischen Republik*, 1993⁶, S.22.

beachtliche politische Macht in der Gemeinde selbst, wodurch sein Ansehen in der Hauptstadt wuchs.[20] Erst im späteren Verlauf der Kaiserzeit war es den Gemeinden schließlich durch den direkten Kontakt zum Princeps möglich, Ressourcen und Schutz aus seiner Hand zu erhalten. Damit einher geht der Niedergang der Städtepatronage.[21]

Politische Interessen und Loyalität der Bewohner lassen sich in den offiziellen Begründungen der Eliten zur Übernahme von Gemeindepatronaten freilich nicht finden: Sie selbst bezeichneten ihre Euergesien als Ausdruck von Liebe zur Heimatstadt, begründeten sie mit dem der Gemeinde erwachsenden Vorteil oder ihrer eigenen persönlichen Verbundenheit, etwa durch Geburt oder verwandtschaftliche Beziehungen.[22] Auch die Stoa bot mit der Lehre vom harmonischem Miteinander mit den Mitmenschen einen willkommenen Anlass, den Patronat über eine Gemeinde zu übernehmen.[23]

Letztlich bleibt die Frage offen, was die einzelnen Motive der Oberschichten waren, als Patrone Verantwortung für ganze Städte zu übernehmen, da nicht zu klären ist, was passiert wäre, wenn sie die unteren Schichten nicht hin und wieder an ihrem Wohlstand beteiligt hätten. Kritik kam zwar ab und an auf, dann aber nicht am System der Patronage an sich, sondern eher daran, wer in den einzelnen Fällen profitierte und wer nicht.[24] Wie die einfachen Bürger dachten – ob sie Stiftungen als Kauf ihrer Loyalität ansahen und ob sie gegebenenfalls Gedanken von Protest hegten – lässt sich durch das Schweigen der Quellen nicht ermitteln, da diese von den Oberschichten stammen, welche selbst ausgiebig Gebrauch von Patronage machten. Was auch immer der Hintergrund gewesen sein mag, das System scheint den Großteil der Bevölkerung zufriedengestellt zu haben: Die Kreise der Ritter und Senatoren blieben an der Macht, während die unteren Schichten am Wohlstand Roms Anteil hatten, sodass sie nicht nach Aufstieg oder gar Aufstand begehrten.

---

[20] Scott, James: „Patronage or Exploitation?“, 1977, S.23.

[21] Eilers, Claude: *Roman Patrons of Greek Cities*, 2002, S.176-178.

[22] Jaques, François/Scheid, John: *Rom und das Reich*, 2008³, S.357; Krieckhaus, Andreas: *Senatorische Familien und ihre patriae (1./2. Jahrhundert n. Chr.)*, 2006, S.18.

[23] Siehe Cic. *Fin.* 3.62-65.

[24] Saller, Richard P.: *Personal Patronage under the Early Empire*, 1982, S.56.

Um das Prinzip der Gemeindepatronage zu verstehen, lohnt es sich, zunächst einen Blick darauf zu werfen, wie eine solche Beziehung zwischen einer Gemeinde und einem *patronus* begründet wurde und zu welchen Punkten sich beide Seiten verpflichteten. Grundsätzlich scheinen Gemeinde und zukünftiger *patronus* bereits vor Abschluss der Patronatsbeziehung in Kontakt gestanden zu haben; denkbar ist hier unter anderem, dass der *patronus* aus verwaltungstechnischen oder geschäftlichen Gründen mit der Stadt vertraut war oder dass es sich gar um seine Heimatstadt handelte.[25] In seinem Aufsatz „Pliny and the Patronage of Communities" teilt John Nicols die Patrone in zwei Kategorien: Die erste Gruppe hatte offiziell den Titel eines Gemeindepatrons inne, verfügte jedoch über zu wenig Einfluss, um von entscheidendem Nutzen zu sein. Die zweite Gruppe besaß die Möglichkeiten des Beistandes, ohne als *patronus* kooptiert zu werden.[26] Freilich muss es auch Patrone gegeben haben, die sowohl den Titel als auch die Mittel besaßen, da das System der Städtepatronage wenig Sinn gemacht hätte, wenn der Titel des *patronus* ohne jegliche Verpflichtungen vergeben worden wäre, wie dies etwa beim *ius trium liberorum* der Fall war.

Über den Ablauf einer solchen Kooptation kann die *Lex Irnitana* Aufschluss geben. Die hispanische Stadt Irni erhielt kurz vor Ende des ersten Jahrhunderts das römische Stadtrecht, also zu Lebzeiten des Plinius. Der *Lex Irnitana* lag derselbe Gesetzestext zugrunde wie anderen bekannten Stadtrechten, etwa jenen von Salpensa und Malaca.[27] Somit kann dieser Text als Beispiel für römisches Munizipalrecht herhalten, auch wenn sich die genannten Städte sämtlich in der Provinz Hispania befanden. Die Grundzüge des Rechts dürften ohne weiteres auf die anderen Teile des Reiches übertragbar sein, da auch in Italien selbst Fragmente von Gesetzestafeln gefunden wurden, welche genau den Angaben der *Lex Irnitana* entsprechen.

Brauchte eine Stadt einen *patronus*, hatte sich der Gemeinderat auf eine Person zu einigen und die Gründe für diese Entscheidung sowie die erhoffte Hilfeleistung in einem Dekret festzuhalten.[28] Anschließend wurden Botschafter entsandt, um den

---

25 Eilers, Claude: *Roman Patrons of Greek Cities*, 2002, S.27.

26 Nicols, John: „Pliny and the Patronage of Communities", 1980, S.367.

27 *CIL* II 1963 und *CIL* II 64. Vgl. Wolf, Joseph Georg: *Die Lex Irnitana*, 2011, S.13, 19-21.

28 *Lex Irnitana* 61; Nicols, John: „Tabulae patronatus", 1980, S.537.

Kontakt herzustellen. Die aus bis zu sechs Personen bestehende Gesandtschaft führte sogenannte *tabulae patronatus* aus Bronze in zweifacher Ausführung mit sich, je eine für den Patron und den Klienten.[29] Sie wurden vermutlich sichtbar ausgestellt, etwa im Atrium des Patrons, wie Joachim Marquardt annahm.[30] Dabei konnten die Tafeln wohl nicht als rechtskräftige Dokumente angesehen werden, sondern vielmehr als symbolische Niederschriften des eingegangenen Verhältnisses.[31]

Nichtsdestotrotz waren sich beide Parteien über die Abhängigkeit der Gemeinde im klaren, wie eine durch John Nicols vorgenommene Auswertung von insgesamt 30 Tafeln verdeutlicht: Auf 19 dieser Tafeln findet sich die Wendung, dass der entsprechende Patron *eos in fidem clientelamque suam suorumque recepit*, welche auf vier weiteren Tafeln in leichter Abwandlung erhalten ist.[32] Das Eingeständnis von Abhängigkeit und Verantwortung, die im Verhältnis zwischen Individuen zwar nicht schriftlich festgehalten, implizit aber jederzeit verstanden und akzeptiert wurden, erhielt durch die doppelte Niederschrift eine besondere Bedeutung.

Viele Fragen zur Städtepatronage bleiben ungeklärt; so kann zum eigentlichen Ablauf der Verhandlungen nur spekuliert werden. Weiterhin ist unklar, auf welche Weise der gewünschte Patron auf die Anfrage antwortete, wären doch sowohl eine mündliche als auch eine schriftliche Reaktion möglich.[33] Dem nachzugehen ist nicht die Aufgabe dieser Arbeit; eine Frage muss hingegen beantwortet werden, bevor es Sinn macht, die Gemeindepatronage des Plinius weiter zu untersuchen: Wie finanzierte ein Patron wie Plinius die teils horrenden Ausgaben? Ein weiteres Ergebnis von Nicols' Auswertung besteht darin, dass von 30 erhaltenen Tafeln elf an Senatoren und sieben an Ritter gerichtet waren. Zwölf Personen können nicht zweifelsfrei zugeordnet werden; wahrscheinlich handelte es sich hierbei um An-

29 Nicols, John: „Tabulae patronatus", 1980, S.536-537, 546. Nicols geht davon aus, dass diese *tabulae* eine Erfindung der Stämme in Afrika und Spanien war, welche durch die Eroberung Eingang in die römische Verwaltung fanden. Weder Städtepatronage noch die *tabulae* wären somit römischen Ursprungs. Siehe dazu S.538-543.

30 Marquardt, Joachim: *Das Privatleben der Römer. Erster* Teil, 1886, S.197.

31 Nicols, John: „Pliny and the Patronage of Communities“, 1980, S.367; Eilers, Claude: *Roman Patrons of Greek Cities*, 2002, S.27, 65.

32 Statt *clientela* wurde auf zwei Tafeln das Wort *patrocinium* benutzt, auf zwei weiteren die Umschreibung *hospitium*. Nicols, John: „Tabulae patronatus", 1980, S.550-552.

33 Vgl. Nicols, John: „Tabulae patronatus", 1980, S.537, 545.

gehörige der einheimischen Oberschicht.[34] Die römischen Eliten bezogen den größten Teil ihrer Einnahmen aus ihrem Grundbesitz;[35] im Falle des Plinius befand sich dieser vornehmlich bei den italischen Gemeinden Comum, seiner Heimatstadt im Norden der Halbinsel, bei Tifernum Tiberinum sowie Firmum an der Adria. Damit folgte er den Anweisungen Traians, dass ein Teil des senatorischen Grundbesitzes in Italien selbst zu liegen hatte.[36] So wurde Italien zugleich rechtlicher und wirtschaftlicher Bezugspunkt des Senators.[37]

Wie bereits dargelegt worden ist, gehen moderne Schätzungen davon aus, dass Plinius ein Vermögen in Höhe von etwa 17 Millionen Sesterzen besaß. Für Plinius stellte der Landbesitz die einzige zuverlässige Form dar, regelmäßige Einkünfte zu beziehen und diese neu zu investieren, da Ämter nur unregelmäßig und mit einigem zeitlichen Abstand ausgeübt werden konnten.[38] Daher war fast sein gesamter finanzieller Besitz in Boden angelegt, wie aus Epistel 3.19 hervorgeht. Das führte dazu, dass er selbst wenig flüssiges Kapital besaß und auf die finanziellen Mittel seiner Schwiegermutter zurückgreifen musste, als er seine Ländereien um ein neues Stück im Wert von 3 Millionen Sesterzen erweitern wollte. Er besaß sogar ausreichend Grund und Boden, dass er seiner Amme davon ein Anwesen für deren Auskommen schenken konnte, wie in einem vorangegangenen Kapitel ausführlicher dargelegt wurde.

Die Einnahmen aus Ernten und Pacht seines Grundbesitzes stellten die Grundlagen nicht nur für sein eigenes Überleben, sondern auch die vielen erwiesenen finanziellen Stützen dar. Aus der ökonomischen Bedeutung der Güter

---

34 Nicols, John: „Tabulae patronatus", 1980, S.544-545. Jaques und Scheid: *Rom und das Reich*, 2008³, S.349 liefern ein Beispiel, welches diese Sichtweise unterstützt: Die Stadt *Canusium* im Osten Italiens besaß in den 20er Jahren des 3. Jahrhunderts 39 Patrone; davon waren 31 Senatoren, acht gehörten dem *ordo equester* an. Weiterhin zeigt dieser Befund, dass Städte gewillt waren, sich an möglichst viele Patrone zu binden um weithin abgesichert zu sein, auch wenn einige dieser Patrone den Titel eher ehrenhalber trugen.

35 Kehoe, Dennis P.: „Approaches to Profit and Management in Roman Agriculture", 1997², S.46.

36 Plin. *Ep.* 6.19. De Neeve, Peter Willem: „A Roman Landowner and his Estates: Pliny the Younger", 1990, S.369-370. Vgl. auch Eck, Werner: „Die Präsenz senatorischer Familien in den Städten des Imperium Romanum bis zum späten 3. Jahrhundert", 1980, S.284.

37 Vgl. Dahlheim, Werner: *Die Antike*, 1994³, S.514.

38 Landbesitz zu verlieren stellte dementsprechend den schlimmsten vorstellbaren Verlust für die Senatoren dar. Kehoe, Dennis P.: „Approaches to Profit and Management in Roman Agriculture", 1997², S.47-48.

erklärt sich deren häufige Erwähnung in den Briefen des Plinius; in die Vorgänge dort war er direkt involviert, wie unter anderem die Beschreibung einer Weinernte in Tifernum am Tiber verdeutlicht.[39] Dementsprechend zeigte er sich in den für ihn relevanten Gemeinden besonders großzügig.

Es wurde bereits dargelegt, dass *beneficia* in die zwei Kategorien Euergetismus und Patronage fielen; die Stiftungen des Plinius bilden da keine Ausnahme, wobei er sich nicht scheute, beide miteinander zu verbinden, etwa indem er für den Unterhalt einer von ihm errichteten Bibliothek in Comum aufkam. So zeigt sich, dass die *beneficia* des Plinius in ihrer Art keinesfalls ungewöhnlich waren, allenfalls in ihrer Größe.[40] Im folgenden Kapitel soll nun skizziert werden, wie Plinius sein Vermögen für die Gemeinden Tifernum Tiberinum, Comum und Firmum aufwendete.

2. Tifernum Tiberinum

Plinius war, fast noch als Kind, von der Gemeinde Tifernum Tiberinum als Patron erwählt worden. Er nutzt in einem Brief an Calpurnius Fabatus den rechtlichen Ausdruck *me (...) patronum cooptavit*,[41] was zweifelsfrei belegt, dass Plinius offizieller Patron wurde.[42] Sherwin-White war der Meinung, dass Plinius den Patronat nach dem Tod seines Onkels im Jahre 79 übernahm,[43] was die Interpretation zulässt, dass dieser aufgrund eines in der Nähe befindlichen Anwesens zuvor Patron der Gemeinde gewesen war und die Ehre nun gemeinsam mit dem Grundbesitz an den jüngeren Plinius als dessen Erbe überging, wie dies unter anderem Edward Champlin annimmt.[44] Dies muss Spekulation bleiben, da Plinius selbst keine weiteren Angaben hierzu macht und auch sonst keinerlei Hinweise

39 Unter anderem Plin. *Ep.* 9.15, 9.16, 9.20.

40 Vgl. Johnston, David: „Munificence and Municipia: Bequests to Towns in Classical Roman Law“, 1985, S.106.

41 Plin. *Ep.* 4.1.4.

42 Nicols, John: „Pliny and the Patronage of Communities“, 1980, S.368.

43 Sherwin-White, Adrian N.: *The Letters of Pliny*, 1966, S.265.

44 Champlin, Edward: „Pliny's other country“, 2001, S.122; Garnsey, Peter/Saller, Richard: *Das Römische Kaiserreich*, 1989, S.96.

vorliegen, dass sein Onkel Patron Tifernum Tiberinums war. Da sich der jüngere Plinius jedoch in seinem Alter kaum durch Taten hervorgetan haben kann um sich als Patron zu empfehlen, liegt der Verdacht nahe, dass er, nachdem er das Anwesen seines Onkels in der Nähe der Gemeinde geerbt hatte, die wohlhabendste Person der Gegend war und ihm deshalb der Patronat zugetragen wurde.[45]

Neben seinem geerbten Grundbesitz, den er später noch erweiterte,[46] und dem Patronat wird auch die Tatsache, dass einige literarisch tätige Freunde des Senators in der Umgebung lebten, etwa Atilius Crescens[47] und Gaius Terentius Iunior,[48] Grund dafür gewesen sein, dass die Stadt am Tiber für Plinius so wichtig war.[49]

Aus verschiedenen Hinweisen in den Briefen wird deutlich, dass Plinius die Rolle des Patrons gelegentlich als Last erschien: Gegenüber Gaius Valerius Paulinus klagt er, dass die Verpachtung seiner Güter ihn von der Arbeit abhalte. Erschwert werde dies dadurch, dass die Pächter zusehends in den Zahlungsrückstand gerieten, sodass der Grundbesitzer nach einer neuen Möglichkeit suchen müsse um seine Pacht einzutreiben. Diese Möglichkeit fand er darin, statt Geld Ernteerträge als Abgabe zu akzeptieren. Insgesamt beschreibt Plinius diese Aufgaben als *non delicata*.[50] Einem Mann namens Falco schreibt er, dass ihn die ständigen Beschwerden der Pächter in seiner Ruhe störten, die er auf dem Land abseits Roms suchte.[51] All diese Beschwerden dienen vermutlich eher dem Zweck, den Lesern zu zeigen, dass die Aufgaben als Patron und Gutsbesitzer anstrengend seien, Plinius sie dennoch pflichtgemäß bewältige.[52] Nachfolgend soll gezeigt werden, wie er diesen Pflichten nachkam und wie er selbst seine Rollen als Patron und Grundherr interpretierte. Als Beispiel hierfür soll der Bau eines Tempels für

45 Nicols, John: „Pliny and the Patronage of Communities“, 1980, S.368-369.

46 Plin. *Ep.* 3.19 berichtet davon, dass Plinius für 3 Millionen Sesterzen ein weiteres Grundstück kaufte, nachdem er den Preis um fast die Hälfte heruntergehandelt hatte.

47 *PIR*^{2} C 1577.

48 *PIR*^{2} C 721. Terentius selbst war Ritter; einer seiner Nachkommen ist Gnaeus Lucius Terentius Homullus Iunior, Suffektconsul im Jahre 146. Alföldy, Géza: *Konsulat und Senatorenstand unter den Antoninen*, 1977, S.305.

49 Champlin, Edward: „Pliny's other country“, 2001, S.121, 125. Zum Radius des Freundeskreises, der sich über einen großen Teil der Transpadana erstreckte, siehe Syme, Ronald: „People in Pliny“, 1968, S.136.

50 Plin. *Ep.* 9.37.5.

51 Plin. *Ep.* 9.15.1.

52 Vgl. Seelentag, Gunnar: *Taten und Tugenden Traians*, 2004, S.193-194.

den Kaiserkult in Tifernum dienen; eine einmalige Ausgabe, die nach der Definition als Euergetismus bezeichnet werden kann.

Die Briefe geben die Ereignisse um den Tempelbau nicht chronologisch wieder. Den Anfang macht Epistel 10.8, in welcher Plinius Kaiser Traian informiert, dass ihm die Decurionen der Stadt Tifernum Tiberinum gestattet hätten, auf eigene Kosten einen Tempel zu errichten. Auf die Bitte hin, ihm einen Bauplatz zur Verfügung zu stellen, überließ ihm der Rat selbst die Entscheidung. Plinius hatte bereits Nerva um die Erlaubnis gebeten, den Tempel mit Statuen der Kaiser auszuschmücken, was dieser ihm gewährt hatte. Traian bittet er nun darum, auch dessen Statue aufstellen und einige Tage zur Einweihung des Gebäudes frei nehmen zu dürfen.[53]

Die Statuen weisen darauf hin, dass es sich um einen Tempel für den Herrscherkult handelte.[54] In der flavischen Dynastie vollzog sich eine merkliche Wende im Schema öffentlicher Gebäudestiftungen: Sah das Reich besonders unter der julisch-claudischen Dynastie einen massiven Ausbau von Amphitheatern, wurden unter den Flaviern besonders viele neue Tempel errichtet.[55] Auch Plinius folgte diesem Trend: In seinem Brief bittet er den Kaiser allerdings nur um Erlaubnis, die Statuen, nicht den Tempel selbst errichten zu dürfen. Zwar musste der Kaiser in das Vorhaben eingeweiht werden, doch gab es für Traian keinen Grund, die Stiftung zu untersagen.[56] Die Entscheidung lag also letztlich in der Macht der Decurionen, den Bau zu gestatten. Sie verliehen nach Rücksprache mit den Auguren das Land für den Tempel und dessen Instandhaltung.[57] Durch dieses Vorgehen konnten sie zumindest einen gewissen Einfluss auf die Stiftung behalten. Somit tritt deutlich zutage, dass Klienten eben nicht passiv waren und aktiv an der Gestaltung der Patronatsbeziehung teilnahmen, auch wenn dies sonst selten deutlich wird, traten

---

53 Plin. *Ep.* 10.8.1-2, 6.

54 Fishwick, Duncan: „Numinibus Aug(ustorum)“, 2012 (=1994), S.132-133; Bringmann, Klaus: *Römische Geschichte*, 2006[9], S.85.

55 Siehe die Tabelle bei Lomas, Kathryn: „Public building, urban renewal and euergetism“, 2003, S.31.

56 Rosenberger, Veit: *Religion in der Antike*, 2012, S.106. Zu den anderen religiös motivierten Stiftungen des Plinius siehe Seite 111.

57 Vgl. Carlsen, Jesper: „*CIL* X 8217 and the Question of Temple Land in Roman Italy“, 1997[2], S.12.

sie doch in den bisherigen Beispielen eher in den Hintergrund.[58] Dass die Decurionen in Tifernum dieses Recht aufgaben und Plinius den Bauplatz selbst auswählen ließen, zeigt dessen besondere Stellung als Gemeindepatron.

Traian gewährte die Bitte, auch seine Statue aufstellen zu dürfen, nur allzu gern; er sei „obwohl sonst sparsam mit dieser Art von Ehre, dennoch einverstanden, um nicht den Anschein zu erwecken, dass ich dem Lauf deiner mir entgegengebrachten Ergebenheit im Wege stehen wolle."[59] Somit galt die Ehre nicht (nur) Traian, dessen Statue in einer Reihe mit den gewesenen Kaisern verehrt werden sollte, sondern (auch) Plinius, da Privatpersonen nur selten das öffentliche Aufstellen von Kaiserstatuen erlaubt wurde.[60] Da es sich hierbei um eine private Ausgabe des Plinius handelte, die dem Gemeinwohl diente und dem Kaiser selbst keine Umstände bereitete, lässt sich die zurückhaltende Wortwahl Traians am ehesten mit dem seit frühester Kaiserzeit praktizierten Verhalten erklären, Ehren scheinbar abzulehnen und sie gleichzeitig anzunehmen.[61]

Zu Beginn des vierten Buches schreibt Plinius in einem Brief an Calpurnius Fabatus, weshalb er gerade in Tifernum Tiberinum einen Tempel errichten ließ. Er beschreibt seine Aufenthalte in der Stadt als derart herzlich, dass er sich gezwungen sah, sich bei den Bewohnern zu bedanken:

> Meine Anreise feiern sie, meine Abreise schmerzt sie, meine Ehren erfreuen sie. Dort habe ich, um mich erkenntlich zu zeigen (denn in der Liebe geschlagen zu werden ist schändlich), einen Tempel von meinem Geld errichten lassen (…).[62]

Die Initiative für den Bau ging offenbar allein von Plinius aus – die Stadt hatte ihn nicht darum gebeten. Mit der Stiftung wollte Plinius dem guten Beispiel Nervas folgen und dessen *liberalitas* im kleinen Maßstab nachahmen, wie er weiterhin

---

58 Rüpke, Jörg: „Gestiftete Religion in der römischen Kaiserzeit", 2004, S.75. Vgl. auch Cramme, Stefan: *Die Bedeutung des Euergetismus für die Finanzierung städtischer Aufgaben in der Provinz Asia*, 2001, S.31.

59 Plin. *Ep.* 10.9: *quamquam eius modi honorum parcissimus, tamen patior, ne impedisse cursum erga me pietatis tuae videar.*

60 Seelentag, Gunnar: *Taten und Tugenden Traians*, 2004, S.196-197.

61 Sherwin-White, Adrian N.: *The Letters of Pliny*, 1966, S.575.

62 Plin. *Ep.* 4.1.4-5: *Adventus meos celebrat, profectionibus angitur, honoribus gaudet. In hoc ego, ut referrem gratiam (nam vinci in amore turpissum est), templum pecunia mea exstruxi.*

angibt.[63] Da dieser Tempel nun fertiggestellt war, musste er eingeweiht werden – für Plinius ein *necessarium officium*, welches er so schnell wie möglich hinter sich bringen und anschließend wieder abreisen wollte.[64] Durch diese Wortwahl erscheint der Patronat über die Gemeinde als eine Last für den Senator, der er sich zwangsweise entledigen musste.[65] Den Anlass der Einweihung beabsichtigte er mit einem Festessen zu begehen. Auch dieses Mahl ist an sich als weiteres Symbol des bestehenden Patronatsverhältnisses zu deuten.[66]

Es ist verwunderlich, dass der Autor keine weiteren Angaben über den Tempel liefert; weder zur verehrten Gottheit respektive Gottheiten, noch zu Ritualen und auch keine Reflexion über das Vorhaben, nicht einmal eine Angabe zum finanziellen Rahmen – ein für Plinius eher untypisches Vorgehen, zeigten doch die bisher untersuchten Beispiele, dass er jede Gelegenheit als Belege seiner Großzügigkeit nutzte, wobei die Kosten stets eine große Rolle spielten.[67] Bei einer Stiftung wie dieser dürfte der finanzielle Aufwand beträchtlich gewesen sein. Auch über den Ablauf des Tempelbaus oder der Eröffnungszeremonie lassen sich keinerlei Hinweise entnehmen, doch lässt sich über die von Sherwin-White vorgenommenen Datierungen der Briefe und aus anderen Quellen über den streng geregelten Ablauf eines solchen Vorhabens ein Bild skizzieren: Plinius hatte den Tempel in der Regierungszeit Nervas geplant und spätestens im Jahre 98 dessen Erlaubnis zur Errichtung der Statuen erhalten. Der Brief 10.8 an Traian wurde entweder 98 oder 99 verfasst[68] und informiert darüber, dass der Bau durch die Krankheit des Senators und seine Amtstätigkeiten aufgeschoben wurde, was seine persönliche Einbindung in das Projekt belegt.[69]

---

63 Plin. *Ep.* 10.8.1.

64 Plin. *Ep.* 4.1.3/6.

65 Seelentag, Gunnar: *Taten und Tugenden Traians*, 2004, S.192.

66 Plin. *Ep.* 4.1.6. Die von Nicols vorgenommene Auszählung der *tabulae patronatus* belegt, wie eng Gastfreundschaft und Patronage zusammenhingen: Von den 30 untersuchten Tafeln weisen 21 den Begriff *hospitium* (Gastfreundschaft) auf, wobei beiden Parteien die Aufgabe des Gastgebers zukommen konnte. John Nicols: „Tabulae patronatus", 1980, S.549 zieht daraus den Schluss, dass „[i]n general *hospitium*, whether in the traditional and equal sense or as an equivalent for *clientela*, was an important aspect of the agreement between the two parties."

67 Vgl. Bell, Albert A. Jr.: „A Note on Revision and Authenticity in Pliny's Letters", 1989, S.462-463.

68 Sherwin-White, Adrian N.: *The Letters of Pliny*, 1966, S.571.

69 Plin. *Ep.* 10.8.3.

Nachdem Plinius den Bauplatz ausgewählt hatte, wurde das zu bebauende Grundstück durch Pontifices geweiht und so zu einem heiligen Bezirk erhoben, wodurch auch dem auf ihm zu errichtenden Gebäude der sakrale Status zukam. Dem folgte 98 oder 99 die Grundsteinlegung des Tempels, die *constitutio*.[70] Der Bau war längst abgeschlossen, als Plinius im Jahre 104 Fabatus von der bevorstehenden Einweihung, der *consecratio*, berichtete.[71] Die *consecratio* führte ein Pontifex durch, indem er bestimmte den Tempel betreffende Belange wie Finanzierung, die zu bringenden Opfer und Feiertage festlegte. Erst im Anschluss konnte der Tempel genutzt werden.[72]

Es ist davon auszugehen, dass der Tempel nach der *consecratio* in den Besitz der Stadt überging, wodurch ihr von da an sämtliche Einnahmen und Ausgaben zukamen. Plinius selbst legte mit der Weihe des Gebäudes jegliche weitere Rechte und Pflichten ab. Aus einem von einer Privatperson finanzierten Gebäude wurde auf diese Art eines für die Öffentlichkeit.[73]

Um dies zu verdeutlichen, hielt Plinius ein öffentliches Festmahl ab, an dem Anwohner und Götter gleichsam teilnahmen und welches zumeist jährlich zum Jubiläum der Einweihung wiederholt und aus den Einnahmen bestritten wurde.[74] Die Kosten für ein solches Mahl dürften aufgrund seiner Größe nicht gerade gering gewesen sein. Da nicht alle Bewohner der Stadt am Essen selbst teilnehmen konnten, wurden einige Personen äquivalent bezahlt. Diese als *sportulae* bezeichneten Zahlungen ermöglichten es, die Zahl der Teilnehmer klein zu halten. Aus diesem Grund wurden sie ein gebräuchliches Mittel, Klienten zu bezahlen, statt sie zum Essen einzuladen.[75] Trotz der damit verbundenen Kosten stellte ein Gastmahl eine beliebte Möglichkeit dar, das eigene Ansehen zu steigern, neue Freundschaften zu begründen oder bestehende zu vertiefen.[76] Analog dazu konnte

70 Stambough, John E.: „The Functions of Roman Temples“, 1978, S.557-559, 562.

71 Sherwin-White, Adrian N.: *The Letters of Pliny*, 1966, S.264.

72 Stambough, John E.: „The Functions of Roman Temples“, 1978, S.566.

73 Sherwin-White, Adrian N.: *The Letters of Pliny*, 1966, S.575.

74 Plin. *Ep.* 4.1.6. Vgl. das von Jörg Rüpke untersuchte Beispiel des Tempels in Gabii in „Gestiftete Religion in der römischen Kaiserzeit“, 2004, S.76.

75 Marquardt, Joachim: *Das Privatleben der Römer. Erster Teil*, 1886, S.207-211.

76 Vgl. Nicols, John: „*Hospitium* and the political friendship in the late Republic“, 2001, S.108; D'Arms, John H.: „The Roman Convivium and the Idea of Equality“, 1990, S.319.

es den Bruch der *amicitia* bedeuten, wenn der Veranstalter eine Person nicht einlud oder umgekehrt eine geladene Person nicht erschien.[77] Der persönliche Kontakt zwischen Patron und Klientelgemeinde stand bei einem solchen öffentlichen Spektakel im Vordergrund, begleitet meist durch eine offene Glorifizierung des *patronus* vor der Bevölkerung und den anwesenden Mitgliedern der Elite, mit denen der Stifter im Wettstreit um Ruhm und Ansehen stand.[78]

Als Gründe für die Stiftung nennt Plinius zum einen Dankbarkeit gegenüber der Gemeinde Tifernum Tiberinum für deren Herzlichkeit[79] und zum anderen den Wunsch, Nervas Aufruf zu Großzügigkeit zu folgen. Darüber hinaus erfüllte die Tempelstiftung einige andere Zwecke, die in den Briefen nicht erwähnt werden, implizit aber eine Rolle spielten: Plinius zeigte, dass er in der Lage und Willens war, die Stadt zu unterstützen und so die Verantwortung zu übernehmen, die ihm als *patronus* zukam. Dass er dadurch auch das Bild förderte, welches die Bürger der Stadt und die Elite in Rom von ihm hatten, dürfte nicht der geringste Anlass zu dieser Tat gewesen sein.[80]

Auch in religiöser Hinsicht verfehlte die Errichtung des Tempels ihren Zweck nicht: Sie lieferte einen sichtbaren Ausdruck der *pietas* des Stifters. Der Frieden mit den Göttern wurde gewahrt und diejenigen Kaiser geehrt, deren Statuen den Tempel zieren sollten. So war die Stiftung nicht nur für die unmittelbar Beteiligten von Nutzen, sondern für das gesamte Reich.

[77] D'Arms, John H.: „The Roman Convivium and the Idea of Equality", 1990, S.313. Vgl. auch Peachin, Michael: „Friendship and abuse at the dinner table", 2001, S.135-136.

[78] Zuiderhoek, Arjan: „The Ambiguity of Munificence", 2007, S.208.

[79] Rosenberger, Veit: *Religion in der Antike*, 2012, S.111.

[80] Vgl. Stambough, John E.: „The Functions of Roman Temples", 1978, S.583-585.

3. Comum

Seine politischen Tätigkeiten verlangten schon früh, dass Plinius den Mittelpunkt seines Lebens nach Rom verlegte. Hier knüpfte er neue Beziehungen, neue Netzwerke entstanden, die zunächst kleiner und schwächer waren als die in der Heimat etablierten. Während sich die neuen Kontakte im Laufe der Zeit verstärkten und ausweiteten, wäre zu erwarten, dass die Bindungen zu den Netzwerken in Comum im Gegenzug geschwächt würden. Die Folge daraus wäre, dass Plinius immer weniger Interesse an einer Verantwortung in Comum hätte hegen müssen.[81]

Ganz im Gegenteil dazu ist die Geburtsstadt des Plinius in dessen Briefen sehr präsent: Der Autor besaß dort mehrere Villen und verwendete viele Worte auf die Beschreibung seiner Heimat.[82] Doch obwohl er sich Comum verpflichtet sah, schien er dort nicht so häufig zu residieren wie in seinen anderen Villen. Wohl aufgrund der relativ großen Entfernung zu Rom[83] und wachsender Aufgaben reiste Plinius nur dann dorthin, *si tamen officii ratio permiserit* und auch dann nur für einige wenige Tage.[84] Doch auch die seltenen und zeitlich sehr begrenzten Aufenthalte in Comum hielten Plinius keineswegs davon ab, seinen dortigen Verpflichtungen nachzugehen. Er besuchte Freunde und Familie, inspizierte seine Güter, hörte sich die Klagen und Berichte seiner Pächter an und warf einen Blick auf die Finanzen.[85]

Neben der offensichtlichen wirtschaftlichen Bedeutung[86] bietet Plinius selbst verstreut über mehrere Briefe weitere Gründe für den nachhaltigen Kontakt zur Heimat: Während er nie seine Haltung gegenüber seiner Klientelgemeinde

---

81 Vgl. Boissevain, Jeremy: *Friends of Friends*, 1974, S.87-89; La Due Lake, Ronald/Huckfeldt, Robert: „Social Capital, Social Networks, and Political Participation", 1998, S.570; Wiseman, Jaqueline P.: „Friendship: Bonds and Binds in a voluntary Relationship", 1986, S.11-12, 198.

82 Unter anderem Plin. *Ep.* 1.8; 2.3; 2.5; 4.13; 4.30; 5.14; 9.7.

83 Gasser, Franziska: *Germana Patria*, 1999, S.197; Syme, Ronald: „Transpadana Italia", 1985, S.32.

84 Plin. *Ep.* 2.8.3 und 3.6.6-7.

85 Plin. *Ep.* 5.14.8: *Eram cum prosocero meo, eram cum amita uxoris, eram cum amicis desideratis, circumibam agellos, audiebam multum rusticarum querelarum, rationes legebam invitus et cursim (aliis enim chartis, aliis sum litteris initiatus), coeperam etiam itineri me praeparare.*

86 Vgl. Krieckhaus, Andreas: *Senatorische Familien und ihre patriae*, 2006, S.22.

Tifernum Tiberinum preisgibt, bezeichnet er Comum als seine *patria*[87] und *delicae*,[88] für die er *pietas* empfand und auf die er eine Lobrede hielt[89] – und nicht etwa Rom, wo er immerhin den größten Teil seines Lebens wohnte und wirkte.[90]

Als *homo novus* war seine Bindung zur *patria* besonders eng, weshalb er noch weiter geht und sie als *re publica nostra quasi pro filia vel parente* bezeichnet.[91] Mit diesen Worten übernimmt der kinderlose Plinius die Verantwortung eines Vaters für Comum.[92] Diese Verantwortung hatten schon seine Eltern wahrgenommen,[93] zuletzt durch den von seinem Vater begonnenen und von Plinius selbst eingeweihten Tempel. Plinius war also schon aus Tradition zur Rolle des Gebenden verpflichtet; verbunden mit seiner eigenen *pietas* nahmen seine Stiftungen dementsprechend große Ausmaße an.[94] Selbst in seinen letzten Lebensjahren vergaß er Comum nicht: Per Testament hinterließ Plinius der Gemeinde rund zwei Millionen Sesterzen zum Unterhalt seiner Freigelassenen und einem jährlichen Festmahl.

Nicht nur der Stadt selbst, auch den dort lebenden Freunden sah sich Plinius verpflichtet: Das dort bestehende Netzwerk hatte er sich seit seiner Kindheit aufgebaut und stets erweitert; in der Gegend lebten Familie und Freunde wie Romatius Firmus und seine Patrone Quintus Calvisius Rufus und Lucius Verginius Rufus mit ihren Familien.[95] Ein vollständiger Kontaktabbruch zur Heimat wurde dadurch unmöglich; Plinius blieb Comenser, selbst als er in Rom oder in Bithynia seinen Tätigkeiten nachging und dort neue Beziehungen aufbaute.

87 Plin. *Ep*. 5.11.2.

88 Plin. *Ep*. 1.3.1.

89 Plin. *Ep*. 2.5.3.

90 Krieckhaus, Andreas: *Senatorische Familien und ihre patriae*, 2006, S.39. Die Zuneigung des Plinius zu Comum erinnert stark an Cic. *Leg*. 2.25: *Praesertim cum ipsi deo nihil minus gratum futurum sit, quam non omnibus patere ad se placandum et colendum uiam.*

91 Plin. *Ep*. 4.13.5. Vgl. auch Eck, Werner: „Die Präsenz senatorischer Familien in den Städten des Imperium Romanum bis zum späten 3. Jahrhundert", 1980, S.313.

92 Hoffer, Stanley E.: *The Anxieties of Pliny the Younger*, 1999, S.96.

93 Plin. *Ep*. 1.8.5: *munificentia parentum nostrorum.* Siehe auch Gasser, Franziska: *Germana Patria*, 1999, S.205.

94 Otto, Walter: „Zur Lebensgeschichte des jüngeren Plinius", 1919, S.7-8, 14.

95 Für einen Versuch der Verortung des Netzwerks siehe Syme, Ronald: „People in Pliny", 1968. Davon ausgehend Gasser, Franziska: *Germana Patria*, 1999, S.207-209; Krieckhaus, Andreas: *Senatorische Familien und ihre patriae*, 2006, S.37-38.

Tradition, Verantwortung und familiäre Bindungen veranlassten Plinius dazu, in Comum tätig zu werden, obwohl er nicht wie in Tifernum offiziell kooptiert worden war.[96] Jegliche Tätigkeiten dort übernahm er selbstverständlich als wohlhabender Einwohner Comums, denn, wie er an Pompeius Saturninus schreibt, „sich um die Angelegenheiten der Heimatstadt zu kümmern (…) ist aller Ehren wert.“[97] In 9.30 an Titus Rosianus Geminus führt Plinius aus, dass er die Heimat vorrangig als Empfänger von Geschenken betrachte, noch vor Familie und Freunden. Nach eigener Ansicht stiftete er so nicht an Personen, sondern an die Stadt selbst – mit dieser Aussage belegt Plinius eine starke Bindung, die auch durch räumliche Distanz nie aufgelöst wurde.[98] Daher zeigte sich Plinius in Comum noch um einiges großzügiger als in Tifernum; mit seinen *beneficia* diente er zugleich der Stadt, seiner Familie und seinen Freunden und nicht zuletzt sich selbst, betrachtete er sich doch noch immer als Einwohner Comums.

Gerade der letzte Grund ist der ausschlaggebende, weshalb Plinius vornehmlich Dinge stiftete, die ihm selbst als notwendig und nützlich erschienen: Er errichtete eine Bibliothek und sicherte ihren Unterhalt (1.8; *CIL* V 5262), stiftete ein Bildnis für den örtlichen Iuppitertempel (3.6), schmückte die örtlichen Thermen aus und trug zu deren Instandhaltung bei, finanzierte ein Drittel eines Lehrerpostens (4.13) und schenkte der Stadt Grundbesitz, den er anschließend wieder pachtete, sodass der Stadt die Gewinne verblieben und seine Pacht als *alimenta* für freie Kinder genutzt wurde (1.8, 7.18). Hinzu kommt der Betrag über fast 2 Millionen Sesterzen für die Versorgung seiner Freigelassenen und ein jährliches Fest in Comum, den Plinius in 5.7 erwähnt, der wahrscheinlich aber erst testamentarisch wirksam

96 Vgl. Nicols, John: „Pliny and the Patronage of Communities“, 1980, S.368, 379.

97 Plin. *Ep.* 7.15.3: *Nam et rei publicae negotia curare (...) laude dignissimum est.* Siehe auch Gasser, Franziska: *Germana Patria*, 1999, S.199.

98 Plin. *Ep.* 9.30.1: *tribuere patriae, propinquis, adfinibus, amicis, sed amicis dico pauperibus.* Vgl. dazu Cic. *Off.* 1.58: *Sed si contentio quaedam et comparatio fiat, quibus plurimum tribuendum sit officii, principes sint patria et parentes, quorum beneficiis maximis obligati sumus,proximi liberi totaque domus, quae spectat in nos solos neque aliud ullum potest habere perfugium, deinceps bene convenientes propinqui, quibuscum communis etiam fortuna plerumque est.* Griffin, Miriam: „The Younger Pliny's debt to moral Philosophy“, 2007, S.472. Franziska Gasser: *Germana Patria*, 1999, S.205 geht davon aus, dass es sich dabei nicht zwangsläufig um die Geburtsheimat Comum handele, sondern Italien als Ganzes. Dass Plinius dann besonders Comum mit Geschenken bedenkt, sei die logische Folge daraus.

wurde.[99] In Comum wurde der Senator so als Euerget und Patron tätig, da er sowohl einmalige große Ausgaben wie auch weniger umfangreiche aber dauerhafte *beneficia* erwies.

Im folgenden Kapitel sollen einige dieser Wohltaten untersucht und, wenn möglich, skizziert werden, wie Plinius sie selbst im einzelnen bewertete. Am Anfang sollen dabei eine Bibliothek und ein neu geschaffener Lehrerposten stehen, mit denen Plinius die Bildung seiner Heimatstadt fördern wollte.

Förderung der Bildung

Wie sein großes Vorbild Marcus Tullius Cicero[100] lehnte auch Plinius jegliche Verschwendung ab: Seinem Landsmann Calvisius Rufus schreibt er, Spiele oder Wagenrennen, wie sie andere Senatoren häufig für die Bevölkerung finanzierten,[101] böten

> nichts Neues, keine Abwechslung, nichts, was einmal gesehen zu haben nicht ausreichte. Umso mehr verwundert es mich, dass so viele tausende Männer so kindisch immer wieder darauf bestehen, rennende Pferde und auf Wagen stehende Menschen zu sehen. (...) Wenn ich mich erinnere, wie sie bei einer derart leeren, faden Sache sitzen und nicht genug bekommen können, bereitet es mir doch Vergnügen, dass es mir kein Vergnügen bereitet.[102]

---

99 *CIL* V 5262. Siehe auch Gasser, Franziska: *Germana Patria*, 1999, S.201-202.

100 Cic. *Off.* 2.55: *Omnino duo sunt genera largorum, quorum alteri prodigi, alteri liberales: prodigi, qui epulis et viscerationibus et gladiatorum muneribus, ludorum venationumque apparatu pecunias profundunt in eas res, quarum memoriam aut brevem aut nullam omnino sint relicturi.* Vgl. Manuwald, Gesine: „Eine 'Schule' für Novum Comum", 2003, S.206.

101 So etwa Maximus in Verona. Plin. *Ep.* 6.34.1. Vgl. Cic. *Off.* 2.56. Siehe auch Gasser, Franziska: *Germana Patria*, 1999, S.203 FN 80.

102 Plin. *Ep.* 9.6.2-3: *Quo magis miror tot milia virorum tam pueriliter identidem cupere currentes euqos, insistentes curribus homines videre. (...) quos ego cum recordor in re inani, frigida, adsidua tam insatiabiliter desidere, capio aliquam voluptatem, quod hac voluptate non capior.* Vgl. auch Plin. *Ep.* 4.22.7: Plinius ist erfreut, dass in Vienne die Spiele abgeschafft wurden, da sie die Sitten verdorben hätten. Das Gleiche wünscht er sich für Rom, von wo aus sich die "schlimmste Krankheit" in alle Welt verbreite.

Stattdessen wollte Plinius etwas Sinnvolles und Dauerhaftes stiften; für ihn als gebildeten Senator lag wenig näher als in die Bildung seiner Heimat zu investieren. Bereits unter Domitian begann er daher mit dem Bau einer Bibliothek.[103] Sie ist die erste bekannte Stiftung des Plinius und abgesehen vom Tempel in Tifernum Tiberinum die größte zu Lebzeiten verfügte: In seiner Grabinschrift werden die Baukosten mit 1.000.000 Sesterzen angegeben, dazu weitere 100.000 Sesterzen zum Unterhalt des Gebäudes.[104]

Der Stifter erwähnt das Gebäude nur am Rande, weshalb keine weiteren Details aus den Briefen erschlossen werden können. Es scheint sicher, dass die Fertigstellung der Bibliothek in die Anfangszeit der Regierung Traians fiel; eine mit der Eröffnung verbundene Rede, die ein gewisses Maß an Selbstlob beinhaltet haben wird, bot eine gute Möglichkeit, die eigene *liberalitas* unter Beweis zu stellen, um sich so vor dem neuen Princeps auszuzeichnen und für höhere Ämter zu empfehlen.[105]

Zwar hatte Plinius nie eigene Kinder, obwohl er sich Nachwuchs sehnlichst wünschte,[106] doch wurde bereits gezeigt, dass er sich selbst als Vater seiner Heimatstadt betrachtete. Aus diesem Grund legte er besonderen Wert auf die Förderung „seiner" Jugend; Comum bot ihm hierfür das geeignete Feld. Neben dem Bau der Bibliothek warb er darum, in der Stadt neue Lehrer anzuwerben. Den Anlass hierzu bot die *salutatio* eines jungen Mannes aus Comum, der in Mediolanum studieren musste, da in der Heimatstadt nicht die nötigen Lehrer zur Verfügung standen. Bestürzt über den Lehrermangel schlug Plinius den Eltern vor, Geld für neue Lehrkräfte zu sammeln, da es doch von Vorteil sei, wenn die Jungen in der Stadt verblieben. „Denn wo", fragte er die Eltern, „könnten sie (die Kinder) angenehmer leben als in der Heimat oder besser zur Sittsamkeit angehalten werden als unter den Augen der Eltern oder weniger kosten als zuhause?"[107]

---

103 Plin. *Ep.* 1.8. Zur Datierung siehe Sherwin-White, Adrian N.: *The Letters of Pliny*, 1966, S.103.

104 *CIL* V 5262.

105 Vgl. Gibson, Roy K.: „Pliny and the Art of (in)offensive self-praise", 2003, S.238. Hoffer schreibt gar, dass politisches Kalkül der Hauptgrund für die Stiftung war, nicht die Philanthropie. Hoffer, Stanley E.: *The Anxieties of Pliny the Younger*, 1999, S.94-95.

106 Plin. *Ep.* 8.10 und 8.11 drücken die Enttäuschung über eine Fehlgeburt seiner Frau Calpurnia aus.

107 Plin. *Ep.* 4.13.4: *Ubi enim aut iucundius morarentur quam in patria aut pudicius continerentur quam sub oculis parentum aut minore sumptu quam domi?*

Schulen oblagen der Selbstverwaltung der Gemeinden, die aus Mangel an finanziellen Mitteln ihre Jugend in Nachbarstädte schicken oder wohlhabende Bürger in die Pflicht nehmen mussten.[108] Reisen und Unterkunft zogen Mehrausgaben für die Eltern nach sich; die Idee des Plinius stellte den Eltern dagegen eine Geldersparnis in Aussicht um sie zu locken und für seine Idee zu begeistern. So sollte die neue Lehrerstelle ein Gemeinschaftsprojekt werden.[109] Damit stand Plinius in der Tradition der Flavier, welche die Bildung nachhaltig zu fördern suchten.[110]

Plinius schlug den Eltern vor, dass sie jene Mittel zusammenlegten, die sie sonst individuell aufwendeten, um davon stattdessen die Lehrer nach Comum zu holen, damit die Jugend in ihrer Heimat unterrichtet werden könne. Er selbst wollte ein Drittel der Gesamtkosten übernehmen. Gern hätte Plinius die volle Last getragen, hätte er nicht befürchten müssen, dass seine Spende – nicht etwa er selbst – wegen *ambitus* verurteilt und entwertet würde.[111]

Um dem Verfall seiner Hilfeleistung zuvorzukommen, bestand Plinius darauf, allein die Eltern Comums über die Anstellung der Lehrer zu betrauen und selbst nur das Geld beizusteuern. Je mehr die Eltern zusammenbrächten, desto mehr wollte er selbst spenden – ein zusätzlicher Anreiz für die Eltern, sich tatkräftig an dem Projekt zu beteiligen, wobei er sein eigenes Verhalten und seine Großzügigkeit als Vorbild verstanden wissen wollte.[112] Auf diese Weise erhoffte sich Plinius eine stabile und dauerhafte Finanzierung, die durch die direkte Beteiligung der Eltern möglichst effizient gehalten werden sollte, da sie ihre eigenen Mittel nicht verschwenden würden.[113]

---

[108] Christes, Johannes: „Gesellschaft, Staat und Schule in der griechisch-römischen Antike", 1988, S.69-71.

[109] Manuwald, Gesine: „Eine 'Schule' für Novum Comum", 2003, S.209-210. Plinius nutzt in seinem Brief bewusst Vokabeln, die den gemeinschaftlichen Charakter betonen und so Tacitus für das Projekt begeistern sollen. Siehe dazu Augoustakis, Antony: „Pliny Epistulae 4.13: 'Communal Conspiracy' at Comum", 2006.

[110] Sherwin-White, Adrian N.: *The Letters of Pliny*, 1966, S.287.

[111] Plin. *Ep.* 4.13.5-6.

[112] Plin. *Ep.* 4.13.9: *animum ex meo sumite, qui cupio esse quam plurimum, quod debeam conferre.*

[113] Plin. *Ep.* 4.13.8: *Nam, qui fortasse de alieno negelgentes, certe de suo diligentes erunt dabuntque operam, ne a me pecuniam non nisi dignus accipiat, si accepturus et ab ipsis erit.*

Offenbar war Plinius mit seinem Appell erfolgreich, doch so ganz konnte er sich dann doch nicht aus dem Prozess heraushalten: Im Brief 4.13 bittet er seinen Freund Cornelius Tacitus, sich unter seinen Studenten nach geeigneten Lehrern umzusehen, sodass Plinius diese den Comensern vorschlagen könne.[114] Der größte Teil des Briefes (Absätze 3-9) gibt die Rede vor anwesenden Jungen und ihren Vätern in Form eines stilisierten Dialogs wieder, der zusehends zu einem Monolog ausartet. Mit diesem Stilmittel soll dem Adressaten die Entscheidungsfindung des Plinius dargelegt und nachvollziehbar gemacht werden.[115]

Neben der finanziellen Entlastung der Eltern verfolgte Plinius mit seiner Idee, die Lehrer zu den Schülern zu holen, noch weiterreichende Ziele: Im gleichen Maße, wie die Comenser Jugend zur Ausbildung nach Mediolanum reiste, würden durch die Anstellung der Lehrer in der Stadt Schüler aus der Umgebung nach Comum kommen, wodurch die Heimat in ihrer kulturellen Bedeutung aufblühen und die Bindung der Jugend zu ihr erhalten werde.[116] Außerdem konnte der Stifter nachhaltigen Einfluss auf die Bildung der nächsten Generation nehmen, welche dadurch auf höhere politische Tätigkeiten vorbereitet werden, wie es ihm selbst einst ermöglicht worden war. Letztlich profitierte auch Plinius davon, konnte er doch dadurch sein Netzwerk weiter ausbauen und später darauf zurückgreifen.[117]

Finanzielle Ersparnisse, Förderung der Bildung, die eigene Heimatliebe und der Versuch, diese auch bei der nächsten Generation zu fördern, stellen die drei von Plinius selbst angegebenen Motive für seine Hilfe dar. Zwar scheint er auch hier jeglichen Ruhm abzulehnen, da dieser im schlimmsten Fall seine Gabe wertlos erscheinen lassen konnte, doch weist bereits die Erwähnung des Ruhms als Folge der Stiftung darauf hin, dass ihm dieser keinesfalls gleichgültig war, im Gegenteil

---

[114] Plin. *Ep.* 4.13.10: *ego mihi curam tantum et impendium vindico.*

[115] Manuwald, Gesine: „Eine 'Schule' für Novum Comum“, 2003, S.208-209.

[116] Plin. *Ep.* 4.13.9: *Educentur hic, qui hic nascuntur, statimque ab infantia natale solum amare, frequentare cosuescant. Atque utinam tam claros praeceptores inducatis, ut finitimis oppidis studia hinc petantur, utque nunc liberi vestri aliena in loca, ita mox alieni in hunc locum confluant!* Siehe auch Manuwald, Gesine: „Eine 'Schule' für Novum Comum“, 2003, S.211; Gasser, Franziska: *Germana Patria*, 1999, S.213.

[117] Hoffer, Stanley E.: *The Anxieties of Pliny the Younger*, 1999, S.99; Christes, Johannes: „Gesellschaft, Staat und Schule in der griechisch-römischen Antike“, 1988, S.68-69.

sogar bereits zu Beginn Teil seiner Planung war – ein direkter Widerspruch zu seiner Aussage *sequi enim gloria, non appeti decet.*[118]

Wie gewöhnlich erschien Plinius als Initiator der Wohltat, wobei er umsichtig auf die Bedürfnisse des Klienten reagierte. Sowohl im Falle der Bibliothek als auch des Lehrerpostens hatte er dabei vorrangig die Bildung seiner Heimat im Blick, was angesichts seiner eigenen hervorragenden Ausbildung nur verständlich ist. Durch seine weitblickenden Stiftungen wollte Plinius die Transpadana in ihrer Position als kulturelles Zentrum erneuern. Plinius war, mit den Worten Sigrid Mratscheks, die „treibende Kraft für das kulturelle Leben" der Region.[119] Darüber war er sich vollauf bewusst: Die Darlegung seiner Gedanken über die Lehrstelle sollen den Adressaten an seinen Motiven teilhaben lassen und sicherstellen, dass die Größe seiner *liberalitas* recht verstanden werde.[120]

Einrichtung von *alimenta*

Der Bau der Bibliothek, die Kofinanzierung einer Lehrstelle in der örtlichen Schule und die individuellen Förderungen junger Talente in Politik und Kultur waren exklusiv an die besser situierten Einwohner Comums gerichtet. Doch dort hörte die Tätigkeit des Plinius keineswegs auf: In dem Bestreben, auch den Ärmeren zu helfen und in die Zukunft der Bevölkerung insgesamt zu investieren, führte er gegen Ende der 90er Jahre einen Alimentarfonds in Comum ein.

Eine erste Erwähnung von regelmäßigen finanziellen Zuwendungen für Kinder stammt aus der Regierungszeit Neros: Die Inschrift weist einen Statthalter als Wohltäter aus; das Geld stammte also aus privater Hand.[121] Diese Maßnahme war

---

[118] Plin. *Ep.* 1.8.14.

[119] Mratschek, Sigrid: *"'Est enim ille flos Italiae'.* Literatur und Gesellschaft in der Transpadana", 1984, S.163. Siehe auch Gibson, Roy K./Morello, Ruth: *Reading the Letters of Pliny the Younger*, 2012, S.26.

[120] Vgl. Manuwald, Gesine: „Eine 'Schule' für Novum Comum", 2003, S.215.

[121] *CIL* X 5056. Carlsen, Jesper: „Gli Alimenta imperiale e privati in Italia: ideologia ed economia", 1999, S.279. Laut Stanisław Mrozek: „Die privaten Alimentarstiftungen in der römischen Kaiserzeit", 1988, S.155-156 weist der gewählte Sprachstil der Inschrift darauf hin, dass es bereits vorher einige solcher Stiftungen gegeben haben muss.

eine der Reaktionen auf einen von vielen Römern wahrgenommenen Bevölkerungsrückgang, wie ihn auch Plinius schildert: In seiner Empfehlung des Asinius Bassus an Minicius Fundanus lobt Plinius Asinius Rufus, den Vater seines Protegés, dass er mehrere Kinder habe „in einem Jahrhundert, in dem viele im Gedanken an die Vorteile der Kinderlosigkeit schon einen einzigen Sohn als Belastung empfinden.“[122]

Auch von staatlicher Seite sollte dem Bevölkerungsschwund entgegengewirkt werden, weshalb Augustus unter anderem bedürftigen Eltern zu besonderen Anlässen Geld gab. Erst unter Nerva lässt sich dann ein regelmäßiges kaiserliches Alimentarprogramm erkennen, welches unter Traian aufblühte. Offenbar wurde hier ein Problem identifiziert, doch wurde damit nur die Armut als Folge und nicht der Unwille auf Nachwuchs als Ursache hierfür bekämpft.[123]

Die Unterstützung war nur *ein* Ausdruck der zeitgenössischen Hinwendung und Anerkennung der Bedeutung von Kindern als zukünftige Generationen und galt in der Zeit des Plinius als Zeichen der *indulgentia* des Princeps, was zeigt, dass die kaiserliche Förderung die private bereits zum Ende des ersten Jahrhunderts überflügelt hatte.[124] Neben der offensichtlichen Auswirkung, dass Familien mit Kindern über ein höheres Einkommen verfügten, schuf das System neue Soldaten und Arbeiter; so sollte der Fortbestand des römischen Imperiums gesichert werden.[125] Die *alimenta* erfüllten damit einen langfristigen Zweck und vollzogen mit dem Übergang in die staatliche Verantwortung den Schritt weg von bloßer privater Philanthropie hin zu organisierter Fürsorge.[126] Dieser langfristig angestrebte Zweck machte die dauerhafte Institution überhaupt erst nötig, weshalb sie eines der wenigen Beispiele von kaiserlich getragener, systematischer und kontinuierlicher

---

122 Plin. *Ep.* 4.15.3: *eo saeculo quo plerisque etiam singulos filios orbitatis praemia graves faciunt.*

123 Suet. *Aug.* 41, 46. Siehe auch Bourne, Frank C.: „The Roman Alimentary Program and Italian Agriculture“, 1960, S.48-50, 54.

124 Seelentag, Gunnar: „Der Kaiser als Fürsorger - die italische Alimentarinstitution“, 2008, S.214, 228-229.

125 Den Zeitgenossen waren diese Auswirkungen bewusst, wie unter anderem Plinius in *Pan.* 26.3 und 27.2 darlegt. Vgl. auch Seelentag, Gunnar: „Der Kaiser als Fürsorger - die italische Alimentarinstitution“, 2008, S.230-231; Wiedemann, Thomas: „The patron as banker“, 2003, S.22.

126 Ashley, Alice M.: „The 'Alimenta' of Nerva and His Successors“, 1921, S.8.

Patronage darstellt.[127] Daran zeigt sich, dass besonders Gesellschaften zu Patronage tendieren, in denen die Unterstützung schwacher Bürgergruppen notwendig ist.[128]

Aktives Werben von Seiten des Staates hatte zum Ziel, dass wohlhabende Angehörige der römischen Elite das System kopierten, sodass die kaiserliche Kasse entlastet und die *alimenta* weiter verbreitet wurden. Auch Plinius wollte dem Beispiel der kaiserlichen *liberalitas* nicht nachstehen und richtete seine eigene Alimentarstiftung in Comum ein, mit der er sich einmal mehr explizit auf Nervas Aufruf zur Großzügigkeit bezog.[129] Somit belegt er beispielhaft, wie gut die Kampagne funktionierte, da er selbst daran teilnahm und wiederum dafür warb. Durch diesen Schritt behielten die *alimenta* im privaten Rahmen ihren philanthropischen Anstrich bei und konnten mit der kaiserlichen Fürsorge koexistieren und diese ergänzen.[130]

Die Einrichtung von Alimenten hatte Plinius im Rahmen der Eröffnungsfeier der von ihm finanzierten Bibliothek in Comum angekündigt, was von den Bürgern zunächst offenbar mit einigem Widerwillen aufgenommen worden war: Sie fanden seine Stiftung *non perinde populare*[131] und hätten sich eher Spiele und Wagenrennen gewünscht, da sie sich nur für *oculorum (...) et aurium voluptates* begeistern könnten.[132] Plinius selbst hielt seine Absichten für *honestis*, seine Stiftungen für *laudabilis* und *utilissimum*.[133] Aufgrund der Reaktion der Comenser sah er sich genötigt, sein Vorhaben zu verteidigen und gewissermaßen dafür zu werben, wie er in 1.8 darlegt:

---

[127] Vgl. Bleicken, Jochen: *Verfassungs- und Sozialgeschichte des Römischen Kaiserreichs, Bd. 1*, 1995^4, S.207.

[128] Vgl. Eisenstadt, Shmuel N./Roniger, Luis: *Patrons, clients and friends*, 1984, S.241, 246.

[129] Plin. *Ep.* 10.8.1.

[130] Schätzungen gehen davon aus, dass das gesamte Alimentarprogramm Traians mindestens 311 Mio. Sesterzen jährlich kostete – ohne die vielen privaten Stiftungen. Carlsen, Jesper: „Gli Alimenta imperiale e privati in Italia: ideologia ed economia“, 1999, S.278-280. Der Anteil der Elite an dem System wurde freilich ignoriert, als sich Traian als *restitutor Italiae* feiern ließ. Seelentag, Gunnar: „Der Kaiser als Fürsorger - die italische Alimentarinstitution“, 2008, S.214-224.

[131] Plin. *Ep.* 1.8.12.

[132] Plin. *Ep.* 1.8.10.

[133] Plin. *Ep.* 1.8.8-9, 12.

> wie Ärzte heilende aber übel schmeckende Medizin mit schmeichelnden Worten begleiten, um wie viel mehr muss man dann in der Sorge um das öffentlich Wohl dafür sorgen, eine nützliche, aber nicht in gleicher Weise populäre Aufmerksamkeit durch eine Rede einzuführen?[134]

Aus diesen Worten gehen zwei wesentliche Punkte hervor, die Aufschluss darüber geben, wie Plinius seine Stiftung selbst verstand und in welcher Form er die Reaktion der Einwohner Comums antizipierte: Erstens zeigt der Vergleich mit Ärzten, dass er jenen gleich, die „heilende aber übel schmeckende Medizin" verabreichten, mit seinen *alimenta* ein Problem zu kurieren gedachte, an dem die Gesellschaft augenscheinlich krankte. Wie die Ärzte die Mittel und Wege zur Heilung zu kennen glauben, war auch Plinius überzeugt, dass sein Weg der beste sei.[135] Zweitens war er selbst so fest vom Wert seiner Tat überzeugt, dass er auch die Comenser von der Richtigkeit seiner Alimente überzeugen wollte, „dass auch die Kinderlosen sie ehren und die einigen wenigen bestimmte Auszeichnung geduldig hingenommen und geehrt wurde."[136]

Plinius war es also wichtig, dass alle Comenser seine Tat zu würdigen wüssten, nicht nur die Begünstigten. Zugleich war er unabhängig von der Meinung der Bevölkerung fest vom Nutzen seines *beneficium* überzeugt, wie er weiter ausführt:

> Außerdem denke ich, um wie viel wichtiger einer Seele der Genuss der ehrenhaften Tat im Bewusstsein ist als im guten Ruf zugrunde liegt. Denn die Folge soll der Ruhm, nicht das Ziel sein, und wenn er einmal nicht folgt, ist deshalb das, was Ruhm verdient, nicht weniger schön.[137]

---

[134] Plin. *Ep.* 1.8.12: *si medici salubres sed voluptate carentes cibos blandioribus adloquiis prosequuntur, quanto magis decuit publice consulentem utilissimum munus sed non perinde populare comitate orationis inducere?*

[135] Zwar schreibt Hans Kloft: *Liberalitas Principis,* 1970, S.165-166, dass es Plinius tatsächlich um Hilfe ging, nicht um *dignitas*, doch ging dies stets Hand in Hand, wie etwa die Ausführungen zur Bibliothek in Comum belegen.

[136] Plin. *Ep.* 1.8.12: *et orbis probaretur honoremque paucorum ceteri patienter et exspectarent et mererentur.*

[137] Plin. *Ep.* 1.8.14: *Praeterea meminimus, quanto maiore animo, honestatis fructus in conscentia quam in fama reponatur. Sequi enim gloria, non appeti decet nec, si casu aliquo non sequatur, idcirco, quod gloriam meruit, minus pulchrum est.*

Die gezielte und durchdachte Planung der Stiftungen sowie der unerschütterliche Glaube an deren Wert offenbaren ein wertrationales Handeln im Sinne Webers.[138] Dass den Römern dieses Konzept keineswegs fremd war, zeigt sich bei Seneca: Er schreibt, dass eine Wohltat nicht unüberlegt erwiesen und auch dann geleistet werden solle, wenn sie dem Gebenden keinen Ertrag verspricht. Das gute Gewissen sei laut dem Philosophen Lohn genug. Mit einer derartigen Erwartungshaltung habe der Stifter auch nichts zu verlieren, nur zu gewinnen.[139] Im gleichen Maße, wie derartige Taten den Gebenden ins rechte Licht rücken, müsse Prahlerei den Ruf und die gute Absicht schädigen.[140]

Die Gefahr, seine Absicht durch Selbstlob zu schädigen, beschäftigte Plinius nachhaltig, wie er selbst schreibt: Er hatte die ursprüngliche Rede nicht vor den Einwohnern Comums gehalten, sondern nur vor den Decurionen. Um auch die einfachen Bürger zu erreichen, beabsichtigte der Stifter nun, die Rede zu veröffentlichen, woraus sich nun ein Dilemma ergab, da

> ich mich beim Sprechen der Zustimmung und dem Beifall der Menge entzogen habe, nun dasselbe von jenen durch die Herausgabe [der Rede] erstrebe, die ganze Zeit von der Bevölkerung selbst, um welche es geht, durch die Türen und Wände der *curia* getrennt, damit ich nicht in den Verdacht der *ambitio* gerate, nun eben jene, welche von meiner Stiftung nichts haben außer das gute Beispiel, gleichsam mit aufdringlicher Prahlerei zu werben suche.[141]

Plinius war sich der prekären Situation bewusst und musste nun einen Mittelweg finden zwischen dem Wunsch, dass *alle* Einwohner Comums seine Stiftung ehrten, und der Notwendigkeit, für sein Projekt zu werben, ohne sich dabei allzu sehr selbst zu loben. Er bittet daher seinen Freund Pompeius Saturninus, die vor den Decurionen gehaltene Rede in Hinsicht auf eine geplante Veröffentlichung zu überprüfen. An anderer Stelle vergleicht Plinius den Saturninus mit Catullus und

---

138 Vgl. Weber, Max: *Wirtschaft und Gesellschaft*, 1964 (=1921/1922), S.17-18.

139 Sen. *Ben.* 1.1.8, 1.1.12, 1.2.2, 2.33.3.

140 Sen. *Ben.* 2.11.6, 2.13.1-4.

141 Plin. *Ep.* 1.8.17: *in dicendo adentationem vulgi adclamationemque defugerim, nunc eadem illa editione sectari, cumque plebem ipsam, cui consulebatur, limine curiae parietibusque discreverim, ne quam in speciem ambitionis inciderem, nun eos etiam, ad quos ex munere nostro nihil pertinet praeter exemplum, velut obvia ostentatione conquirere.*

anderen großen Literaten;[142] dass er gerade diesem talentierten Mann seine Rede schickt und keinem anderen seiner literarisch aktiven Freunde, zeigt, wie wichtig Plinius Form und Eindruck seiner Rede in der Öffentlichkeit waren.[143]

Gegenüber seinem Adressaten äußert Plinius die Befürchtung, er könne zu prahlerisch und selbstherrlich sein, was im Widerspruch zu seiner eigenen Bescheidenheit stünde[144] und seine Tat schmälern könnte:

> Denn wenn schon fremdes Lob wenig geneigte Ohren zu treffen pflegt, wie schwierig ist es zu erreichen dass es nicht als schlecht angesehen wird, wenn man von sich und den Seinen spricht! Denn schon Ehrbarkeit als solche missfällt uns erheblich, vielmehr deren Rühmen und Preisen; schließlich verdrehen und zerpflücken wir seltener Taten, die in Heimlichkeit und in Stillschweigen erwiesen werden.[145]

Diese ausführlichen Reflexionen des Plinius zeigen, dass er, entgegen der Behauptung, keinen Ruhm für sich beanspruchen und Selbstlob meiden zu wollen, Preisungen durch andere keineswegs ablehnte. Dafür spricht weiterhin, dass er die vor den Decurionen gehaltene Rede im Nachhinein der Öffentlichkeit zugänglich zu machen gedachte, um auch über Comum hinaus die Menschen über seine Tat zu informieren und zur Nachahmung zu inspirieren.

Plinius war sich weiterhin darüber bewusst, dass der Dank in Form von Ruhm und Preisungen durch die Einwohner Comums die notwendige Folge einer solch großen Stiftung sein musste. Heimliches Danken oder gar dessen Unterlassen waren verpönt, die dankbare Annahme galt als erste Rate der Rückzahlung.[146] Da Comum dem Wohltäter nicht mehr als Dank bieten konnte, fiel dieser entsprechend groß aus. Der daraus resultierende Ruhm war das primäre Motiv der römischen Elite für Gemeindepatronage, so auch für Plinius.

---

142 Plin. *Ep.* 1.16.5.

143 Vgl. Mratschek, Sigrid: "*'Est enim ille flos Italiae'*. Literatur und Gesellschaft in der Transpadana“, 1984, S.156.

144 Plin. *Ep.* 1.8.5: *onerabit hoc modestiam nostram.*

145 Plin. *Ep.* 1.8.6: *Etenim, si alienae quoque laudes parum aequis auribus accipi solent, quam difficile est obtinere, ne molesta videatur oratio de se aut de suis disserentis! Nam cum ipsi honestati tum aliquanto magis gloriae eius praedicationique invidemus atque ea demum recte facta minus detorquemus et carpimus, quae in obscuritate et silentio reponuntur.*

146 Sen. *Ben.* 2.22.1-3.

Im weiteren Verlauf der Sammlung findet sich ein Brief an Caninius Rufus, einen Landsmann des Plinius und mit diesem darüber hinaus über das gemeinsame Interesse an der Literatur verbunden.[147] An ihn ist nur ein weiterer Brief adressiert (8.4), der darüber informiert, dass Caninius eine Geschichte des Dacerkrieges verfasse. Plinius verlangt in dieser Nachricht, der Freund solle ihm seine Fortschritte stets als Erstem zukommen lassen, um so seine Zuneigung zu beweisen.[148] Die bestehende *amicitia* nutzte Caninius Rufus, Plinius um Rat zu fragen, auf welche Weise er der Gemeinde Comum am besten Geld zukommen lassen könne.[149] Plinius, der sich in seinen Briefen immer wieder als Vorbild stilisiert, fühlt sich durch diese Frage geehrt und nutzt die Gelegenheit, den Freund dazu bringen, seinerseits ebenfalls *alimenta* zu stiften, denn nach wie vor finde er *nihil commodius, quam ipse feci.*[150]

Im Folgenden setzt Plinius dem Adressaten auseinander, wie er sich zu diesem *beneficium* entschlossen und es umgesetzt habe: Nach dem Exempel der Kaiser[151] richtete Plinius keine einfache Kasse ein, aus der die Kinder finanziert werden sollten, fürchtete er doch, dass die Gemeinde das Geld für andere Zwecke verschwenden könnte. Auch Grundstücke wollte er Comum nicht übereignen, drohte doch nach seiner Ansicht schlechte Bewirtschaftung, da es sich dann um öffentliches Eigentum handle, für welches sich niemand recht verantwortlich fühle.[152] Die gleiche Angst vor Verschwendung hatte er auch bei der Beteiligung am Lehrerposten geäußert.

Um dem zuvorzukommen habe er der Gemeinde statt der ursprünglich veranschlagten 500.000 Sesterzen ein sehr ertragreiches Grundstück geschenkt, welches er daraufhin für 30.000 Sesterzen jährlich pachtete.[153] Informationen

---

[147] *PIR*^{2} R 198.

[148] Plin. *Ep.* 8.4.7: *Patere hoc me super cetera habere amoris tui pignus, ut ea quoque norim quae nosse neminem velles.*

[149] Plin. *Ep.* 7.18.1.

[150] Plin. *Ep.* 7.18.1-2.

[151] Carlsen, Jesper: „Gli Alimenta imperiale e privati in Italia: ideologia ed economia“, 1999, S.278.

[152] Plin. *Ep.* 7.18.1-2: *Numeres rei publicae summam: verendum est, ne dilabatur; des agros: ut publici neglegentur.*

[153] Nach Johnston David: „Munificence and Municipia: Bequests to Towns in Classical Roman Law“, 1985, S.117-118 war dies ein ungewöhnlicher Schritt, was wohl daraufhin weist, wie sehr Plinius eine Verschwendung des Geldes befürchtete.

darüber, wie lange dieses Verhältnis und damit die Stiftung existieren sollte, bleibt Plinius schuldig. Die gezahlte Pacht bildete die Grundlage der Stiftung, welche den Namen des Stifters getragen haben könnte.[154] Von einer Inschrift aus Veleia[155] ist bekannt, dass Traian jährlich 300 Kinder im Alter zwischen drei und sechzehn Jahren mit je 10 bis 16 Sesterzen pro Monat unterstützte, was eine Summe von 55.800 Sesterzen pro Jahr ergibt; eine weitere von den *Ligures Baebiani* spricht von einer jährlichen Gesamtsumme von 20.900 Sesterzen, ohne die Zahl der Unterstützten anzuführen.[156] Ausgehend von diesen Angaben konnte Plinius mit seiner Pacht zwischen 155 und 175 Kinder fördern, sodass nur einem winzigen Teil der örtlichen Familien geholfen werden konnte. Erst durch das Zusammenwirken kaiserlicher und mehrerer privater Stiftungen konnten alle Bedürftigen erreicht werden.[157] Die Entscheidung, wer Alimente erhielt und wer nicht, oblag wohl den *Duoviri* oder *Quattuorviri* der Stadt. Dennoch ist es wahrscheinlich, dass Plinius als Stifter gelegentlich bei der Verteilung des Geldes anwesend war, wenn er als Urheber des *beneficium* anerkannt werden wollte.[158]

Mit der Entscheidung, auf diese Weise Alimente zu sichern, sah sich Plinius in der Lage, gleich mehreren Gruppen zu helfen, da erstens Comum stets Pacht von Plinius erhielt, zweitens die Kinder ihre Zahlungen zugeteilt bekamen und drittens das Land zuverlässig bestellt wurde, sodass es profitable Erträge für Plinius selbst abwarf.[159]

---

154 Vgl. Mrozek, Stanisław: „Zum Kreditgeld in der frühen römischen Kaiserzeit", 1985, S.316.

155 *CIL* XI 1147.

156 *CIL* IX 1455; Ausführlich bei Carlsen, Jesper: „Gli Alimenta imperiale e privati in Italia: ideologia ed economia", 1999, S.278-279.

157 Siehe auch Bourne, Frank C.: „The Roman Alimentary Program and Italian Agriculture", 1960, S.57-58; Hoffer, Stanley E.: *The Anxieties of Pliny the Younger*, 1999, S.95-96, 107; Mrozek, Stanisław: „Die privaten Alimentarstiftungen in der römischen Kaiserzeit", 1988, S.165-166.

158 Vgl. Mrozek, Stanisław: „Die privaten Alimentarstiftungen in der römischen Kaiserzeit", 1988, S.159-160; Müller, Wolfgang C.: „Political institutions and linkage strategies", 2007, S.268.

159 Plin. *Ep.* 7.18.2-3. Vgl. auch Veyne, Paul: *Brot und Spiele*, 1990 (=1976), S.555. Peter Garnsey schließt in „Trajan's Alimenta: Some Problems", 1968, S.378-380, dass das Alimentarsystem für die Euergeten wohl kein Verlustgeschäft war - ein Prestigegewinn war es allemal. Die von Plinius gezahlte Summe war im Vergleich zu anderen Fällen ungewöhnlich hoch: In der Gemeinde Veleia zahlten Landbesitzer für ein Grundstück im Wert von HS 500.000 Pacht in Höhe von etwa HS 2.000 pro Jahr, also ein Fünfzehntel dessen, was Plinius auf sich nahm.

Für gewöhnlich sicherte der Kaiser jene ab, die sich zu einem solchen Schritt entschieden: Im Voraus musste der Wohltäter versichern, dass er sich ein solches *beneficium* überhaupt leisten konnte; zusätzlich erhielt er von kaiserlicher Seite finanzielle Kompensationen.[160] Plinius erwähnt derartige Unterstützungen nicht; entweder erhielt er keine oder er wollte seine eigene Tat noch größer erscheinen lassen, indem er den Anschein erweckte, sie allein zu tragen. Ersteres ist unwahrscheinlich, da seine Großzügigkeit umso größere Hilfe von Seiten des Kaisers nach sich gezogen haben muss. Letzteres würde zumindest dem *modus operandi* des Senators entsprechen. Dadurch schafft es Plinius erneut, sich ins rechte Licht zu rücken. Um sich selbst nun noch mehr zu loben, zeigt er einmal mehr auf, wie sehr ihm dieses *beneficium* zu seinem Nachteil gereicht:

> Ich weiß wohl, dass es mich erheblich mehr Geld kostet, als ich zu geben vorgesehen habe, da die Belastung der Abgabe den Wert des vortrefflichen Bodens vermindert hat. Aber man muss dem privaten den öffentlichen Nutzen, dem Vergänglichen das Dauernde vorziehen und viel sorgfältiger um seine Geschenke besorgt sein alsum das eigene Vermögen.[161]

Wie auch bei dem der Amme geschenkten Gut bedauert Plinius ausdrücklich den Wertverlust des Bodens, da hier von ihm investiertes Kapital verloren ging. Für den sparsamen Finanzexperten wirkt eine solche Aussage geradezu obligatorisch.[162] Wohl gerade deshalb standen die Größe und Bedeutung seiner *liberalitas* am Anfang seines Entschlusses zur Stiftung und später beim Veröffentlichen der *oratio* im Zentrum seiner Gedanken, wie er selbst schreibt: Die *alimenta* waren reiflich durchdacht und die Publikation seiner Rede diente dazu

[160] Bourne, Frank C.: „The Roman Alimentary Program and Italian Agriculture", 1960, S.62-63; Garnsey, Peter: „Trajan's Alimenta: Some Problems", 1968, S.378-379.

[161] Plin. *Ep.* 7.18.4-5: *Nec ignoro me plus aliquanto, quam donasse videor, erogavisse, cum pulcherrimi agri pretium necessitas vectigalis infrigerit. Sed oportet privatis utilitatibus publicas, mortalibus aeternas anteferre multoque diligentius muneri suo consulere quam facultatibus.*

[162] Vgl. Johnston, David: „Munificence and Municipia: Bequests to Towns in Classical Roman Law", 1985, S.117.

> zunächst, dass ich bei den ehrenwerten Gedanken verweilte, dann auch, dass ich ihre Schönheit bei längerer Betrachtung erkannte, zuletzt, damit ich mich wappnete gegen die sie begleitete Reue. Aus dieser Übung heraus entstand eine Verachtung des Geldes. Denn alle Menschen fühlen sich von Natur aus verpflichtet ihren Besitz zusammenzuhalten; mich befreite die lange Zeit abgewogene Liebe zur Freigebigkeit gegenüber der Gemeinde von den Fesseln der Habgier, umso lobenswerter muss meine Großzügigkeit erscheinen, als sie nicht nur einer Leidenschaft, sondern reiflicher Überlegung entsprang.[163]

Plinius schreibt hier, dass er eine gewisse Verachtung gegen Geld empfinde, was es ihm erleichtere, zu stiften ohne Reue (*paenitentia*) zu empfinden. Diese Worte wirken fehl am Platz, werden sie von einem Mann geäußert, der sich selbst stets für seine Sparsamkeit lobt und mehrfach Posten innehatte, bei denen er Finanzen verwaltete. Das Geld spielte sehr wohl eine große Rolle für ihn, doch dahingehend, dass er selbst sparte um es bei Gelegenheit zu stiften oder Freunden beizustehen.

Zwar führt er aus, er habe sich durch die Vorbereitung der Rede gegen *paenitentia* gewappnet, doch erweckt die Passage den Eindruck, als sei dieser Prozess noch immer nicht abgeschlossen, weshalb das Halten und Veröffentlichen der Rede ihn in seiner Großzügigkeit bestärken sollten. Vielleicht empfand er tatsächlich Reulosigkeit, doch scheint es, als wolle der Autor mit seiner Rede nicht das Publikum, mit seinem Brief nicht seinen Adressaten, sondern mit beidem sich selbst überzeugen, dass er das Richtige tue. Dies konnte er keinesfalls offen zugeben, da ihm bewusst sein musste, dass Anzeichen von Reue den Eindruck erweckt hätten, er habe nicht aus freien Stücken gestiftet, wodurch seine Großzügigkeit jegliche Glaubwürdigkeit eingebüßt hätte. Daher stellt er den Sachverhalt so dar, als habe er sich lange überlegt, wie er sein Geld am besten stiften könne und nun in den *alimenta* eine geeignete Möglichkeit gefunden. Eines gelingt ihm durch die Offenlegung seiner Gedanken, wie er es geplant hatte: Seine *alimenta* wirken noch großzügiger, wenn sie selbstlos und ohne Bedauern erwiesen werden.[164]

---

[163] Plin. *Ep.* 1.8.8-9: *primum ut honestis cogitationibus immoraremur, deinde ut pulchritudinem illarum longiore tractatu pervideremus, postremo ut subitae largitionis comitem paenitentiam caveremus. Nascebatur ex his exercitatio quaedam contemnendae pecuniae. Nam, cum omnes homines ad custodiam eius natura restrinxerit, nos contra multum ac diu pensitatus amor liberalitatis communibus avaritiae vinculis eximebat, tantoque laudabilior munificentia nostra fore videbatur, quod ad illam non impetu quodam, sed consilio trahebamur.*

[164] Vgl. Hoffer, Stanley E.: *The Anxieties of Pliny the Younger*, 1999, S.97, 104-105.

Eine Frage drängt sich nun geradezu auf: Was genau hätte Plinius an einer solchen Stiftung bereuen können? Großzügige *beneficia* im Austausch gegen Ansehen waren für die römische Elite selbstverständlich; auch die Heimat zu fördern war Plinius ein Bedürfnis, wie er mehrfach unter Beweis stellte. Eigentlich müssten die *alimenta* problemlos damit vereinbar sein. Das Problem waren wohl die Adressaten des *beneficium*: Es zielte nur auf einen kleinen und bedürftigen Teil der Bevölkerung ab; das Unverständnis und der Neid jener, die nicht davon profitierten, war von Anfang an zu erwarten. Darüber hinaus hatte Plinius nichts Sichtbares vorzuweisen; kein Gebäude, keine Inschrift, die von seiner Großzügigkeit berichtete. War es Plinius deshalb so wichtig, die Rede und die Briefe zu veröffentlichen, um sich selbst in Gegenwart und Zukunft ein schriftliches Denkmal zu setzen? Dafür spricht zumindest, dass die Rede und die Publikationen der Briefe für die Oberschicht bestimmt waren, die ja nicht Ziel der *alimenta* waren, auf diesem Wege aber darüber informiert und zum Nachahmen inspiriert wurden.[165]

[165] Vgl. Hoffer, Stanley E.: *The Anxieties of Pliny the Younger*, 1999, S.106-107.

Zusammenfassung

Plinius verstarb vor fast genau 1900 Jahren, wahrscheinlich während seiner Statthalterschaft in Bithynia et Pontus. Über sein Ende ist ebenso wenig bekannt wie über seine Jugend. In den Briefen verstreute Hinweise auf seine Gesundheit lassen vermuten, dass diese im Alter von wenig mehr als 50 Jahren endgültig versagte. Seine Briefe hingegen überstanden die Zeiten und bieten so einen ungewöhnlich detaillierten und lebhaften Einblick nicht nur in das letzte Lebensdrittel des Autors, sondern auch in das Leben der römischen Oberschicht an der Wende zum zweiten nachchristlichen Jahrhundert.

Diese Briefe haben zu einem großen Teil den Austausch verschiedener Gefälligkeiten innerhalb der Elite oder zu den unteren sozialen Schichten zum Thema, von finanziellen Hilfen über Empfehlungsschreiben bis hin zu Stiftungen und dem Vermitteln des *ius quiritium*. Um diese Dienste und ihre Bedeutung für die römische Gesellschaft zu verstehen, wurde zunächst ein Problem mit dem römischen Begriff *amicitia* beleuchtet: Durch seine Übersetzung als „Freundschaft“ wird er allzu oft mit dem viel zu rigiden Konzept der Verbindungen innerhalb derselben sozialen Schicht gleichgesetzt, während Verbindungen zwischen unterschiedlichen Schichten ausgeschlossen werden. Daraus folgt, dass die in der Moderne vollzogene Trennung zwischen Freundschaft und Patronage ohne zu reflektieren auf die römische Antike angewandt wird. Mit diesem Vorgehen wird der antiken Realität Gewalt angetan, da eine Abgrenzung unterstellt wird, wo eigentlich keine besteht.

Die vorliegende Arbeit hat gezeigt, dass *amicitia* sehr wohl freundschaftliche Bande zwischen sozial ungleich gestellten Personen ermöglichte. Was heute als Patronage bezeichnet wird, war den Römern nicht nur bekannt, sie hielten es für einen selbstverständlichen Ausdruck der gegenseitigen Verbundenheit. Aufgrund ihrer Allgegenwärtigkeit wurden Freundschaften zwischen unterschiedlich Gestellten nicht von jenen zwischen Gleichen getrennt, was durch das Fehlen einer eigenständigen Bezeichnung, die der Patronage entsprechen würde, verdeutlicht wird. Um die Asymmetrie nicht völlig aufzuheben, zeigte eine Vielzahl Attribute wie *minor*/*maior* und *potens* die Asymmetrie auf. Die römische Auffassung von *amicitia* trifft somit am ehesten das Konzept der differenzierten oder graduellen Freundschaft, wie es zu Beginn der ersten Arbeit dargelegt wurde.

Nichtsdestotrotz wurden die Kategorien Patron, Vermittler und Klient genutzt; nicht *obwohl*, sondern gerade *weil* diese Begriffe in den Quellen nicht auftauchen und die sprachlich beschönigten Unterschiede nur durch die klare Differenzierung in die drei modernen Kategorien vollkommen deutlich werden. Erst dadurch wird es möglich, die verschiedenen Freundschaftsdienste in den Briefen des Plinius eingehend zu untersuchen.

Bevor Plinius anderen helfen konnte, wurde er selbst seit früher Kindheit durch einige der bedeutendsten Personen des Reiches gefördert; ob durch seinen Onkel, der ihm die bestmögliche Ausbildung finanzierte und ihm sein Vermögen hinterließ, oder durch Lucius Verginius Rufus und Quintus Corellius Rufus, die ihm den Weg in die Politik zeigten und ihn bei seinen Kandidaturen den nötigen Rückhalt boten. Auch die Kaiser Domitian und Traian, so unterschiedlich sie in den Briefen auch bewertet werden, waren Gönner des Plinius: Von Kaisers Gnaden wurde er Senator, bekleidete die Ämter des *cursus honorum* bis hin zum Suffectconsulat und Statthalterschaft, verwaltete Militär- und Staatskasse und war Mitglied der Auguren. Auf diese Weise zu Reichtum und Einfluss gekommen, konnte Plinius seinerseits Freunden helfen.

Bei diesen Diensten wurde zwischen finanziellen Zuwendungen, Empfehlungsschreiben und Gemeindepatronage unterschieden. Die pekuniären Hilfen richteten sich an langjährige Freunde des Senators, etwa seine Amme, der er ein Anwesen für ihren Lebensabend schenkte, oder Romatius Firmus, einen Freund seit frühester Jugend, den er in den Ritterstand erheben ließ und das dazugehörige Vermögen zur Verfügung stellte. Diese und weitere Geschenke wie verschiedene Mitgiften oder ein *viaticum* für den Dichter Martial sollten die Adressaten fördern oder ihnen die Lebensumstände erleichtern. Andere Anlässe hingegen, so die Übernahme der Schulden Calvinas oder das Darlehen für Artemidorus, griffen den Freunden in Notsituationen unter die Arme und sicherten so deren Existenz in der römischen Oberschicht. Für Plinius war ein solches Einschreiten selbstverständlich, daher verpasst er in seinen Briefen keine Gelegenheit, seine eigene Moral zu preisen und zögerndes oder ausbleibendes Übernehmen von Verantwortung zu kritisieren, wie dies bei anderen Freunden des Artemidorus oder Calvinas Vater der Fall war.

Keine dieser finanziellen Hilfen erfolgte also unüberlegt; sie alle hatten einen mehr oder weniger dringenden Anlass und wurden nicht wahllos vergeben, sondern an Personen, zu denen die Bindung durch Zeit und Vertraulichkeit besonders stark war. Durch Hinweise auf die Größe des Geschenks oder unter welch schwierigen Bedingungen er dieses erwies wollte Plinius sicherstellen, dass seine Gaben in ihrer Größe richtig verstanden würden.

Stimmt Sherwin-Whites zeitliche Einordnung der Briefe, erfolgten diese Gefälligkeiten besonders in den frühen 90er Jahren des ersten Jahrhunderts, als Plinius Praetor war und anschließend die Militärkasse verwaltete. Für diese *officia* wurde er selbst als Patron tätig und außer im Falle des Geldes, das er zur Hilfe für Artemidorus lieh, musste Plinius nicht auf das ihn umgebende Netzwerk zurückgreifen.

Dieses Netzwerk gewann entscheidend an Bedeutung, als Plinius in den Regierungsjahren Nervas und insbesondere Traians immer öfter seinen Einfluss nutzte, um junge Talente bei Gericht, in der Politik und der Literatur zu fördern. Hierfür musste Plinius seine Kontakte in der Oberschicht und zum Princeps nutzen und sich aus seinen eigenen *amici* diejenigen heraussuchen, die er als geeignetste Kandidaten und Adressaten erachtete.

Die so ausgestellten *commendationes* folgen einem Schema, bei dem der Autor die Freundschaft zu seinem Schützling dadurch belegt, dass er deren Charakteristika zu nennen vermag, die für das jeweils angestrebte Amt vonnöten waren. Sie waren bei den Empfehlungen ausschlaggebend, da die Bindung an einen einflussreichen Senator allein keinen Beweis für die Qualifikation des Bewerbers darstellte. Bemerkenswert ist, dass Plinius, trotz seines Status als *homo novus* – im Gegensatz etwa zu seinem Vorbild Cicero – im Senat offenbar auf derartige Akzeptanz stieß, dass er sogar gebürtige Senatoren fördern konnte, wie es sonst deren Väter getan hätten.

Der größte Teil der *commendationes* des Plinius schien problemlos verlaufen zu sein, wie das Beispiel des Sueton respektive Caesennius Silvanus zeigt. Das könnte daran liegen, dass es sich in diesen Situationen meist um Ämter in den Stäben von

Statthaltern handelte – die Konkurrenz könnte hier vergleichsweise klein und der Kontakt zum Entscheidenden stark genug gewesen sein, fähige Männer in Amt und Würden zu bringen.

In anderen Fällen, insbesondere wenn um ein Amt in Rom selbst kandidiert wurde, war die Situation komplizierter: Die Konkurrenz war groß, da auch etliche andere Senatoren ihren Einfluss für eigene Freunde geltend machen wollten. Die Fälle Iulius Naso und Sextus Erucius zeigen, wie Plinius, um seine eigene *dignitas* besorgt, andere einflussreiche Senatoren um Beistand bat.

Trotz allen Einflusses waren wohl nicht alle *commendationes* des Plinius von Erfolg gekrönt: Bei dem Versuch, vom Kaiser die Praetur für Accius Sura oder den Senatorenstand für Voconius Romanus zu erwirken, könnte sich der Mann aus Comum überschätzt haben, was daran liegen könnte, dass das Verhältnis zwischen Plinius und Traian zu diesem Zeitpunkt noch zu wenig ausgeprägt war, wodurch das soziale Kapital des Senators beim Princeps noch nicht ausreichte.

Gelten bei finanziellen Zuwendungen und *commendationes* für Beförderungen die Strukturen der Freundschaft, bei der beiderseitige Zuneigung vorherrschte, treten bei den Bitten um das römische Bürgerrecht gänzlich andere Konditionen hervor: Im Falle der beiden Ärzte Harpocras und Postumius Marinus befand sich Plinius in einem Schuldverhältnis; dieser wandte sich an den Princeps, der die Schulden des Senators bereitwillig übernahm und mit dem *ius quiritium* für die Gläubiger beglich. Die daraus entstandenen neuen Schuldenverhältnisse zwischen Plinius und Traian konnten und sollten nie abgegolten werden; das Einzige, was Plinius geben und der Kaiser akzeptieren konnte, war die Loyalität des Senators.

Diese Art der Schreiben unterscheidet sich grundlegend von den politischen Empfehlungen dahingehend, dass sie ohne jegliche Nennung von Qualifikation und familiärer Abstammung auskommen. Generell wirken die Briefe sehr zweckgebunden, wodurch unterstrichen wird, dass es sich hierbei nicht so sehr um Empfehlungen handelt, sondern um Bitten, die keiner ausführlichen Begründung bedurften.

Eine völlig andere Situation bieten diejenigen Briefe, die um das *ius quiritium* für Freigelassene bitten: Sie berühren das Feld der Beziehungen zwischen ehemaligen Sklaven und ihren Herren und somit das Gefüge, das die Römer als *patrocinium* bezeichneten. Auch hier herrschte ein gewisses Maß an Zuneigung, weshalb die Patrone bestrebt waren, die Freigelassenen zu römischen Vollbürgern zu machen. Wenn die ehemaligen Besitzer über keinen direkten Kontakt zum Princeps verfügten, stellten sie diesen über Vermittler wie Plinius her. Dessen Schreiben sind nochmals kürzer gefasst, da sie ausschließlich die Namen der Freigelassenen und ihrer Patrone beinhalten; eine Begründung für die Bitte war offenbar nicht nötig.

Wenn Sherwin-White daher schreibt, dass sich in der immer umfassenderen Verleihung des Bürgerrechts ein Zeichen der wachsenden Einheit des Reiches finden lässt,[1] so trug die *amicitia* einen wesentlichen Teil zu dieser Einheit bei. Die Briefe des Plinius bieten einen kleinen aber wertvollen Einblick in eine Praxis, die im Laufe der Generationen immer umfassender wurde und schließlich zu Beginn des zweiten Jahrhunderts in der *Constitutio Antoniniana* gipfelte, die allen freien Bewohnern des Reiches das römische Bürgerrecht verlieh.

Die Beziehungen des Plinius zu den italischen Gemeinden Comum und Tifernum Tiberinum schließlich stellen exakt jene Art Bindungen dar, die von den Römern als *patrocinia* bezeichnet wurden. Hierbei kann unterschieden werden zwischen derjenigen zur Stadt Tifernum Tiberinum, die Plinius offiziell als Patron angenommen hatte, und derjenigen zu seiner Heimatstadt Comum, die ihn zwar nicht kooptiert hatte, in der er dennoch als Patron tätig wurde. In diesen Fällen trat Plinius als Gemeindepatron auf; abgesehen von der Suche nach einem geeigneten Lehrer für Comum, die er an seinen Freund Cornelius Tacitus abgab, musste Plinius auch hier nicht auf sein ausgedehntes Netzwerk zurückgreifen.

Als Beispiel für die Verbindungen des Senators zu Tifernum am Tiber wurde ein Tempel für den Kaiserkult untersucht, mit dem sich Plinius bei der Gemeinde für die ihm entgegengebrachte Gastfreundschaft bedankte. Vergleichbar etwa mit Fällen der beiden Ärzte Harpocras und Postumius Marinus sah sich Plinius auch gegenüber der Klientelgemeinde in der Schuld, die er abzutragen gedachte. Es handelte sich also nicht etwa um ein von der Stadt begonnenes Projekt, bei dem die Finanzierung scheiterte und Plinius einschreiten musste; der Bau des Tempels ging allein von ihm aus. Auch ohne über die geflossenen Geldsummen zu informieren,

[1] Sherwin-White, Adrian N.: *The Roman Citizenship*, 1939, S.204-205.

wird ersichtlich, dass die Unverhältnismäßigkeit der so ausgetauschten *officia* den großen Unterschied zwischen *patronus* und *cliens* verdeutlicht und bekräftigt. Dass die Decurionen der Stadt sogar auf das Recht verzichteten, den Bauplatz zu bestimmen, unterstreicht dies noch weiter.

Die der Heimatstadt Comum erwiesenen *beneficia* entsprangen der ihr gegenüber empfunden Verantwortung als Einwohner Comums, keiner formell begründeten Patronatsbeziehung. Die Förderungen der örtlichen Bildungseinrichtungen lassen sich damit erklären, dass Plinius selbst eine hervorragende Bildung erhalten hatte, die ihm den Weg bis in die höchsten Ämter des Staates geebnet hatte. Diese Möglichkeiten wollte er nun auch den nächsten Generationen Comums eröffnen, um die Stadt zu einem kulturellen Zentrum Italiens zu machen.

Das Einrichten einer Alimentarinstitution sollte bedürftige römische Familien mit Kindern unterstützen, was sie von allen *beneficia* des Plinius zu der am stärksten humanitär geprägten macht. Hierbei traf Plinius auf einen gewissen Widerstand, den er zu überwinden hatte; zu diesem Zweck hielt er eine Rede und veröffentlichte sie später, um seine Motive nachvollziehbar und weithin bekannt zu machen. Auch bei diesem *beneficium* ging der ursprüngliche Gedanke vom Patron aus, während Comum als Klient eher passiv bleibt.

Die von Plinius erwiesenen *beneficia* erschöpfen sich mit den in dieser Arbeit untersuchten keineswegs: Es finden sich weitere *commendationes*, die mit den genannten im Aufbau annähernd identisch sind, was unweigerlich zu einer inhaltlichen Wiederholung geführt hätte.[2] Auch zusätzliche Vermittlungen zwischen Freunden, sei es das Begründen neuer Freundschaften innerhalb des Netzwerks[3] oder das Aushandeln eines besonders günstigen Kaufpreises für ein Grundstück,[4] wurden hier nicht berücksichtigt, ebenso wie die Tätigkeit des Plinius als Anwalt, einem anderen wichtigen Feld des *patrociniums*.[5] Sie alle zu untersuchen hätte den Rahmen gesprengt, stellen aber lohnenswerte Untersuchungsgegenstände für die kommende Forschung dar.

[2] Plin. *Ep*. 4.12, 9.28, 10.21, 10.85, 10.86a, 10.86b.

[3] Plin. *Ep*. 6.26, 7.7, 7.31.

[4] Plin. *Ep*. 1.24.

[5] Plin. *Ep*. 1.5, 1.7, 1.18, 4.17, 6.18, 6.23, 6.33, 7.33.

Die beleuchteten Beispiele von Patronage stellen somit lediglich einen Querschnitt dessen dar, was die Briefsammlung bietet. Sie zeigen Plinius als einen Mann in einem umfassenden Netzwerk in der römischen Oberschicht zur Wende des zweiten Jahrhunderts, der durch die Unterstützung bedeutender Freunde bis zum Consul und Proconsul aufgestiegen war und seinerseits Kontakte und Vermögen nutzte, um insbesondere langjährige Freunde zu unterstützen und zu fördern. So wurde aus dem Klienten der Vermittler und Patron Plinius, der wiederum seinen *amici* half und das System der *amicitia* weitergab.

Da keine anderen Quellen überliefert sind, die den Briefen des Plinius gleichkommen, bleibt eine letzte Frage zu beantworten: Können die Briefe des Plinius genutzt werden, eine generelle Aussage über die römische Oberschicht in der frühen Kaiserzeit zu treffen oder muss davon ausgegangen werden, dass es sich bei ihm um eine Ausnahme handelte? Die Antwort darauf steht gewissermaßen zwischen den Zeilen dieser Arbeit: Wann immer Plinius auf seine Kontakte zurückgriff, um Freunde in Ämter zu bringen oder Freigelassenen und Peregrinen das *ius quiritium* zukommen zu lassen, setzte dies die Kooperation aller Beteiligten voraus. Dass genau dies geschah, die *commendationes* in den meisten Fällen von Erfolg gekrönt waren und selbst Traian widerspruchslos auf Bitten hin das Bürgerrecht verlieh, belegt, dass Patronage allgegenwärtig und selbstverständlich praktiziert wurde. Der Grund für diese Dienste lag in der gegenseitigen Zuneigung und Dankbarkeit der Freunde. Plinius hielt das Andenken an seine einstigen Förderer lange nach deren Ableben lebendig und wünschte sich, dass auch seine Freunde ihn einst in guter Erinnerung behalten würden. Durch die in Comum zu seinen Ehren errichtete Inschrift blieben seine *beneficia* für Generationen in Erinnerung; durch seine Briefe aber bleibt die Person hinter den Taten noch heute lebendig.

Bibliographie

Alföldy, Géza: *Konsulat und Senatorenstand unter den Antoninen.* Bonn, 1977.

Alföldy, Géza: *Städte, Eliten und Gesellschaften in der Gallia Cisalpina. Epigraphisch-historische Untersuchungen. Heidelberger althistorische Beiträge und epigraphische Studien, Bd. 30.* Stuttgart, 1999[2].

Alföldy, Géza: *Römische Sozialgeschichte.* Stuttgart, 2011[4].

Andrews, A. Carleston: „Pliny the Younger, Conformist" in: *The Classical Journal, Vol. 34, No. 3* (1938), S.143-154.

Ash, Rhiannon: „Drip-feed invective: Pliny, self-fashioning, and the Regulus letters" in: Marmodoro, Anna/Hill, Jonathan (Hrsg.): *The Author's Voice in Classical and Late Antiquity.* Oxford, 2013, S.207-232.

Ashley, Alice M.: „The 'Alimenta' of Nerva and his Successors" in: *The English Historical Review, Vol. 36, No. 141* (1921), S.5-16.

Augoustakis, Antony: „Pliny Epistulae 4.13: 'Communal Conspiracy' at Comum" in: *The Classical World, Vol. 99, No. 4* (2006), S.419-422.

Badian, Ernst: *Foreign Clientelae (264-70 B.C.).* Oxford, 1958.

Baehrens, Wilhelm A.: „Zur Prätur des jüngeren Plinius" in: *Hermes, Bd. 58* (1923), S.109-112.

Baltrusch, Ernst: *Außenpolitik, Bünde und Reichsbildung in der Antike. Enzyklopädie der griechisch-römischen Antike, Bd. 7* (Hrsg. Aloys Winterling). München, 2008.

Bell, Albert A. Jr.: „A Note on Revision and Authenticity in Pliny's Letters" in: *The American Journal of Philology, Vol. 110, No. 3* (1989), S.460-466.

Bleicken, Jochen: *Die Verfassung der Römischen Republik. Grundlagen und Entwicklung.* Paderborn, 1993[6].

Bleicken, Jochen: *Verfassungs- und Sozialgeschichte des Römischen Kaiserreichs, Bd. 1.* Paderborn, 1995[4].

Boissevain, Jeremy: *Friends of Friends: Networks, Manipulators and Coalitions.* Oxford, 1974.

Bourne, Frank C.: „The Roman Alimentary Program and Italian Agriculture" in: *Transactions and Proceedings of the American Philological Association, Vol. 91* (1960), S.47-75.

Borzsák, Stephano: „Die Inschriften des jüngeren Plinius und seine Mission in Pontus et

Bithynia“ in: Alföldy, Géza (Hrsg.): *Städte, Eliten und Gesellschaft in der Gallia Cisalpina. Epigraphisch-historische Untersuchungen. Heidelberger Althistorische Beiträge und Epigraphische Studien, Bd. 30.* Stuttgart, 1999, S.221-244.

Bourdieu, Pierre: „Ökonomisches Kapital, kulturelles Kapital, soziales Kapital“ in: Kreckel, Reinhard (Hrsg.): *Soziale Ungleichheiten. Soziale Welt, Sonderband 2.* Göttingen, 1983, S. 183-198.

Bradley, Keith R.: *Slaves and Masters in the Roman Empire. A Study in Social Control.* Oxford, 1987.

Bradley, Keith R.: *Slavery and society at Rome*. Cambridge, 1994.

Bringmann, Klaus: *Römische Geschichte: Von den Anfängen bis zur Spätantike*. München, 2006[9].

Brunt, Peter A.: „Amicitia in the Roman Republic“ in: *The Fall of the Roman Republic and related Essays*. Oxford, 1988, S.351-381.

Brunt, Peter A.: „Clientela“ in: *The Fall of the Roman Republic and relate Essays*. Oxford, 1988, S.382-442.

Carlsen, Jesper: „*CIL* X 8217 and the Question of Temple Land in Roman Italy“ in: Carlsen, Jesper (Hrsg.): *Landuse in the Roman Empire*. Rom, 1997[2], S.9-15.

Carlsen, Jesper: „Gli Alimenta imperiale e privati in Italia: ideologia ed economia“ in: Vera, *Dominico (Hrsg.): Demografia, Sistemi agrari, regimi alimentari nel mondo antico. Atti del Convegno Internazionale di Studi (Parma 17-19 ottobre 1997)*. Bari, 1999, S.273-288.

Castagna, Luigi: „Teoria e prassi dell'amicizia in Plinio il Giovane“ in: Castagna, Luigi/Lefèvre, Eckard (Hrsg.): *Plinius der Jüngere und seine Zeit. Beiträge zur Altertumskunde Bd. 187*. München/Leipzig, 2003, S.145-172.

Champlin, Edward: „Pliny's other country“ in: Peachin, Michael (Hrsg.): *Aspects of Friendship in the Graeco-Roman World. Proceedings of a conference held at the Seminar für Alte Geschichte, Heidelberg, on 10-11 June, 2000. Journal of Roman Archeology. Supplementary Series Number 43*. Rhode Island, 2001, S.121-128.

Chantraine, Heinrich: „Zur Entstehung der Freilassung mit Bürgerrechtserwerbs in Rom“ in: *Aufstieg und Niedergang der Römischen Welt I, 2* (1972), S.58-67.

Christes, Johannes: *Sklaven und Freigelassene als Grammatiker und Philologen im antiken Rom. Forschungen zur antiken Sklaverei, Bd. 10* (Hrsg. Joseph Vogt/ Heinz Bellen). Wiesbaden, 1979.

Christes, Johannes: „Gesellschaft, Staat und Schule in der griechisch-römischen Antike“ in:

Kloft, Hans (Hrsg.): *Sozialmaßnahmen und Fürsorge. Zur Eigenart antiker Sozialpolitik. Grazer Beiträge, Supplementband III*. Graz/Horn, 1988, S.55-74.

Cohen, Yehudi A.: „Patterns of Friendship" in: Cohen, Yehudi A. (Hrsg.): *Social Structure and Personality. A Casebook*. New York, 1961, S.351-386.

Coşkun, Altay: *Großzügige Praxis der Bürgerrechtsvergabe in Rom? Zwischen Mythos und Wirklichkeit. Abhandlungen der Geistes- und sozialwissenschaftlichen Klasse Jahrgang 2009, Nr.1*. Mainz/Stuttgart, 2009.

Cramme, Stefan: *Die Bedeutung des Euergetismus für die Finanzierung städtischer Aufgaben in der Provinz Asia*. Köln, 2001.

Crook, Zeba A.: *Reconceptualising Conversation. Patronage, Loyalty, and Conversion in the Religions of Ancient Mediterranean. Beihefte zur Zeitschrift für die neutestamentliche Wissenschaft und die Kunde der älteren Kirche, Bd. 130* (Hrsg. Dunn, James D.G. u.a.). Berlin, 2004.

Dahlheim, Werner: *Die griechisch-römische Antike. Bd. 2. Stadt und Imperium: Die Geschichte Roms und seines Weltreiches*. Paderborn, 1992.

Dahlheim, Werner: *Die Antike. Griechenland und Rom von den Anfängen bis zur Expansion des Islam*. Paderborn, 1994³.

Damon, Cynthia: *The Mask of the Parasite. A Pathology of Roman Patronage*. Ann Arbor, 1997.

D'Arms, John H.: „Upper-Class Attitudes towards "viri municipales" and their Towns in the early Roman Empire" in: *Athenaeum 62* (1984), S.440-467.

D'Arms, John H.: „The Roman *Convivium* and the Idea of Equality" in: Murray, Oswyn: *Sympotica. A Symposium on the Symposion*. Oxford, 1990, S.308-320.

de Blois, Lukas: „The political significance of friendship in the *Letters* of Pliny the Younger" in: Peachin, Michael (Hrsg.): *Aspects of Friendship in the Graeco-Roman World. Proceedings of a conference held at the Seminar für Alte Geschichte, Heidelberg, on 10-11 June, 2000. Journal of Roman Archeology. Supplementary Series Number 43*. Rhode Island, 2001, S.129-134.

Demandt, Alexander: *Das Privatleben der römischen Kaiser*. München, 1996.

de Neeve, Peter Willem: „A Roman Landowner and his Estates: Pliny the Younger" in: *Athenaeum 78* (1990), S.363-402.

Donahue, John F.: *The Roman Community at Table during the Principate*. Ann Arbor, 2004.

Doria, Carla Masi: „Zum Bürgerrecht der Freigelassenen" in: Schermaier, Martin Josef/Végh, Zoltán (Hrsg.): *Ars boni et aequi. Festschrift für Wolfgang Waldstein zum*

65. Geburtstag. Stuttgart, 1993, S.231-260.

Drexhage, Hans-Joachim/Konen, Heinrich, Ruffing, Kai: *Die Wirtschaft des Römischen Reiches (1. – 3. Jahrhundert). Eine Einführung.* Berlin, 2002.

Dunham, Fred S.: „The Younger Pliny. Gentleman and Citizen" in: *The Classical Journal, Vol. 40, No. 7* (1945), S.417-426.

Eck, Werner: „Die Präsenz senatorischer Familien in den Städten des Imperium Romanum bis zum späten 3. Jahrhundert" in: Eck, Werner et al: *Studien zur antiken Sozialgeschichte. Festschrift Friedrich Vittinghoff.* Köln, 1980, S.283-322.

Eck, Werner: „Der Euergetismus im Funktionszusammenhang der kaiserzeitlichen Städte" in: Christol, Michel/Masson, Olivier (Hrsg.): *Actes du Xe Congrès International d'Épigraphie Grecque et Latine, Nîmes, 4-9 Octobre 1992.* Paris, 1997, S.305-331.

Eck, Werner: „Spezialisierung in der staatlichen Administration des Römischen Reiches in der Hohen Kaiserzeit" in: De Blois, Lukas (Hrsg.): *Administration, Prosopography and the Appointment Policies in the Roman Empire. Proceedings of the first Workshop of the International Network Impact of Empire (Roman Empire, 27 B.C. - A.D. 406).* Amsterdam, 2001, S.1-23.

Eck, Werner: „Die große Pliniusinschrift aus Comum: Funktion und Monument" in: Eck, Werner: *Monument und Inschrift: Gesammelte Aufsätze zur senatorischen Repräsentation in der Kaiserzeit. Beiträge zur Altertumskunde Bd. 288* (Hrsg. Walter Ameling/Johannes Heinrichs). Berlin/New York, 2010, S.299-310.

Edwards, Catharine: *The Politics of Immorality in ancient Rome.* Cambridge, 1993.

Eilers, Claude: *Roman Patrons of Greek Cities.* Oxford, 2002.

Eisenstadt, Shmuel N.: *Social Differentiation & Stratification. Scott, Foresman Introduction to Modern Societies* (Hrsg. Reiss, Albert J. Jr./Wilensky, Harold L.). Glenview, 1971.

Eisenstadt, Shmuel N./Roniger, Luis: „Patron - Client Relations as a Model of Structuring Social Exchange" in: *Comparative Studies in Society and History, Vol. 22* (1980), S.42-77.

Eisenstadt, Shmuel N./Roniger, Luis: *Patrons, clients and friends. Interpersonal relations and the structure of trust in society. Themes in the Social Sciences* (Hrsg. Goody, Jack/Hawthorn Geoffrey). Cambridge, 1984.

Fischer, Claude S.: *To dwell among Friends. Personal Networks in Town and City.* Chicago, 1982.

Fishwick, Duncan: „Numinibus Aug(ustorum)“ in: Fishwick, Duncan: *Cult, Ritual, Divinity and Belief in the Roman World.* Farnham, 2012 (= *Britannia* 25, 1994), S.127-141.

Flach, Dieter: *Römische Agrargeschichte. Handbuch der Altertumswissenschaft, Dritte Abteilung, Neunter Teil.* München, 1990.

Flaig, Egon: „Keine Performanz ohne Norm – keine Norm ohne Wert. Das Problem der zwingenden Gesten in der römischen Politik“ in: Haltenhoff, Andreas/Heil, Andreas/Mutschler, Fritz-Heiner (Hrsg.): *Römische Werte als Gegenstand der Altertumswissenschaft. Beiträge zur Altertumskunde, Bd. 227.* München/Leipzig, 2005, S.209-221.

Friese, Heidrun: „Freundschaft. Leerstellen und Spannungen eines Begriffs“ in: Binczek, Natalie/Stanitzek, Georg (Hrsg.): *Strong ties/Weak ties. Freundschafts-semantik und Netzwerktheorie.* Heidelberg, 2010, S.17-38.

Fürst, Alfons: *Streit unter Freunden. Ideal und Realität in der Freundschaftslehre der Antike. Beiträge zur Altertumskunde, Bd. 85.* Stuttgart, 1996.

Gamberini, Federico: *Stylistic Theory and Practice in the Younger Pliny. Altertumswissenschaftliche Texte und Studien Bd. XI.* Hildesheim, 1983.

Gardner, Jane F.: „The Adoption of Roman Freedmen“ in: *Phoenix, Vol. 43, No. 3* (1989), S.236-257.

Gardner, Jane F.: *Being a Roman Citizen.* London, 1993.

Gardner, Jane F.: „Making Citizens: The Operation of the Lex Irnitana“ in: De Blois, Lukas (Hrsg.): *Administration, Prosopography and the Appointment Policies in the Roman Empire. Proceedings of the first Workshop of the International Network Impact of Empire (Roman Empire, 27 B.C. - A.D. 406).* Amsterdam, 2001, S.215-229.

Garnsey, Peter: „Trajan's Alimenta: Some Problems“ in: *Historia Bd. 17, H. 3* (1968), S.367-381.

Garnsey, Peter/Saller, Richard/Maass, Hans-Joachim (Übers.): *Das Römische Kaiserreich. Wirtschaft, Gesellschaft, Kultur.* Berlin, 1989 (= London, 1987).

Garnsey, Peter: „Roman Citizenship and Roman Law in the Late Empire“ in: Swain, Simon/Edwards, Mark (Hrsg.): *Approaching Late Antiquity. The Transformation from Early to Late Empire.* Oxford, 2004, S.133-155.

Gasser, Franziska: *Germana Patria. Die Geburtsheimat in den Werken römischer Autoren der späten Republik und der frühen Kaiserzeit. Beiträge zur Altertumskunde Bd. 118.* Stuttgart, 1999.

Gellner, Ernest: „Patrons and Clients“ in: Gellner, Ernest/Waterbury, John (Hrsg.): *Patrons and Clients in Mediterranean Societies*. London, 1977, S.1-6.

Gelzer, Matthias/Seager, Robin (Übers.): *The Roman Nobility*. Oxford, 1969.

Gibson, Roy K.: „Pliny and the Art of (in)offensive self-praise“ in: *Arethusa 36, H. 2* (2003), S.235-254.

Gibson, Roy K./Morello, Ruth: *Reading the Letters of Pliny the Younger: an Introduction*. Cambridge, 2012.

Gold, Barbara K. (Hrsg.): *Literary and Artistic Patronage in Ancient Rome*. Austin, 1982.

Goldbeck, Fabian: *Salutationes. Die Morgenbegrüßung in Rom in der Republik und der frühen Kaiserzeit. Klio, Neue Reihe Bd. 16*. Berlin, 2010.

Goldbeck, Fabian: „Usurping Ritual Interaction: C. Gracchus and the *salutatio* in Republican Rome“ in: Schwedler, Gerald/Tounta, Eleni (Hrsg.): *State, Power, and Violence. Ritual Dynamics and the Science of Ritual Vol. 3.* Wiesbaden 2010, S.413-427.

Griffin, Miriam: „De Beneficiis and Roman Society“ in: *The Journal of Roman Studies, Vol.* 93 (2003), S.92-113.

Griffin, Miriam: „The Younger Pliny's debt to moral Philosophy“ in: *Harvard Studies in Classical Philology, Vol. 103* (2007), S.451-481.

Haltenhoff, Andreas: „Wertorientierung, Rollenbewußtsein und Kommunikationspragmatik in den Briefen des Jüngeren Plinius“ in: Haltenhoff, Andreas et al.: *Römische Werte und römische Literatur im frühen Prinzipat. Beiträge zur Altertumskunde, Bd. 275*. Berlin, 2011, S.167-205.

Hammond, Mason: „Pliny the Younger's Views on Government“ in: *Harvard Studies in Classical Philology, Vol. 49* (1938), S.115-140.

Harte, R. H.: „The Praetorship of the Younger Pliny“ in: *The Journal of Roman Studies, Vol. 25* (1935), S.51-54.

Heidemann, Dietmar H.: „Die Idee der Freundschaft. Philosophische Überlegungen zu einem polymorphen Begriff“ in: Münchberg, Katharina/Reidenbach, Christian (Hrsg.): *Freundschaft. Theorien und Poetiken*. München, 2012, S.43-51.

Hermann-Otto, Elisabeth: „Sklavenkinder in Recht, Ökonomie und Gesellschaft des Römischen Reiches“ in: *Revue Internationale des droits de l'Antiquité LI* (2004), S.167-186.

Henderson, John: „Funding Homegrown Talent: Pliny 'Letters' 1.19“ in: *Greece & Rome, Second Series, Vol. 49, No. 2* (2002), S.212-226.

Herderson, John: *Pliny's Statue. The Letters, Self-Portraiture & Classical Art*. Exeter, 2002.

Henderson, Mary I.: „The Establishment of the Equester Ordo" in: *The Journal of Roman Studies, Vol. 53, Parts 1 and 2* (1963), S.61-72.

Hoffer, Stanley E.: *The Anxieties of Pliny the Younger. American Philological Association. American Classical Studies, Nr. 43*. Atlanta 1999.

Honsell, Heinrich: *Römisches Recht*. Berlin, 2002[5].

Howell, Peter: „Martial's Return to Spain" in: Grewing, Farouk (Hrsg.): *Toto notus in orbe. Perspektiven der Martial-Interpretation. Palingenesia. Monographien und Texte zur klassischen Altertumswissenschaft, Bd. 65* (Hrsg. Lendle Otto/Steinmetz, Peter). Stuttgart, 1998, S.173-186.

Instinsky, Hans Ulrich: „Formalien im Briefwechsel des Plinius mit Kaiser Trajan" in: *Abhandlungen der Geistes- und Sozialwissenschaftlichen Klasse, Jahrgang 1969*. Mainz, 1969, S.385-406.

Inwood, Brad: „Politics and paradox in Seneca's *De Beneficiis*" in: Laks, André/Schofield, Malcolm (Hrsg.): *Justice and Generosity. Studies in Hellenistic Social and Political Philosophy. Proceedings of the Sixth Symposium Hellenisticum*. Cambridge, 1995, S.241-265.

Jaques, François/Scheid, John/Riedlberger, Peter (Übers.): *Rom und das Reich. Staatsrecht, Religion, Heerwesen, Verwaltung, Gesellschaft, Wirtschaft*. Hamburg, 2008[3] (= Stuttgart 1998).

Jeske, Diane: „Friendship, Virtue, and Impartiality" in: *Philosophy and Phenomenological Research, Vol. 57, No. 1* (1997), S.51-72.

Johnston, David: „Munificence and Municipia: Bequests to Towns in Classical Roman Law" in: *The Journal of Roman Studies, Vol. 75* (1985), S.105-125.

Jones, Christopher P.: „Julius Naso and Julius Secundus" in: *Harvard Studies in Classical Philology, Vol. 72 (1968)*, S.279-288.

Jongman, Willem M.: „The early Roman Empire: Consumption" in: Morris, Ian/Saller, Richard P./Scheidel, Walter (Hrsg.): *The Cambridge Economic History of the Greco-Roman World*. Cambridge, 2007, S.592-618.

Kadushin, Charles: *Understanding social Networks: Theories, Concepts, and Findings*. Oxford, 2012.

Kant, Immanuel: „Die Metaphysik der Sitten" in: Kant, Immanuel: *Werke in zwölf Bänden, Bd. 8*. Frankfurt am Main 1977, S. 584-600.

Kehoe, Dennis P.: „Approaches to Profit and Management in Roman Agriculture: The

Evidence of the Digest" in: Carlsen, Jesper (Hrsg.): *Landuse in the Roman Empire.* Rom, 1997², S.45-58.

Kehoe, Dennis P.: „The early Roman Empire: Production" in: Morris, Ian/Saller, Richard P./Scheidel, Walter (Hrsg.): *The Cambridge Economic History of the Greco-Roman World.* Cambridge, 2007, S.543-569.

Kitschelt, Herbert/Wilkinson, Steven I.: „Citizen-politician linkages: an introduction" in: Kitschelt, Herbert/Wilkinson, Steven I. (Hrsg.): *Patrons, Clients, and Policies. Patterns of Democratic Accountability and Political Competition*. Cambridge, 2007, S.1-49.

Kloft, Hans: *Liberalitas Principis: Herkunft und Bedeutung. Studien zur Prinzipatsideologie.* Köln, 1970.

Kolb, Anne: *Transport und Nachrichtentransfer im Römischen Reich. Klio: Beihefte, Neue Folge Bd. 2*. Berlin, 2000.

Konstan, David: „Patrons and Friends" in: *Classical Philology, Vol. 90, Nr. 4 (1995)*, S.328-342.

Konstan, David: *Friendship in the Classical World. Key themes in Ancient History.* Cambridge, 1997.

Korovkin, Michael A.: „Exploitation, cooperation, collusion: an Enquiry into Patronage" in: *European Journal of Sociology, Vol. 29* (1988), S.105-126.

Kracauer, Siegfried: „Über die Freundschaft" in: Mülder-Bach, Inka (Hrsg.): *Siegfried Kracauer. Aufsätze 1915-1926, Bd. 5.1*. Frankfurt am Main, 1990, S.27-54 (Original 1917).

Kracauer, Siegfried: „Gedanken über Freundschaft" in: Mülder-Bach, Inka (Hrsg.): *Siegfried Kracauer. Aufsätze 1915-1926, Bd. 5.1*. Frankfurt am Main, 1990, S.131-147 (Original 1921).

Krasser, Helmut: „*Claros colere viros* oder über engagierte Bewunderung. Zum Selbstverständnis des jüngeren Plinius" in: *Philologus 137* (1993), S.62-71.

Krieckhaus, Andreas: *Senatorische Familien und ihre patriae (1./2. Jahrhundert n. Chr.). Studien zur Geschichtsforschung des Altertums Bd. 14*. Hamburg, 2006.

Kudlien, Fridolf: „Zur Situation des flüchtigen Sklaven in der Antike" in: *Hermes, Bd. 116, H. 2* (1988), S.232-252.

La Due Lake, Ronald/Huckfeldt, Robert: „Social Capital, Social Networks, and Political Participation" in: *Political Psychology, Vol. 19, No. 3, Special Issue: Psychological Approaches to Social Capital* (1998), S.567-584.

Latour, Bruno/Roßler, Gustav (Übers.): *Eine neue Soziologie für eine neue Gesellschaft.*

Einführung in die Akteur-Netzwerk-Theorie. Frankfurt/Main, 2010 (=1967).

Lefèvre, Eckard: „Plinius' Klage um die verlorengegangene Würde des Senats (3,20; 4,25)" in: Castagna, Luigi/Lefèvre, Eckard (Hrsg.): *Plinius der Jüngere und seine Zeit. Beiträge zur Altertumskunde Bd. 187*. München, 2003, S.189-200.

Lefèvre, Eckard: *Vom Römertum zum Ästhetizismus. Studien zu den Briefen des jüngeren Plinius. Beiträge zur Altertumskunde Bd. 269* (Hrsg. Erler, Michael et al). Berlin, 2009.

Levick, Barbara: „Pliny in Bithynia – and what followed" in: *Greece & Rome (Second Series), Vol. 26* (1979), S.119-131.

Levick, Barbara: „Morals, Politics, and the Fall of the Roman Republic" in: *Greece & Rome, Second Series, Vol. 29, No. 1* (1982), S.53-62.

Liebs, Detlef: *Römisches Recht*. Göttingen, 2004[6].

Lomas, Kathryn: „Public building, urban renewal and euergetism" in: Lomas, Kathryn/ Cornell, Tim (Hrsg.): 'Bread and Circuses': *Euergetism and municipal patronage in Roman Italy*. London, 2003, S.28-45.

Lynch, Sandra: *Philosophy and Friendship*. Edinburgh, 2005.

Mączak, Antoni/Loew, Peter (Übers.): *Ungleiche Freundschaft. Klientelbeziehungen von der Antike bis zur Gegenwart. Klio in Polen 7*. Osnabrück, 2005.

Malitz, Jürgen: „Philosophie und Politik im frühen Prinzipat" in: Schmidt, Hans W./Wülfing, Peter (Hrsg.): *Antikes Denken – Moderne Schule. Beiträge zu den antiken Grundlagen unseres Denkens. Gymnasium. Zeitschrift für Kultur der Antike und humanistische Bildung Bd. 9* (Hrsg. Bömer, Franz/Voit, Ludwig). Heidelberg, 1988, S.151-179.

Manthe, Ulrich (Hrsg.): *Gaius Institutiones. Die Institutionen des Gaius. Texte zur Forschung Bd. 81*. Darmstadt, 2004.

Manuwald, Gesine: „Eine 'Schule' für Novum Comum" in: Castagna, Luigi/Lefèvre, Eckard (Hrsg.): *Plinius der Jüngere und seine Zeit. Beiträge zur Altertumskunde Bd. 187*. München, 2003, S.203-217.

Marquardt, Joachim: *Das Privatleben der Römer. Erster Teil*. Darmstadt, 1964[2] (=1886).

Mason, Hammond: „Composition of the Senate, A.D. 68-235" in: *The Journal of Roman Studies, Vol. 47, No. 1/2* (1957), S.74-81.

Mathisen, Ralph W.: „Peregrini, Barbari, and Cives Romani: Concepts of Citizenship and the Legal Identity of Barbarians in the Later Roman Empire" in: The American Historical Review, Vol. 111, Nr. 4 (Oktober 2006), S. 1011-1040.

Mauss, Marcel/Moldenhauer, Eva (Übers.): *Die Gabe. Form und Funktion des Austauschs in archaischen Gesellschaften.* Frankfurt/Main, 1990 (=1923).

Mayer, Adrian C.: „The Significance of Quasi-Groups in the Study of Complex Societies“ in: Banton, Michael (Hrsg.): The social Anthropology of Complex Societies. London 1966, S.97-122.

McDermott, William C.: „Pliny the Younger and Inscriptions“ in: *The Classical World, Vol. 65, No. 3* (1971), S.84-94.

Medina, Luis Fernando/Stokes, Susan C.: „Monopoly and monitoring: an approach to political clientelism“ in: Kitschelt, Herbert/Wilkinson, Steven I. (Hrsg.): *Patrons, Clients, and Policies. Patterns of Democratic Accountability and Political Competition.* Cambridge, 2007, S.68-83.

Millar, Fergus: *The Emperor in the Roman World (31 BC - AD 337).* London, 1992².

Millar, Fergus: „Trajan: Government by Correspondence“ in: González, Julián (Hrsg.): *Trajano. Emperador de Roma.* Rom, 2000, S.363-388.

Mommsen, Theodor: „Zur Lebensgeschichte des Jüngeren Plinius“ in: *Hermes, Bd. 3, H. 1* (1869), S.31-139.

Mommsen, Theodor: *Römisches Staatsrecht. Bd. 3, Teil 1.* in: Marquardt, Joachim/ Mommsen, Theodor: *Handbuch der Römischen Altertümer.* Graz, 1969 (=1871³).

Mratschek, Sigrid: *"'Est enim ille flos Italiae'.* Literatur und Gesellschaft in der Transpadana“ in: *Athenaeum, Bd. 62* (1984), S.154-180.

Mratschek, Sigrid: *„Illa nostra Italia.* Plinius und die Wiedergeburt der Literatur in der Transpadana“ in: Castagna, Luigi/Lefèvre, Eckard (Hrsg.): *Plinius der Jüngere und seine Zeit. Beiträge zur Altertumskunde Bd. 187.* München, 2003, S.219-241.

Mrozek, Stanisław: „Zum Kreditgeld in der frühen römischen Kaiserzeit“, in: *Historia Bd. 34, H. 3* (1985), S.310-323.

Mrozek, Stanisław: „Die privaten Alimentarstiftungen in der römischen Kaiserzeit“ in: Kloft, Hans (Hrsg.): *Sozialmaßnahmen und Fürsorge. Zur Eigenart antiker Sozialpolitik. Grazer Beiträge, Supplementband III.* Graz/Horn, 1988, S.155-166.

Müller, Wolfgang C.: „Political institutions and linkage strategies“ in: Kitschelt, Herbert/Wilkinson, Steven I. (Hrsg.): *Patrons, Clients, and Policies. Patterns of Democratic Accountability and Political Competition.* Cambridge, 2007, S.251-275.

Nauta, Ruurd R.: *Poetry for Patrons. Literary Communication in the Age of Domitian. Mnemosyne: Bibliotheca Classica Batava. Supplementum.* Leiden, 2002.

Nicols, John: „Pliny and the Patronage of Communities“ in: *Hermes, Bd. 108, H. 3* (1980), S.365-385.

Nicols, John: „*Tabulae patronatus*: A Study of the Agreement between Patron and Client Community“ in: Temporini, Hildegard (Hrsg.): *Aufstieg und Niedergang der römischen Welt II, 13. Recht (Normen, Verbreitung, Materien)*. Berlin, 1980, S.535-561.

Nicols, John: „*Hospitium* and the political friendship in the late Republic“ in: Peachin, Michael (Hrsg.): *Aspects of Friendship in the Graeco-Roman World. Proceedings of a conference held at the Seminar für Alte Geschichte, Heidelberg, on 10-11 June, 2000. Journal of Roman Archeology. Supplementary Series Number 43*. Rhode Island, 2001, S.99-108.

Noreña, Carlos F.: „The Social Economy of Pliny's Correspondence with Trajan“ in: *American Journal of Philology, Vol. 128, No. 2, Whole Number 510* (2007), S.239-277.

Otto, Walter: „Zur Lebensgeschichte des jüngeren Plinius“, in: *Sitzungsberichte der philosophisch-philologischen und der historischen Klasse der Bayerischen Akademie der Wissenschaften zu München*. München, 1919.

Pausch, Dennis: *Biographie und Bildungskultur. Personendarstellungen bei Plinius dem Jüngeren, Gellius und Sueton. Millennium-Studien zu Kultur und Geschichte des ersten Jahrtausends n. Chr. Bd. 4* (Hrsg. Bandes, Wolfram et al). Berlin, 2004.

Peachin, Michael: „Friendship and abuse at the dinner table“ in: Peachin, Michael (Hrsg.): *Aspects of Friendship in the Graeco-Roman World. Proceedings of a conference held at the Seminar für Alte Geschichte, Heidelberg, on 10-11 June, 2000. Journal of Roman Archeology. Supplementary Series Number 43*. Rhode Island, 2001, S.135-144.

Piattoni, Simona: „Clientelism in historical and comparative Perspective“ in: Piattoni, Simona (Hrsg.): *Clientelism, Interests, and Democratic Representation. The European Experience in historical and comparative Perspective*. Cambridge, 2001, S.1-30.

Piattoni, Simona: „Clientelism, Interests, and Democratic Representation“ in: Piattoni, Simona (Hrsg.): *Clientelism, Interests, and Democratic Representation. The European Experience in historical and comparative Perspective*. Cambridge, 2001, S.193-212.

Pitcher, Roger A.: „The Hole in the Hypothesis: Pliny and Martial reconsidered“ in: *Mnemosyne, Fourth Series, Vol. 52, Fasc. 5* (1999), S.554-561.

Power, Tristan J.: „Pliny, Letters 5.10 and the Literary Career of Suetonius“, in: *The Journal of Roman Studies, Vol. 100* (2010), S. 140-162.

Purcell, Nicholas: „Wine and Wealth in Ancient Italy“ in: *The Journal of Roman Studies, Vol. 75* (1985), S.1-19.

Radice, Betty: „A fresh Approach to Pliny's Letters“ in: *Greece & Rome, Second Series, Vol. 9, No. 2* (1962), S.160-168.

Radicke, Jan: „Die Selbstdarstellung des Plinius in seinen Briefen“ in: *Hermes, Bd. 125, H. 4* (1997), S.447-469.

Radicke, Jan: „Der öffentliche Privatbrief als 'kommunizierende Kommunikation'“ in: Castagna, Luigi/Lefèvre, Eckard (Hrsg.): *Plinius der Jüngere und seine Zeit. Beiträge zur Altertumskunde Bd. 187*. München, 2003, S.23-34.

Rees, Roger: „Letters of Recommendation and the Rhetoric of praise“ in: Morello, Ruth/ Morrison A. D. (Hrsg.): *Ancient Letters. Classical and Late Antique Epistolography*. Oxford, 2007, S.149-168.

Rollinger, Christian: *Amicitia sanctissime colenda. Freundschaft und soziale Netzwerke in der späten Republik. Studien zur alten Geschichte Bd. 19*. Heidelberg, 2014.

Roniger, Luis: „Modern patron - client relations and historical clientelism. Some clues from ancient Republican Rome“ in: *European Journal of Sociology, Vol. 24/1* (1983), S.63-95.

Ronning, Christian: *Herrscherpanegyrik unter Trajan und Konstantin. Studien zur symbolischen Kommunikation in der römischen Kaiserzeit. Studien und Texte zu Antike und Christentum, Bd. 42* (Hrsg. Christoph Markschies). Tübingen, 2007.

Rosenberger, Veit: *Religion in der Antike*. Darmstadt, 2012.

Rüpke, Jörg: „Gestiftete Religion in der römischen Kaiserzeit“ in: Piegeler, Hildegard/Prohl, Inken/Rademacher, Stefan (Hrsg.): *Gelebte Religionen. Untersuchungen zur sozialen Gestaltungskraft religiöser Vorstellungen und Praktiken in Geschichte und Gegenwart. Festschrift für Hartmut Zinser zum 60. Geburtstag*. Würzburg, 2004, S.73-79.

Saller, Richard P.: „Martial on Patronage and Literature“ in: *Classical Quarterly, Vol. 33* (1983), S.246-257.

Saller, Richard P.: *Personal Patronage under the Early Empire*. Cambridge, 2002 (=1982).

Scheidel, Walter: „Finances, Figures and Fiction“ in: *The Classical Quarterly, New Series, Vol. 46, No. 1* (1996), S.222-238.

Scheidel, Walter: „Quantifying the Sources of Slaves in the Early Roman Empire“ in: *The Journal of Roman Studies, Vol. 87* (1997), S.156-169.

Schofield, Malcolm: „Political friendship and the ideology of reciprocity“ in: Cartledge, Paul et al (Hrsg.): *Kosmos. Essays in order, conflict and community in classical Athens*. Cambridge, 1998, S.37-51.

Scott, James: „Patronage or Exploitation?“ in: Gellner, Ernest/Waterbury, John (Hrsg.): *Patrons and Clients in Mediterranean Societies*. London, 1977, S.21-39.

Schäfer, Nadja: *Die Einbeziehung der Provinzialen in den Reichsdienst in augusteischer Zeit. Heidelberger Althistorische Beiträge und epigraphische Studien Bd. 33.* Stuttgart, 2000.

Schuller, Wolfgang: „Zwischen Klientel und Korruption. Zum römischen Beamtenwesen“ in: Schuller, Wolfgang et. al.: *Festschrift Robert Werner zu seinem 65. Geburtstag. Xenia. Konstanzer Althistorische Vorträge und Forschungen, H. 22.* Konstanz, 1989, S.259-268.

Seelentag, Gunnar: *Taten und Tugenden Traians. Herrschaftsdarstellung im Principat. Hermes, H. 91.* Stuttgart, 2004.

Seelentag, Gunnar: „Der Kaiser als Fürsorger – die italische Alimentarinstitution“ in: *Historia Bd. 57, H. 2* (2008), S.208-241.

Sellers, John: *Stoicism*. Berkeley, 2006.

Shelton, Jo-Ann: *The Women of Pliny's Letters*. New York, 2013.

Sherwin-White, Adrian N.: *The Roman Citizenship*. Oxford, 1939.

Sherwin-White, Adrian N.: *Fifty Letters of Pliny.* Oxford, 1969².

Sherwin-White, Adrian N.: „The Roman Citizenship. A survey of its development into world franchise“ in: *Aufstieg und Niedergang der Römischen Welt I, 2* (1972), S.23-58.

Sherwin-White, Adrian N.: *The Letters of Pliny. A historical and social Commentary.* Oxford, 1966.

Silverman, Sydel: „Patronage as Myth“ in: Gellner, Ernest/Waterbury, John (Hrsg.): *Patrons and Clients in Mediterranean Societies*. London, 1977, S.7-19.

Simmel, Georg: *Über soziale Differenzierung. Soziologische und psychologische Untersuchungen*. Leipzig, 1890.

Simmel, Georg: *Soziologie. Untersuchungen über die Formen der Vergesellschaftung*. Berlin, 1908.

Simmel, Georg: „Dankbarkeit. Ein soziologischer Versuch“ in: Cavalli, Alessandro/ Krech, Volkhard (Hrsg.): *Georg Simmel. Aufsätze und Abhandlungen 1901-1908, Bd 2.* Frankfurt am Main, 1993, S.308-316.

Simmel, Georg: „Der Mensch als Feind. Zwei Fragmente aus einer Soziologie“ in: Cavalli, Alessandro/Krech, Volkhard (Hrsg.): *Georg Simmel. Aufsätze und Abhandlungen 1901-1908, Bd 2*. Frankfurt am Main, 1993, S.335-343.

Sirks, Adriaan J. B.: „Making a Request to the Emperor: Rescripts in the Roman Empire“ in: De Blois, Lukas (Hrsg.): *Administration, Prosopography and the Appointment*

Policies in the Roman Empire. Proceedings of the first Workshop of the International Network Impact of Empire (Roman Empire, 27 B.C. - A.D. 406). Amsterdam, 2001, S.121-135.

Spisak, Art L.: „Gift-Giving in Martial" in: Grewing, Farouk (Hrsg.): *Toto notus in orbe. Perspektiven der Martial-Interpretation. Palingenesia. Monographien und Texte zur klassischen Altertumswissenschaft, Bd. 65.* Stuttgart, 1998, S.243-255.

Spielvogel, Jörg: *Amicitia und res publica. Ciceros Maxime während der innenpolitischen Auseinandersetzungen der Jahre 59-50 v. Chr.* Stuttgart, 1993.

Stambough, John E.: „The Functions of Roman Temples" in: *Aufstieg und Niedergang der römischen Welt II, 16, 1* (1978), S.554-608.

Staveley, Eastland. S.: *Greek and Roman and Elections.* Ithaca, 1982².

Stevenson, Tom R.: „The Ideal Benefactor and the Father Analogy in Greek and Roman Thought" in: *Classical Quarterly (New Series), Vol. 42* (1992), S.421-436.

Stiegler, Bernhard: „Willst du mein Freund werden? Pharmakologie der Freundschaft" in: Münchberg, Katharina/Reidenbach, Christian (Hrsg.): *Freundschaft. Theorien und Poetiken.* München, 2012, S.23-41.

Strothmann, Meret: *Augustus – Vater der res publica. Zur Funktion der drei Begriffe restitutio - saeculum – pater patriae im augusteischen Principat.* Stuttgart, 2000.

Syme, Ronald: „The Friend of Tacitus" in: *The Journal of Roman Studies, Vol. 47, No. 1/2 (1957)*, S.131-135.

Syme, Ronald: „Pliny's less successful Friends" in: *Historia, Bd. 9, H. 3* (1960), S.362-379.

Syme, Ronald: „People in Pliny" in: *The Journal of Roman Studies, Vol. 58* (1968), S.135-151.

Syme, Ronald: „Correspondents of Pliny" in: *Historia, Bd. 34, H. 3* (1985), S.324-359.

Syme, Ronald: „Transpadana Italia" in: *Athenaeum, Bd. 63* (1985), S.28-36.

Syme, Ronald: *The Augustan Aristocracy.* Oxford, 1989².

Syme, Ronald: *Tacitus. Vol.1.* Oxford, 1997².

Theobald, Robin: „On the survival of patronage in developed societies" in: *European Journal of Sociology, Vol. 33* (1992), S.183-191.

Touloumakos, Johannes: „Zum römischen Gemeindepatronat im griechischen Osten" in: *Hermes, Bd. 116, H. 3* (1988), S.304-324.

Urner, Christiana: *Kaiser Domitian im Urteil antiker literarischer Quellen und moderne Forschung.* Augsburg, 1993.

Utz, Konrad: *Freundschaft. Eine philosophische Theorie*. Paderborn, 2012.

Verboeven, Koenraad: „Friendship among the Romans“ in: Peachin, Michael (Hrsg.): *The Oxford Handbook of social relations in the Roman World.* Oxford, 2011, S.404-421.

Veyne, Paul/Laermann, Klaus (Übers.): *Brot und Spiele*. Darmstadt, 1990 (= 1976).

von Haehling, Raban: „Sozialer Frieden und Standesdenken aus der Sicht des Jüngeren Plinius“ in: Günther, Rosmarie (Hrsg.): *E fontibus haurire: Beiträge zur römischen Geschichte und zu ihren Hilfswissenschaften. Studien zur Geschichte und Kultur des Altertums, Reihe 1, Monographien, Bd. 8.* Paderborn, 1994, S.45-61.

von Premerstein, Anton/Volkmann, Hans (Hrsg.): *Vom Werden und Wesen des Prinzipats. Abhandlungen der Bayerischen Akademie der Wissenschaften. Philosophisch-historische Abteilung, Neue Folge, H. 15*. München, 1937.

Waterbury, John: „An Attempt to put Patrons and Clients in their Place“ in: Gellner, Ernest/Waterbury, John (Hrsg.): *Patrons and Clients in Mediterranean Societies*. London, 1977, S.329-342.

Waters, Kenneth H.: „Traianus Domitiani Continuator“ in: *The American Journal of Philology, Vol. 90, No. 4* (1969), S.385-405.

Weber, Max: *Wirtschaft und Gesellschaft. Grundriss der verstehenden Soziologie. Erster Halbband.* Köln, 1964 (=1921/1922).

Weber, Max: *Wirtschaft und Gesellschaft. Grundriss der verstehenden Soziologie. Zweiter Halbband.* Köln, 1964 (=1921/1922).

Weingrod, Alex: „Patrons, Patronage, and Political Parties“ in: *Comparative Studies in Society and History, Vol. 10* (1968), S.377-400.

Weingrod, Alex: „Patronage and Power“ in: Gellner, Ernest/Waterbury, John (Hrsg.): *Patrons and Clients in Mediterranean Societies*. London, 1977, S.41-51.

Wesch-Klein, Gabriele: „Rechtliche Aspekte privater Stiftungen während der römischen Kaiserzeit“ in: *Historia, Bd. 38, H. 2* (1989), S.177-197.

White, Peter: „Amicitia and the Profession of Poetry in Early Imperial Rome“ in: *The Journal of Roman Studies, Vol. 68* (1978), S.74-82.

White, Peter: „Positions for Poets in Early Imperial Rome“ in: Gold, Barbara K. (Hrsg.): *Literary and Artistic Patronage in Ancient Rome*. Austin, 1982, S.50-66.

White, Peter: „The Friends of Martial, Statius, and Pliny, and the Dispersal of Patronage“ in: *Harvard Studies in Classical Philology, Vol. 79 (1975)*, S. 265-300.

Whitton, Christopher: „'Let us tread our path together'. Tacitus and the Younger Pliny“ in:

Pagán, Victoria Emma (Hrsg.): *A Companion to Tacitus. Blackwell Companions to the ancient world.* West Sussex, 2012, S.345-368.

Wiedemann, Thomas: „The Regularity of Manumission at Rome“ in: *The Classical Quarterly, New Series, Vol. 35, No. 1* (1985), S.162-175.

Wiedemann, Thomas: „The patron as banker“ in: Lomas, Kathryn/Cornell, Tim (Hrsg.): 'Bread and Circuses': *Euergetism and municipal patronage in Roman Italy.* London, 2003, S.12-27.

Williams, Kathryn F.: „Pliny and the Murder of Larcius Macedo“ in: *The Classical Journal, Vol. 101, No. 4* (2006), S.409-424.

Williamson, Callie: *The Laws of the Roman People. Public Law in the Expansion and Decline of the Roman Republic.* Ann Arbor, 2005.

Wiseman, Jaqueline P.: „Friendship: Bonds and Binds in a voluntary Relationship“ in: *Journal of Social and Personal Relationships, Vol.* 3 (1986), S.191-211.

Wiseman, Timothy P.: „The Definition of 'Eques Romanus' in the Late Republic and Early Empire“ in: *Historia, Bd. 19, H. 1* (1970), S.67-83.

Wolf, Joseph Georg: „Die *manumissio vindicta* und der Freiheitsprozess. Ein Rekonstruktionsversuch“ in: Behrends, Okko/Diesselhorst, Malte (Hrsg.): *Libertas. Grundrechtliche und rechtsstaatliche Gewährungen in Antike und Gegenwart. Symposion aus Anlaß des 80. Geburtstages von Franz Wieacker.* Ebelsbach, 1991, S.61-96.

Wolf, Joseph Georg: *Die* Lex Irnitana. *Ein römisches Stadtrecht aus Spanien. Texte zur Forschung, Bd. 101.* Darmstadt, 2011.

Wolff, Hartmut: „Die römische Bürgerrechtspolitik nach den Militärdiplomen“ in: Speidel, Michael Alexander/Lieb Hans (Hrsg.): *Militärdiplome. Die Forschungsbeiträge der Berner Gespräche von 2004.* Stuttgart, 2007.

Yacobson, Alexander: *Elections and Electioneering in Rome. A Study in the political System of the Late Republic. Historia, H. 128 (*1999).

Zuiderhoek, Arjan: „The Ambiguity of Munificence“ in: *Historia, Bd. 56, H. 2* (2007), S.196-213.

Anhang

Anhang 1: Eigenschaften der Personen im Umfeld des Plinius

Name	Beleg	Eigenschaften	Kontext
Plinius	2.11	diligenter et fortiter	plädiert gegen Marius Priscus
	3.1	mille laboribus conteror	Plinius vielbeschäftigt
	3.9	industria, fides constantia	plädiert gegen Caecilius Classicus
	4.18	imbecillitas ingenium	Plinius übersetzt Epigramme des Arrius Antoninus
	6.20	securitas	arbeitet während Vesuvausbruch
	7.4	severus, non ineptus	Einschätzung von Pontius Allifanus und Plinius
	7.20	verus	Plinius korrigiert Buch von Tacitus
	8.12	quia mihi omne negotium omnis in studiis cura	Plinius widmet sich ganz der Wissenschaft
	9.13	se profere	nach Domitians Tod profilieren
	10.3	civis et senator bonus	Traian lobt Plinius
	10.62	prudentia, diligentia	Traian lobt Plinius
	10.85,86,87	fidus	pflichtgetreue Berichterstattung
	10.96	iustus	gewissenhafte Auslegung der

			Gesetze gegen Christen
Aquilius Regulus	1.5	timidus, humilis, flagitium commiserat, intemperanter, suppliciter, timet abiectissimus, palleat, crudelitas, omnium bipedum nequissimus	Streit zwischen Regulus und Plinius
	2.20	δυσκαθαίρετος impudentia, nequam, perfidus, periurus, sceleratus, deorum cotidie fallit, captare eum, ex paupere et tenui ad tantas opes per flagitia processit	Regulus Erbschleicher
	4.2	foeda et insolita parentibus indulgentiae simulatione captabat, ostentatio doloris, in summa avaritia sumptuosus, in summa infamia gloriosus,	Sohn des Regulus verstorben

	4.7	mendacius nihil est vim, audacia imbecillum latus, os confusum, haesitans lingua, tardissima inventio, memoria nulla, nihil denique praeter ingenium insanum, et tamen eo impudentia ipsoque illo furore pervenit, ut orator habeatur, ineptus	Sohn des Regulus verstorben
	6.2	habebat studiis honorem, timebat pallebat scribebat, quamvis non posset ediscere, superstitio	Regulus verstorben
Mettius Modestus	1.5	optimus vir	Modestus von Domitian verbannt
Vestricius Spurinna	1.5	optimus vir	Spurinna verhandelt zwischen Plinius und Regulus
	2.7	virtus	Triumphstatue für Spurinna
	3.1	honestus	Spurinna im Ruhestand
	5.17	bonis artibus	Plinius lobt

		faveas	namenlosen Vorleser
Iunius Mauricus	1.5	gravis prudens, multis experimentis eruditus et qui futura possit ex praeteritis providere	Mauricus soll Plinius im Streit mit Regulus beraten
	4.22	viro nihil firmius nihil verius, constanter, fortiter	Mauricus plädiert vor Gericht
Euphrates	1.10	obvius, expositus, humanitas, comitas, diligentissimus, sapientia, honoribus, severitas, reverearis, Vitae sanctitas summa, subtilis, gravis, orno, platonicam sublimitas, latitudo, copiosus, varius, dulcis, ducat impellat	Beschreibung als Ideal
Pompeius Iulianus	1.10	magnus, clarus	Schwiegervater des Euphrates
Corellius Rufus	1.12	tantus vir, ratio, sapiens, abstinentia	Corellius verstorben

	4.17 9.13	sanctitate vir quo neminem aetas nostra graviorem sanctiorem subtiliorem tulit, providentissimus vir cunctantior, cautior, providentissimum aetatis nostrae sapientissimumque	 Gedenken an Corellius Prozesse nach Domitians Tod
Arulenus Rusticus	1.14	summus vir	Ehemann für Tochter des Rusticus suchen
Minicius Acilianus	1.14	maxima verecundia, frugalitatis, rusticitatis antiquae, plurimum vigoris industriae	Ehemann für Tochter des Rusticus suchen
Minicius Macrinus	1.14	ambitio, dignitas	Vater des Minicius
Publius Acilius	1.14	gravitas, prudentia, fide	Onkel des Minicius
Septicius Clarus	1.15 2.9	durus quo nihil verius nihil simplicius nihil candidius	Septicius nicht zum Essen gekommen Onkel des Sextus

		nihil fidelius novi	
Pompeius Saturninus	1.16 4.9 7.8	ingenium varium, flexibile, multiplex, acriter, ardenter, polite, ornate, adsunt aptae crebraeque sententiae, gravis et decora constructio, sonantia verba et antiqua, brevitate, luce, suavitate, splendore, sublimitate, lepor, dulcedo, amaritudo, amor, admiratione dignissimum paratus, vehemens optimus vir, omnibus virtutibus abundat	Preisung des Pompeius als Literat Pompeius Anwalt gegen Iulius Bassus Saturninus und Priscus haben Freundschaft geschlossen
Titinius Capito	1.17 8.12	fidus, cura officium, virtus optimus vir, inter praecipua saeculi ornamenta numerandus, colit studia, studiosos amat fovet	Capito stellt Statuen auf Lob auf Titinius

		provehit, litterarum iam senescentium reductor ac reformator, ingenio hominis pulcherrimo et maxime et in summa severitate dulcissimo	
Titius Aristo	1.22	gravius, sanctius, doctius, peritus privati iuris et publici, quantum rerum, quantum exemplorum, quantum antiquitatis tenet, nihil est quod discere velis quod ille docere non possit, thesaurus est, fides, auctoritas, pressa et decora cunctatio, quid est quod non statim sciat, sapienta studium	Krankheit des Titius
Suetonius Tranquillus	1.24 10.94	scholasticus probissimus, honestissimus	Sueton kauft Anwesen Bitte um ius trium liberorum für

		eruditissimus	Sueton
Verginius Rufus	2.1 6.10	virtus, tranquillus optimus et maximus vir	Leichenbegängnis für Verginius Sehnsucht nach Verginius
Cornelius Tacitus	2.1	laudator eloquentissimus	Tacitus hält Leichenrede auf Verginius Rufus
Isaeus	2.3	summa est facultas copia ubertas, sermo Graecus/Atticus, gracilis, dulcis, graves, erectae, sensus reconditi occursant, verba quaesita et exculta, incredibilis memoria, studio et exercitatione, scholasticus tantum est, hominum nihil aut sincerius aut simplicius aut melius, disertissimum tantum, verum etiam beatissimum iudico	Lob des Isaeus
Cottius	2.7	sanctitas, gravitas, auctoritas,	Sohn des Spurinna

		consummatissimu m	
Sextus Erucius Clarus	2.9	iuvenem probissimum gravissimum eruditissimum, omni denique laude dignissimum, et quidem cum tota domo	Kandidatur des Erucius um Tribunat
Erucius Clarus	2.9	vir sanctus antiquus disertus atque in agendis causis exercitatus, quas summa fide pari constantia nec verecundia minore defendit	Vater des Sextus
Marius Priscus	2.11	immanitate et saevitia crimina	Priscus wegen Korruption angeklagt
Iulius Ferox	2.11	vir rectus et sanctus	Konsul in Verhandlung gegen Priscus
Salvius Liberalis	2.11	vir subtilis dispositus acer disertus	Anwalt des Priscus
Cornutus Tertullus	2.11 5.14	vir egregius et pro veritate firmissimus ab omni ambitione	Konsul in Verhandlung gegen Priscus Tertullus Curator

		longe remotus, melius, sanctius, in omni genere laudis ad exemplar antiquitatis expressius	der Via Aemilia
Voconius Romanus	2.13	fidelis amicus, sodalis iucundus, ingenium excelsum, subtile, dulce, facile eruditum in causis agendis	Empfehlung für Tribunat
	10.4	studia exornant, eximia pietas	Empfehlung für Senatorenstand
junge Anwälte	2.14	adulescentuli obscuri ad declamandum huc transierunt, irreverenter et temere	Kritik an Verhalten der Jugend und am käuflichen Publikum
Arrianus Maturus	3.2	castitas iustitia, gravitas prudentia, plurimum fide, plurimum veritate, plurimum intellegentia praestat, caret ambitu	Empfehlung
Iulius Genitor	3.3	emendatus, gravis, paulo etiam	Empfehlung als Lehrer

		horridior et durior, mos	
Caecilius Classicus	3.9	homo foedus et aperte malus, violenter, sordide, gloriosus	Classicus wegen Korruption verklagt
Claudius Restitutus	3.9	vir exercitatus et vigilans et quamlibet subitis paratus	Restitutus Gegenanwalt
Lucceius Albinus	3.9 4.9	vir in dicendo copiosus ornatus apte	plädiert mit Plinius gegen Classicus verteidigt Bassus
Artemidorus	3.11	benigna natura, tanta sinceritate, tanta veritate, patientia, oculos animumque contineat	Artemidorus lobt Plinius für dessen Hilfe
Larcius Macedo	3.14	superbus et saevus dominus	Macedo von Sklaven getötet
Kaiser Traian	3.18 4.22 10.1 10.2	optimus princeps optimus princeps imperator sanctissimus, optimus, pietas, virtus indulgentia	Dank für Consulat Gerichts-verhandlung Kontaktaufnahme nach Machtantritt Plinius hat ius trium liberorum bekommen

	10.54	providentia tua	öffentliche Gelder eingetrieben
Calvisius Rufus	3.19 5.7	in disponendis facultatibus plurimum tibi et usus et providentiae superest optimus civis, facultate prudentiae tuae, tibi in sermone custodire facile est	Plinius braucht Rat beim Güterkauf Comum als Erbe einsetzen
Valerius Martialis	3.21	ingeniosus, acutus, acer, candor	Martial verstorben
Varisidius Nepos	4.4	industrius, rectus, disertum	Empfehlung für Halbjahrestribunat
Iulius Frontinus	4.8	princeps vir	Frontinus hat Plinius Augurat vermittelt
Iulius Bassus	4.9	laboriosus, adversis suis clarus	Bassus wegen Korruption angeklagt
Herennius Pollio	4.9	instanter et graviter	Anwalt gegen Bassus
Theophanes	4.9	impudentissimus	klagt gegen Bassus
Valerius Paulinus	4.9	iustitiae famam et constantiae	teilt Meinung bei Prozess gegen Bassus mit
Statius Sabinus	4.10	bonus heres,	Sabinus und

		honestus	Plinius haben gemeinsam geerbt
Valerius Licinianus	4.11	inter eloquentissimos causarum actores habebatur, studia incesti scelere macularit	Licinianus verbannt
Kaiser Domitian	4.11	fremebat, aestuabat, ingenti invidia, immanitas tyrannus, dominus, scelerus, incestus, ardebat et crudelitatis et iniquitatis infamia	Verurteilung der Vestalin Cornelia
Egnatius Marcellus	4.12	gloria famaque ducuntur	Lob als Quaestor
Decimus Paternus	4.14	eruditus	Paternus liest Gedichte des Plinius
Asinius Rufus	4.15	homo eximius, bonorum amantissimus, optimus civis	Vater des Asinius Bassus
Asinius Bassus	4.15	verecundus, ipso patre melior, industriae probitatis eruditionis ingenii studii memoriae	Quaestur des Asinius Bassus

		denique esse	
Calpurnia	4.19	summum est acumen summa frugalitas, amat me, castus, studium litterarum, sanctus, honestus	kurz nach Hochzeit mit Calpurnia
Novius Maximus	4.20	ingenium	Literaturkritik
Helvidia-Schwestern	4.21	honestissimas	Schwestern verstorben
Trebonius Rufinus	4.22	vir egregius, feliciter, bonus civis, mature, graviter	Trebonius verteidigt sich vor Gericht
Catullus Messalinus	4.22	ingenium saevum, non verebatur, non erubescebat, non miserebatur, nequitia, sanguinarius	Messalinus war Werkzeug Domitians
Pomponius Bassus	4.23	sapientia tua, plurimum scias	Bassus im Ruhestand
Maecilius Nepos	4.26	vir gravissimus doctissimus disertissimus, super haec occupatissimus	Plinius soll seine Schriften im Besitz des Nepos verbessern
Sentius Augurinus	4.27	sublimiter, venuste tenere, dulciter, cum bile, acuta,	Lob des Sentius als Dichter

		apta, expressa, ingenium, emendatus adulescens	
Vibius Severus	4.28	studiorum summa reverentia, summus amor studiosorum	Vibius soll Gemälde für Herennius kopieren lassen
Herennius Severus	4.28	vir doctissimus	Herennius sucht Gemälde
Licinius Nepos	4.29	acer, fortis	Licinius ist strenger Praetor
Licinius Sura	4.30, 7.27	eruditus	Plinius hat Rätsel für Licinius
Gaius Fannius	5.5	hominem elegantem disertum, acutus natura, usu exercitatus, veritate promptissimus	Fannius verstorben
Plinius der Ältere	5.8 6.16	religiosus eruditissimo, securitas, rationalis	Plinius d. Ä. Historiker Vesuvausbruch
Tochter des Minicius Fundanus	5.16	anilis prudentia, matronalis gravitas, suavitas puellaris, virginali verecundia, temperantia, patientia,	Mädchen ist verstorben

		constantia, viribus vigor	
Minicius Fundanus	5.16	eruditus, sapiens, ab ineunte aetate altioribus studiis artibusque dediderit	Tochter verstorben
Zosimus	5.19	probus, officiosus, litteratus, pronuntiat acriter sapienter apte decenter, utitur et cithara perite, parcus, continens	Zosimus krank, soll sich auf Gütern des Paulinus erholen
Fonteius Magnus	5.20	pro copia volubilitas	Magnus Anwalt gegen Rufus Varenus
Homullus	5.20	callide acriter culte	Homullus vertritt Varenus
Iulius Avitus	5.21	studiorum amore flagrabat, summa consecuturus, si virtutes eius maturuissent	Avitus verstorben
Iulius Secundus	6.6	erat non studiorum tantum verum etiam studiosorum amantissimus, vir alioqui clarus et gravis	Vater des Iulius Naso
Iulius Naso	6.6	paravit amicos,	Kandidatur des

		quos paraverat coluit	Iulius Naso
Atilius Crescens	6.8	alieni abstinentissimus sui diligens, frugalitas, studia plurimum praestat, magnum et liberum ingenium	Priscus soll für Crescens Schulden eintreiben
Fuscus Salinator	6.11 6.26	probitas, constantia salva, decorus habitus, os Latinum, vox virilis, tenax memoria, magnum ingenium, iudicium aequale, clarissimus iuvenis studiosus litteratus, puer simplicitate comitate iuvenis senex gravitate, reverentia	Plinius lobt Vortrag des Salinator Salinator heiratet Tochter des Iulius Servianus
Ummidius Quadratus	6.11 7.24	probitas, constantia salva, decorus habitus, os Latinum, vox virilis, tenax memoria, magnum ingenium, iudicium aequale,	Plinius lobt Vortrag des Quadratus Ummiudius erbt

		clarissimus iuvenis optimus iuvenis	Haus
Claudius Capito	6.13	irreverenter magis quam constanter	Capito Anwalt gegen Varenus
Catius Fronto	6.13	graviter et firme	Fronto spricht gegen Capito
Iavolenus Priscus	6.15	dubiae sanitatis, consiliis ius civile publice respondet	Priscus hat sich lächerlich gemacht
Restitutus	6.17	reverentior huius operis, benignior aestimator	Restitutus schätzt Literatur
Vergilius Romanus	6.21	non granditas, non subtilitas, non amaritudo, non dulcedo, non lepos defuit	Romanus als Dichter gelobt
Montanius Atticinus	6.22	crimina foeda, turpis, sceleratus, corruptus, nefas	Atticinus wegen Korruption angeklagt
Lustricius Bruttianus	6.22	integer, constantia, gloria	Bruttianus wegen Korruption angeklagt
Cremutius Ruso	6.23	clarus adulescens, bonus	Ruso soll mit Plinius plädieren
Quintilian	6.32	continentissimus	Tochter des Quintilian heiratet Nonius Celer
Maximus	6.34	facilis, liberalis, magnus animus	Maximus hat Spiele gestiftet

Rosianus Geminus	7.1 10.26	temperantissimus observantissimum expertus, integer, probus, industrius	Geminus krank Empfehlung für Amt
Iulius Africanus	7.6	ingeniosus sed non parum callidus	Africanus Gegenanwalt zu Plinius
Minicius Iustus	7.11	optimus vir	alte Freundschaft zwischen Familien
Neratius Priscus	7.15	simplicitas, comitas	Priscus und Saturninus haben Freundschaft geschlossen
Fannia	7.19	femina maxima, castitas, sanctitas, gravitas, constantia, iucundus, comis, non minus amabilis quam veneranda, fortitudinis exempla	Fannia krank
Cornelius Minicianus	7.22	ornamentum regionis meae seu dignitate seu moribus, amat studia, rectissimus iudex, fortissimus advocatus, amicus fidelissimus, modestus	Empfehlung für Tribunat

Terentius Iunior	7.25	integerrime functus, doctissimus, ardentissimus ingenius	Iunior im Ruhestand
Claudius Pollio	7.31	rectus integer quietus ac paene ultra modum verecundus, summam integritatem, sollicitam diligentiam, nulla occasione corruptus ab insito abstinentiae amore deflexit; numquam secundis rebus intumuit, humanus, firmitate animi laboribus suffecit, reverenter, fidus	Freundschaft zwischen Claudius Pollio und Cornutus Tertullus begründen
Encolpius	8.1	ex studiis gratia	Encolpius krank
Frau des Macrinus	8.5	uxorem singularis exempli, virtus	Frau verstorben
Cornelius Tacitus	8.7 9.27	magister verissimum	Plinius soll Buch des Tacitus korrigieren Tacitus als Historiker tätig
Iunius Avitus	8.23	prudentia, eruditus,	Avitus verstorben

		obsequium, industria, modestia, vigilantia	
Calestrius Tiro	9.5	honestissimum	Tiro Statthalter
Pompeius Quintianus	9.9	fidus, probitas, gravitas, comitas, studium litterarum et iudicium, vir optimus, filius optimus	Quintianus verstorben
Passennus Paulus	9.22	optimus, honestissimus, magna varietas magna mobilitas, verus	Paulus krank
Iulius Servianus	10.2	optimus vir	Servianus hat Plinius ius trium liberorum beschafft
Harpocras	10.5	sollicitudo, studio	ius quiritium für Harpocras
Antonia Maximilla	10.5	ornatissima femina	Antonia möchte ius quiritium für ihre Freigelassenen
Accius Sura	10.12	summa integritas, quietissimus	Empfehlung für Praetur
Virdius Gemellinus	10.27	optimus vir	Erwähnung am Rande
Sempronius Caelianus	10.29	egregius iuvenis	Lob
Servilius Calvus	10.56	clarissimus vir	Calvus ehemaliger

			Statthalter
Calpurnius Macer	10.77	clarissimus vir	militär. Befehlshaber in Bithynia
Maximus	10.85	probus, industrius, diligens, rei tuae amantissimum, disciplinae tenacissimum expertus	Lob
Gavius Bassus	10.86a	integer, probus, industrius, reverentissimum mei expertus	Lob
Fabius Valens	10.86b	iustus, humanus	Lob
Nymphidius Lupus	10.87	probus, industrius, egregius	Empfehlung

Anhang 2: Tabellarische Darstellung der von Plinius erwiesenen Wohltaten

Art der Hilfe	**Beleg**	**Position im Netzwerk**	**Datierung nach Sherwin-White**	**Amt des Plinius**
finanzielle Hilfe für Artemidorus	3.11	Patron	93	Praetor
Hilfe für H. Priscus während Verbannung	9.13	Patron	93	Praetor
rechtl. Vertretung Baeticas gg. Baebius Massa	7.33	Patron (Anwalt)	93-94	Praetor
HS 1.100.000 für Bibliothek in Comum	1.8, *CIL* V 5262	Patron	96	Praefectus aerarii militaris
Tempel für Tifernum Tiberinum	4.1, 10.8, 10.9	Patron	96-97	Praefectus aerarii militaris
HS 300.000 und Ritterstand für R. Firmus	1.19	Patron/Vermittler (commendatio)	96-97	Praefectus aerarii militaris
ius trium liberorum für V. Romanus	2.13	Vermittler (commendatio)	96-97	Praefectus aerarii militaris
Ehemann für Tochter des I. Mauricus	1.14	Vermittler (commendatio)	97	/
Lehrer für Neffen des I. Mauricus	2.18	Vermittler (commendatio)	97	/

Grundbesitz über HS 500.000 für Comum	7.18	Patron	ab 97	/
jährlich HS 30.000 Alimenta	1.8, 7.18, *CIL* V 5262	Patron	ab 97	/
rechtl. Vertretung des I. Pastor	1.18	Patron (Anwalt)	spätestens 97	/
rechtl. Vertretung der Arrionilla gg. Regulus	1.5	Patron (Anwalt)	96-97	/
Senatorenstand und Ämter für S. Erucius	3.9	Vermittler (commendatio)	ab 97	/
Tribunat für V. Romanus	2.13	Vermittler (commendatio)	vor 98	/
Senatorenstand für V. Romanus	10.4	Vermittler (commendatio)	98	Praefectus aerarii Saturni
ius quiritium für Harpocras	10.5, 10.6, 10.7, 10.10	Vermittler (commendatio)	98-99	Praefectus aerarii Saturni
Reisegeld für Martial	3.21	Patron	98-99	Praefectus aerarii Saturni
ius quiritium für A. Hedia und A. Harmeris	10.5	Vermittler (commendatio)	99	Praefectus aerarii Saturni
ius quiritium für Familie des P. Marinus	10.11	Vermittler (commendatio)	99	Praefectus aerarii Saturni

ius quiritium für S. Abascantus, C. Phosphorus und P. Soteris	10.11	Vermittler (commendatio)	99	Praefectus aerarii Saturni
rechtl. Vertretung Africas gg. Marius Priscus	2.11	Patron (Anwalt)	100	Consul
Lehrer für Sohn der C. Hispulla	3.3	Vermittler (commendatio)	100	Consul
Vermittlung zwischen C. Pollio und C. Tertullus	7.31	Vermittler	nach 100	/
Praetur für A. Sura	10.12	Vermittler (commendatio)	101-102	/
Tribunat für Sueton/Caesenni us	3.8	Vermittler (commendatio)	101-103	/
rechtl. Vertretung des I. Bassus gg Bithynien	4.9	Patron (Anwalt)	103	Augur
Empfehlung des A. Maturus	3.2	Vermittler (commendatio)	103-104	Augur
1/3 Kosten eines Lehrpostens in Comum	4.13	Patron	104-105	Curator alvei Tiberis

rechtl. Vertretung der C. Hispulla gg. C. Caecilius	4.17	Patron (Anwalt)	105	Curator alvei Tiberis
Empfehlungen des I. Naso	6.6, 6.9	Vermittler (commendatio)	106	Curator alvei Tiberis
Quaestur für A. Rufus	4.15	Vermittler (commendatio)	106	Curator alvei Tiberis
Förderung des B. Priscus	6.12	Vermittler (commendatio)	106-107	Curator alvei Tiberis
Tribunat für C. Minicianus	7.22	Vermittler (commendatio)	106-107	Curator alvei Tiberis
rechtl. Vertretung von Firmum Picenum	6.18	Patron (Anwalt)	106-107	Curator alvei Tiberis
rechtl. Vertretung des R. Varenus gg. Bithynia	4.9	Patron (Anwalt)	106-107	Curator alvei Tiberis
Vermittlung des Fabatus an C. Tiro	7.16	Vermittler	107	Curator alvei Tiberis
Hilfe für P. Artemisius	9.28	Patron	107-108	Curator alvei Tiberis
Empfehlung des R. Geminus	10.26	Vermittler (commendatio)	110-111	Legatus
Empfehlungen des G. Bassus	10.21, 10.86a	Vermittler (commendatio)	110-111	Legatus

ius trium liberorum für Sueton	10.94, 10.95	Vermittler (commendatio)	111-112	Legatus
ius quiritium für Tochter des Accius Aquila	10.106	Vermittler (commendatio)	111-112	Legatus
Empfehlung des Epimachus	10.85	Vermittler (commendatio)	111-112	Legatus
Empfehlung des F. Valens	10.86b	Vermittler (commendatio)	111-112	Legatus
Beförderung des N. Lupus	10.87	Vermittler (commendatio)	111-112	Legatus
Versetzung des C. Clemens nach Bithynia	10.51	Vermittler (commendatio)	111-112	Legatus
HS 1,8 Mio. für Freigelasse und jährliches Festmahl in Comum	5.7, *CIL* V 5262	Patron (Erblasser)	posthum	/
unbekannter Betrag für Bau und HS 300.000 für Instandhaltung von Thermen in Comum	*CIL* V 5262	Patron (Erblasser)	posthum	/

HS 100.000 Mitgift und Schuldenerlass für Calvina	2.4	Patron	n/a	n/a
HS 50.000 Mitgift für Tochter des Quintilian	6.32	Patron	n/a	n/a
Vermittlung zwischen Sabinianus und Freigelassenem	9.21, 9.24	Vermittler	n/a	n/a
Grundbesitz über HS 100.000 für Amme	6.3	Patron	n/a	n/a
HS 40.000 und Zenturionen-stelle für M. Crispus	6.25	Patron/Vermittler (commendatio)	n/a	n/a
rechtl. Vertretung des I. Pastor	1.18	Patron (Anwalt)	n/a	n/a
rechtl Vertretung der A. Viriola	6.33	Patron (Anwalt)	n/a	n/a
rechtl. Hilfe für Triarius	6.23	Patron (Anwalt)	n/a	n/a
Förderung des C. Ruso	6.23	Patron	n/a	n/a
Ausbau des Cerestempels	9.39	Patron	n/a	n/a

Index

Achaia 147
Aegyptus 169-171
Africa 131, 142, 147
alexandrinisches Bürgerrecht 169-171
alimenta 66, 176, 192, 197-207
Allifanus, Pontius 71
amare 36, 47
amicitia 35-52, 53, 62, 71, 94, 104, 106, 117, 120, 130, 136, 141, 157, 164, 189, 203
amicus 36-39, 46-49, 69-72, 74-75, 76, 93, 106-107, 111, 123, 126, 130, 132-134, 137, 142, 145-146, 148-149, 152, 154-155
amor 36
Apollinaris, Lucius Domitius 112, 133-134
Aquila, Publius Accius 173-174
Aristo, Titius 76
Aristoteles 41
Artemidorus 49, 64, 97, 103-106, 111
Asia 85, 131, 141, 147
Asymmetrie 24-25, 28, 41, 150
Atticinus, Montianus 75
Auguren 85-87, 91, 147, 185
Augustus 55-56, 59, 88, 99, 153, 167, 169, 198
Avitus, Iunius 50

Baetica 45, 51, 140, 160
Bassus, Asinius 73, 77, 126-129, 198
Bassus, Gavius 73
Bassus, Pomponius 76
Bekanntschaft 18, 19, 21
beneficium 38, 53, 57-58, 62, 94, 95-96, 99-100, 139, 175, 183, 192, 200, 203-205, 207
Bildung 21, 30, 37, 71-72, 75-77, 94, 96, 113, 128
Bithynia et Pontus 73, 91-92, 94-96, 121, 139, 141-142, 145, 191
Bourdieu, Pierre 33
Brief 32-34, 45-47, 52, 57-58, 60, 62, 66-67, 68-78, 90, 92-93, 95, 106, 114, 118, 122-123, 126, 130-132, 143-144, 155, 172, 173, 177, 183-184, 190, 207
Britannia 85, 137-139, 141, 148
Bruttianus, Lustricius 75

Caesar, Gaius Iulius 120
Calpurnia 70
Calvina 96-97, 98-102, 103, 110
Capito, Titinius 73, 76, 115
Caracalla 168
Celer, Nonius 49, 109
Cicero, Marcus Tullius 35-37, 42-44, 49-51, 54, 60, 62-67, 87, 94, 101, 106, 129, 193
Cicero, Quintus Tullius 37-39
Cilo, Lucius Caecilius 78, 106, 191
Clarus, Gaius Septicius 69, 71, 135, 136, 139
Clarus, Sextus Erucius 73, 77, 96, 121, 133-136, 147
Classicus, Caecilius 140
Claudius 112, 167
cliens 44-46, 48
cluster 31, 68
commendatio → Empfehlung

Comum 79, 84, 95-97, 106, 162, 182-183, 190-207
Constitutio Antoniniana 168
Consulat 37, 49, 60, 73-74, 80, 81-82, 83, 85-86, 87, 90-91, 93, 106, 121, 127-129, 131, 133, 135-136, 137, 141, 144, 146, 147, 148, 164
Crescens, Atilius 76, 184
Cura alvei Tiberis et riparum cloacarum urbis 91, 121
Cura rei publicae 142-143
Cura viae Traianae 141

Dacerkrieg 71, 85, 141, 147, 203
Dacia 141, 167
Dankbarkeit 16-18, 43, 63-64, 82, 85, 88, 90, 91, 93, 105, 108, 111, 112, 114-115, 117, 128, 133, 135-137, 146, 154, 164, 168, 170-172, 186, 189, 202
decemviri stlitibus iudicandis 83, 94
Decurio 106-107, 180, 185-186, 201-202
dediticius 169
delator 40
Domitian 38, 40, 49, 74-76, 81, 82-84, 89-91, 93, 95-96, 103-104, 137, 141, 194

Einfluss 26, 27, 30, 32-34, 42-43, 49, 53-54, 55-56, 59, 61, 67, 86, 91, 93-94, 95, 99, 109, 115, 119-122, 125, 129-130, 132, 134, 137, 140, 142-143, 149, 151, 155, 157, 160, 162-153, 173, 175, 178, 180, 185, 196
Elite → Oberschicht
Empfehlung 32, 60-61, 73, 78, 96, 118, 119-156, 157
encapsulative policy 27
Epikur 36, 41-42
Euergetismus 176-177, 183, 185, 193
Euphrates 61-62, 76
equites → Ritter

Fabatus, Calpurnius 160, 183, 186, 188
face-to-face-Interaktion 20
Falco, Quintus Pompeius 140-141
Fannia 74, 78
Feindschaft 39-40, 148
fides 38-39, 54, 81, 109, 130
Firmum 96, 182-183
Firmus, Romatius 52, 78, 99, 106-109, 147-148, 154, 191
Flaccus, Calpurnius 71
Flavier 84, 86, 131, 167, 185, 195
Freigelassene 45-46, 50-51, 68, 72, 117, 157-166, 168-169, 191-192
Freund 15-34, 35-78, 79-94, 95-118, 119-156, 160, 162, 164-165, 169, 175, 184, 190-192, 196, 201-203
Freundschaft 15-34, 35-78, 79-94, 95-118, 119-156, 161, 188
- moralisch 15-16, 18
- differenziert 18, 24
- Nutzfreundschaft 41
Freundschaftskündigung 39, 69
Frontinus, Sextus Iulius 74,85-87
Fundanus, Gaius Minicius 73, 126-128, 129-130, 198

Gabe 18, 65, 71, 113, 196
Gallia 79, 167
Gallus, Clusinius 82
Gastmahl 49-51, 53-54, 58, 65, 69, 115, 120, 176, 187, 188, 191-192
Gebender 16, 22, 25, 62-63, 157, 191, 201
Gefälligkeit 23, 38, 50, 53-54, 63, 72, 82, 89, 95, 112, 125, 160, 172, 175
Geminus, Titus Rosianus 73, 110, 145-147, 192
Genitor, Iulius 103
Germania 80, 81, 148, 155
Gläubiger 64, 98-100
Gracchus, Tiberius Sempronius 53
gratia → Dankbarkeit
Großzügigkeit → *liberalitas*
Güter 23, 25-28, 55-56, 103
- Güteraustausch 30, 62

Hadrian 87, 135, 139
Harmeris, Antonia 158, 163
Harpocras 168-172
Hedia, Antonia 158, 163
Hispania 111, 114, 116, 151, 167, 180
Hispanus, Baebius 137
Hispulla, Corellia 82
homo novus 60, 105, 131, 141, 154, 191

indulgentia 75, 146, 152, 165, 170-172, 174, 178, 198
inimicitia → Feindschaft
Irni 180
Iudaea 141
Iunior, Gaius Terentius 76, 184
ius latinum 165
ius quiritium 59, 157-174
Iustus, Fabius Lucius 70-71
ius trium liberorum 73, 87-89, 90, 139, 149, 180

Kaiser → Princeps
Kaiserkult 151, 185
Kaiserzeit → Principat
Kameradschaft 18-19, 37
Kant, Immanuel 15-18, 20, 35, 47
Kontakt 19-20, 23, 25, 27, 28-29, 30-31, 32-34, 46, 59-60, 68-70, 72, 79, 84, 87, 92, 98, 109, 112, 115, 119-120, 122, 129, 141, 143, 150-151, 157, 164, 171-172, 175, 178, 181, 189, 190-191
Klient 23-24, 26, 27, 28-29, 32-34, 45-46, 49, 53-58, 61, 63, 84, 96, 101-102, 115-116, 121, 134, 138-139, 143, 145, 150, 175-176, 178, 181, 185, 188-189, 190, 197
Klientelismus 23
Kracauer, Siegfried 18-21, 24, 35, 38, 48

Legat 70, 80, 91, 92, 94, 137-139, 147, 148
Lex Acilia Calpurnia 54
Lex Aelia Sentia 159
Lex de imperio Vespasiani 120
Lex Fufia Cannia 163
Lex Tullia 54
liberti → Freigelassene
liberalitas 54, 58, 62-66, 95, 108-111,

118, 120, 159, 161, 163, 168-169, 175, 186-189, 194-195, 197, 199, 205-207
Liebe 15-16, 19-20, 36-37, 41-42, 78, 135-136, 179, 186, 196, 206
Lupus, Nymphidius 73
Lycia-Pamphylia 141

Macedo, Larcius 75, 158, 166
Macer, Baebius 77
Macht 16, 22-23, 26-28, 32, 43, 55-6, 58, 116, 154-155, 172, 175, 178-179, 185
Macrinus, Minicius 73, 145
Marcella, Plinia 81, 106, 191
Marcellinus, Aefulanus 126
Marcellus, Neratius 137-139
Marinus, Postumius 171-172
Martialis, Marcus Valerius 38, 69, 77, 94, 96, 111-117, 133
manumissio 159-162, 169
Maturus, Arrianus 70, 78, 86-87
Mauricus, Iunius 77
Mauss, Marcel 22
Maximilla, Antonia 74, 78, 158, 162-163, 165, 168
Messalinus, Catullus 75
Minicianus, Gaius Cornelius 70, 78, 115, 140-143
Modestus, Mettius 38. 74
Moesia Inferior 141
Morgenbegrüßung → *salutatio*
mos maiorum 39-40, 60

Naso, Iulius 121, 129-132, 134
Nepos, Marcilius 76
Nepos, Varsidius 73
Nero 80, 197
Nerva 80, 89, 94-96, 148, 152, 155, 185-187, 189, 198-199
Netzwerk 15, 17, 29, 30-31, 33-34, 44, 58, 68-71, 72-78, 84, 94, 103, 127, 132, 144, 157, 190-191, 196
- Netzwerkzonen 31
- Netzwerktheorie 17-18
Numidia 148

Oberschichten 23, 36-39, 41, 45, 49-50, 52, 53-54, 57-59, 61-64, 67-68, 71, 74-78, 90, 94, 96-97, 98, 99, 117, 120, 119-120, 125, 157, 158-159, 166-167, 175, 177-179, 182, 189, 199, 202, 207
Octavian → Augustus
officium 38, 40, 187

Pannonia 147
parasitus 48
pater patriae 56-57
Paterculus, Velleius 57
patrocinium 44-45, 47
Patron 23-24, 25, 26-28, 32-34, 45-46, 55-59, 61, 72, 84, 89, 94, 95-96, 112-116, 121-122, 124, 127, 133-134, 139, 141-142, 145, 150, 154, 158, 161-162, 164-165, 168, 169, 171, 175-181, 183-184, 189, 191, 193
Patronage 23-27, 28-29, 33-34, 35, 41-62, 63, 66-67, 97, 115-116, 119, 130,

141, 143, 145, 151, 156, 175-181, 183-185, 187, 198-199, 202
Patronat 39, 171
Patronatsbeziehung → siehe Patronage
patronus 44-46, 57, 158, 161, 163-165, 169, 176-178, 180, 183, 189
Paulinus, Gaius Valerius 75, 78, 164-166, 184
Peregrine 68, 157, 166-174
Philanthropie 26, 198-199
Philosoph 25-16, 18, 20, 37-38, 41, 44 49, 61, 63, 67, 76, 82-83, 103-105, 201
Philosophie 35, 61-62
Pius, Antoninus 135-136
Plinius der Ältere 39, 77, 79-80, 131, 183-184
Plinius der Jüngere 23, 29, 32-34, 38-40, 42, 45-47, 49-52, 57-62, 64, 66-67, 68-78, 79-94, 95-118, 119-156, 157-174, 175-207
Pontifex → Pontificat
Pontificat 79, 188
Praefectus Aegypti 107, 170
Praefectus aerarii militaris 83, 89, 92-93, 96, 99, 106, 133
Praefectus aerarii Saturni 89-90, 92-93
Praefectus Praetorio 107, 136
Praefectus Urbi 135-136
Praesens, Lucius Bruttius 49
Praetur 83-84, 94, 106, 123-124, 131, 143-145, 160
Princeps 22, 33-34, 38, 45-46, 55-59, 67, 68, 73, 81, 82-84, 85-86, 87-88, 89-92, 93, 95, 98-99, 107-109, 112, 115, 121-122, 125, 127, 133-134, 136-140, 142-143, 145, 147-149, 151-155, 157, 163, 165, 166-168, 169-170, 173, 178-179, 185-186, 189, 194, 198-199, 203-205
Principat 23, 45, 53, 55-62, 88, 88-90, 98, 119, 121, 153, 167, 178-179, 186
Priscus, Cornelius 111, 116
Priscus, Gaius Iavolenus 148-151
Priscus, Helvidius 74
Priscus, Marius 131
Proconsul → Statthalter
Procurator 79, 142
prodigentia 65
Proskription 55

Quadratilla, Ummidia 145
Quadratus, Ummidius 77
Quaestur 73, 83, 126-128, 133-134, 146, 160
quinqueviri 80, 94
Quintilianus 109-110
Quintilianus, Marcus Fabius 109, 129

Regulus, Marcus Aquilius 38, 40-41, 74-75, 112, 148
Republik 53-55, 58-60, 65, 98, 119, 170, 178
res publica 39-43, 55-57, 59, 73, 85, 90-91, 100, 144, 159, 167, 198-199
Ressourcen 22-23, 25, 26-27, 28-29, 32-34, 49, 53-54, 55, 62, 64-65, 113, 120-121, 129, 154, 157, 179
- *first order resources* 26
- *secondary order resources* 33

Ritter 40, 48, 54, 55, 58, 61, 68, 77-78, 80, 84, 107-109, 113-114, 121, 134, 136, 138, 140, 143, 147-149, 153-154, 178-179, 181
Rom 34, 42, 44, 45, 49, 58-59, 70, 91, 116, 119, 125, 130-132, 142, 145, 151, 158, 166-167, 175, 178, 189, 190-191
Romanus, Gaius Voconius 64, 70, 77, 125, 147-156
Rufus, Quintus Calvisius 191, 193
Rufus, Caninius 203
Rufus, Gaius Musonius 104
Rufus, Lucius Asinius 127-128, 198
Rufus, Lucius Verginius 38, 60, 73-74, 79-81, 84, 93, 120, 131, 148, 191
Rufus, Octavius 114-115
Rufus, Quintus Corellius 38, 39, 60, 74, 76, 81-82, 84, 160, 191
Rusticus, Iunius Arulenus 73-74

Sabinianus 162
Sabinus, Statius 70
Salinator, Fuscus 77, 87
salutatio 50-51, 55, 64, 130, 134, 194
Saturninus, Pompeius 77, 114-115, 192, 201-202
Schuldner 22-23, 62-63, 99
Secundus, Iulius 76, 129
Selbstlob 104, 152, 194, 201-202, 206
Senat 40, 54, 56, 60, 84, 89, 92, 99, 121-122, 127, 132-134, 140, 153, 155
Senator 39-40, 48, 54-56, 58-60, 61, 67, 68, 72, 74, 77-78, 80-82, 84-85, 86, 88, 90-91, 95-97, 98-99, 107, 109, 112, 120-122, 124-128, 129-130, 132, 133-134, 136, 140-141, 148, 150, 151-156, 158, 162-164, 166-169, 175, 178-179, 181-182, 184, 187, 193-194, 205
Seneca der Jüngere 35, 37-38, 43-44, 49, 51, 62-67, 159, 201
Servianus, Lucius Iulius 70-71, 74, 87-89, 139-140
Severus, Vibius 69, 76, 90
Silvanus, Caesennius 136-139
Simmel, Georg 17-18, 20, 24, 31, 35, 38, 48
Sklaven 75, 90, 113, 117, 157-166, 169
soziales Kapital 33, 72, 125, 145, 154, 168
Spiele 49, 53-54, 58, 65, 120, 176-177, 193, 199
sportulae 56, 188
Spurinna, Titus Vestricius 60-61, 73-74
Statthalter 49, 51, 70, 73, 80-81, 85, 91-94, 119, 121, 131, 138-139, 147, 145, 147, 148, 160, 197
Stiftung 26, 45, 49, 54, 58, 61, 66, 95-97, 175, 179, 183, 185-187, 189, 191-192, 194, 196-197, 199-202, 204-205, 207
Stoa 37, 42-43, 61, 67, 157, 159, 179
Strabo, Gaius Caecilius 82
Sura, Accius 143-145, 146, 156
Sura, Lucius Licinius 112
Syria 70, 83, 104

tabula patronatus 181

Tacitus, Publius Cornelius 52, 67-68, 76, 79, 127, 129, 130-132, 133, 147, 196
Tertullus, Gaius Cornutus 71
Tiberius 57
Tifernum Tiberinum 39, 45, 96, 101, 182, 183-189, 190-192, 194
Tiro, Calestrius 49, 51, 160
Traian 34, 46, 58, 73, 75, 84, 85-86, 87-88, 89-94, 101, 106, 121, 123, 125, 136, 138-140, 141-142, 143-144, 145-146, 147-155, 157, 158, 162-164, 167, 168-172, 173-174, 182, 185-187, 194, 198, 204
Tranquillus, Gaius Suetonius 52, 71, 73, 75, 77, 135, 136-140, 167
Tribunat 53, 73, 83, 93, 104, 114, 119, 123-124, 133-136, 137-139, 140-142, 148-151, 155
Tugend 36-37, 44, 72-78

Unterschichten 22-23, 28, 48-49, 54, 65, 113, 157, 179

Vermittler 28-29, 31, 32-34, 44, 59, 61, 72, 84, 94, 95, 97, 121, 138-139, 145, 150-151, 154-156, 162, 172, 175
Verus 117-118
Vespasian 120, 131
viaticum 114

Weber, Max 153, 201
Wohltat 16-18, 22, 58, 63-66, 94, 143, 148, 150, 152, 155, 175, 193, 197, 201
Wohlwollen 15, 21-22, 24-25, 37, 41, 44, 49, 54, 120, 162

Zosimus 78, 165
Zuneigung 15-19, 21-22, 36, 41-44, 51-52, 71, 94, 135, 140, 157, 159, 165, 203